中国贸易开放与通货膨胀关系的数量研究

李 杰 著

Quantitative Research on the Relationship
Between Trade Openness and Inflation in China

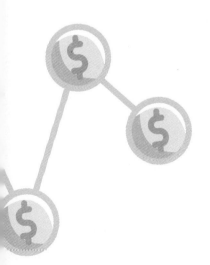

西南财经大学出版社

中国·成都

图书在版编目(CIP)数据

中国贸易开放与通货膨胀关系的数量研究/李杰著.—成都:西南财经大学出版社,2022.11
ISBN 978-7-5504-5578-8

Ⅰ.①中… Ⅱ.①李… Ⅲ.①对外贸易—关系—通货膨胀—数量—研究—中国 Ⅳ.①F752②F822.5

中国版本图书馆 CIP 数据核字(2022)第 194470 号

中国贸易开放与通货膨胀关系的数量研究
ZHONGGUO MAOYI KAIFANG YU TONGHUO PENGZHANG GUANXI DE SHULIANG YANJIU
李杰　著

责任编辑:石晓东
责任校对:陈何真璐
封面设计:墨创文化
责任印制:朱曼丽

出版发行	西南财经大学出版社(四川省成都市光华村街55号)
网　　址	http://cbs.swufe.edu.cn
电子邮件	bookcj@swufe.edu.cn
邮政编码	610074
电　　话	028-87353785
照　　排	四川胜翔数码印务设计有限公司
印　　刷	郫县犀浦印刷厂
成品尺寸	170mm×240mm
印　　张	12.25
字　　数	231 千字
版　　次	2022 年 11 月第 1 版
印　　次	2022 年 11 月第 1 次印刷
书　　号	ISBN 978-7-5504-5578-8
定　　价	78.00 元

前　言

通货膨胀对宏观经济运行、企业生产经营以及人民生活消费都具有重大的影响。预防与治理通货膨胀因此成为世界各国货币政策的重要目标。有效预防与治理通货膨胀的基本前提是对通货膨胀的形成和发展机制有比较准确、全面的认识。然而，由于通货膨胀的复杂性，迄今为止，人们仍没有完全理解通货膨胀的形成和发展机制。经济全球化使世界各国的经济联系日益密切，通货膨胀的形成与发展过程也变得更加复杂多变。在开放经济条件下，引发通货膨胀的因素可能不仅源于国内，而且可能源于国外。引发通货膨胀的因素通过国际贸易、国际资本流动等途径在国家间相互传递已经成为较为普遍的现象。一国在制定预防或控制通货膨胀的政策时既要考虑国内通货膨胀的发展趋势，也要警惕输入型通货膨胀的风险。

改革开放以来，中国积极参与国际分工与合作，综合利用国际国内两种资源和两个市场发展经济，经济发展取得了巨大成就。与此同时，中国经济运行的风险也日益加大，国内通货膨胀受国际因素影响的程度不断加深。这对政府治理通货膨胀的能力与水平提出了更高的要求。中国对外贸易的发展存在外贸依存度偏高、进口与出口发展不平衡、货物贸易与服务贸易发展不平衡等问题。这些问题都可能会对通货膨胀的形成和发展产生明显的影响。政府是否能够较为精准地判断这些因素对通货膨胀的影响，对于预防与治理通货膨胀的政策制定以及政策实施效果具有重要的影响。因此，研究中国贸易开放与通货膨胀的关系具有重要的理论和现实意义。

现有文献对中国贸易开放与通货膨胀关系的研究还不够全面和深入，目前主要集中在考察贸易开放与通货膨胀水平的关系，并且没有检验贸易开放作用于通货膨胀的具体途径。本书在中国不断推进和扩大对外开放的背景下探讨贸易开放与通货膨胀的关系，从理论与经验两个方面分析了贸易开放与通货膨胀水平、通货膨胀不确定性以及通货膨胀持续性的关系，有助于更加全面、客观认识中国的贸易开放对通货膨胀的影响方向及影响机制，为相关政策的制定提供参考依据。

本书的主要内容和结论有：

第一，利用修正的综合贸易强度公式计算了中国的综合货物贸易强度和综合服务贸易强度，并在此基础上计算出中国对外贸易的总体综合贸易强度。根据计算的结果，中国贸易开放度的变化表现出明显的阶段性特征，这种阶段性特征与中国贸易开放的基本进程是一致的。在加入世界贸易组织以后，中国贸易开放度上升的速度明显加快。中国服务贸易的开放要滞后于货物贸易的开放。传统的贸易依存度指标并不能有效反映中国贸易开放所处的不同阶段，因此，利用本书计算的贸易开放度的研究结论可能更为可信。

第二，关于贸易开放与通货膨胀水平关系的研究结果表明：对外贸易总体综合贸易强度和综合货物贸易强度的提高对通货膨胀水平具有显著的负向影响，而综合服务贸易强度的提高对于通货膨胀水平具有显著的正向影响。进一步的分析表明，贸易开放度越高，成本加成率越高；贸易开放度越高，劳动生产率越高。从中国贸易开放与通货膨胀水平的关系来看，货物贸易开放对通货膨胀水平的负向作用可能相对较大，而服务贸易开放对通货膨胀水平的正向作用可能相对较大。因此，货物贸易开放与通货膨胀水平之间存在负向的关系，而服务贸易开放与通货膨胀水平之间存在正向的关系。

第三，利用变系数 AR（3）-GARCH（1，1）模型估计了中国通货膨胀的不确定性，并将总的通货膨胀不确定性分解为通货膨胀过程的不确定性和经济冲击的不确定性两部分。估计结果表明，中国总的通货膨胀不确定性和经济冲击的不确定性表现出了先下降、后上升、再下降的变化趋势，而通货膨胀过程的不确定性则表现出了先下降然后保持基本稳定的变化趋势。利用本书计算的贸易开放度和通货膨胀不确定性数据，我们从数量上考察了贸易开放与通货膨胀不确定性的关系。研究结果表明：对外贸易总体综合贸易强度与总的通货膨胀不确定性、通货膨胀过程的不确定性和经济冲击的不确定性之间均存在负向的关系。进一步的检验表明，贸易商品结构的变化可能是决定贸易开放与通货膨胀不确定性关系的重要因素。在控制了贸易开放度影响的条件下，进口贸易商品结构与总的通货膨胀不确定性、经济冲击的不确定性之间存在正向的协整关系，而与通货膨胀过程的不确定性之间存在负向的协整关系。从整体来看，中国的贸易开放导致通货膨胀的不确定性降低，其原因可能是贸易开放导致政府政策的纪律性和透明性增强以及应对经济冲击的能力增强。

第四，利用状态空间模型和 Kalman 滤波方法估计了中国的通货膨胀持续性。估计结果表明：中国的通货膨胀持续性表现出不断下降的趋势。本书从理论和经验两个方面考察了中国贸易开放与通货膨胀持续性的关系。研究结果表明：贸易开放不论是从理论上还是经验上都对中国的通货膨胀持续性具有负向的影响。政策的不稳定性是造成通货膨胀持续性波动的重要原因，政府对通货膨胀重视程度的提高可能是通货膨胀持续性降低的原因。

本书是在作者的博士学位论文的基础上修订完成的，在此特别感谢博士生导师庞皓教授的耐心指导。此外，还要感谢我的家人在本书的写作和修订过程中给予我的极大鼓励和帮助。本书的出版得到攀枝花学院经济与管理学院的资金资助，也得到了西南财经大学出版社的大力支持，在此表示感谢。

由于本人时间和水平有限，书中难免存在欠妥之处，敬请读者批评指正。

李杰

攀枝花学院经济与管理学院

2022 年 10 月 31 日

目　录

1 导论

1.1 研究的背景和研究的意义

1.1.1 研究的背景和面临的问题

通货膨胀是市场经济条件下普遍存在的一种复杂的宏观经济现象。通货膨胀问题一直都是经济学研究的重要内容。学者们从不同角度对通货膨胀进行了广泛的研究，内容涉及通货膨胀形成的原因、通货膨胀的不确定性及其影响、通货膨胀的福利成本以及通货膨胀的动态机制等方面。大量的研究为正确认识通货膨胀提供了重要的理论依据和经验证据。然而，早期的研究大多数都是在封闭经济条件下研究通货膨胀问题。这些研究对于理解通货膨胀虽然具有重要的作用，但是，随着经济全球化的不断发展，封闭经济条件下的通货膨胀理论的解释能力越来越有限。正因为如此，研究的视角不断转向开放经济条件下通货膨胀的形成和发展机制。其中，贸易开放与通货膨胀之间的关系成为许多学者研究的对象。自从 Romer（1993）的研究指出贸易开放度与通货膨胀率之间存在负向的关系以来，大量的文献不断涌现，从理论上和经验上对贸易开放与通货膨胀之间的关系进行了研究。不幸的是，虽然很多研究证实了贸易开放与通货膨胀率之间存在负向的关系，但是也有一些研究表明：两者之间的关系受到经济形势和经济发展水平的影响，如 Terra（1998）指出 Romer（1993）发现的贸易开放与通货膨胀率之间的负向关系主要受到 20 世纪 80 年代债务危机时期负债严重国家的行为驱使。另外，Kim 和 Beladi（2005）的研究表明：对于发展中国家，贸易开放与价格水平之间存在负向的关系，而对于发达国家却有正向的关系。从现有的研究来看，贸易开放与通货膨胀率之间的关系并非是确定不变的，随着经济发展阶段和经济形势的变化，两者之间的关系可能会发生变化。现有的文献大多使用的是跨国的横截面数据或面板数据，这类研究往往容易忽略不同国家经济发展阶段、发展模式以及经济形势的差异。虽然有的研究通过一些方法，如增加控制变量、对样本进行分组考察等，试图缓解这些问题，但是这些方法都无法从根本上解决这些问题。更有效的方法是使用单一国家的时间序列数据来考察贸易开放与通货膨胀之间的关系，这样做的好处主要表现在：单一国家的时间序列分析更容易识别决定两者关系的关键因素。党的十一届三中全会以来，中国实施了对外开放政策，中国的贸易开放程度不断提高，对外贸易量快速增长，这为研究贸易开放与通货膨胀之间的关系提供了一个较好的样本。

改革开放以来，中国的贸易开放取得了巨大的进展，对外贸易持续、快速发展。对外贸易的规模不断扩大，进出口商品结构、市场结构不断变化。根据《中国统计年鉴》的数据，在货物贸易方面，货物贸易进出口总额由 1978 年的 206.4 亿美元增长到 2020 年的 46 559.1 亿美元。其中，出口总额由 1978 年的 97.5 亿美元增长到 2020 年的 25 899.5 亿美元。进口总额由 1978 年的 108.9 亿美元增长到 2020 年的 20 659.6 亿美元。1979—2020 年，中国货物进出口总额的年均增长率为 13.77%。随着货物贸易进出口额的快速增长，中国进出口商品的结构也不断发生着变化。初级产品出口额占出口总额的比重不断下降，由改革开放之初的超过 50% 下降到近年来的 5% 左右。而初级产品进口额占进口总额的比重经历了一个先下降、后上升的过程，由改革开放之初的 35% 左右下降到 20 世纪 80 年代中期的 10% 左右，后来不断上升，近年来又回到 30% 左右。中国进出口市场结构表现出多元化的趋势，从 1978 年的 40 多个主要贸易伙伴发展到目前的超过 200 个。在服务贸易方面，服务贸易进出口总额从 1982 年的 44 亿美元增长到 2019 年的 7 850 亿美元。其中，出口总额由 1982 年的 26.7 亿美元增长到 2019 年的 2 836 亿美元，进口总额由 1982 年的 20.24 亿美元增长到 2019 年的 5 014 亿美元。1982—2019 年，服务贸易进出口总额年均增长率达到 14.84%。2020 年由于受到新冠肺炎疫情的影响，中国的服务贸易进出口规模有所回落。在服务贸易进出口总额快速增长的同时，中国服务贸易进出口的结构也发生了显著的变化，主要表现为运输、旅游这两个传统的服务贸易行业的进出口额占总进出口额的比重不断下降。在贸易额快速增长的同时，中国的贸易开放程度也显著提高。贸易开放度的提高可以反映在许多方面，如关税税率的降低、非关税壁垒的减少、进出口总额占国内生产总值的比重上升等。改革开放以来，中国的关税税率显著降低。根据世界银行的数据，中国所有产品简单平均适用税率从 1992 年的 39.71% 下降至 2020 年的 5.32%，所有产品加权平均适用税率从 1992 年的 32.17% 下降至 2020 年的 2.47%。中国货物与服务贸易进出口总额占 GDP 的比重在 1978 年仅为 9.65%，2006 年上升至最高的 64.48%，随后逐渐下降至 2020 年的 34.51%。其中，货物和服务进口总额占 GDP 的比重在 1978 年仅为 5.09%，2006 年上升至最高的 28.44%，随后逐渐下降至 2020 年的 16.01%；货物和服务出口总额占 GDP 的比重在 1978 年仅为 4.56%，2006 年上升至最高的 36.04%，随后逐渐下降至 2020 年的 18.50%。中国的对外贸易总体上经历了从贸易逆差到贸易顺差的发展历程。

与此同时，中国的通货膨胀也经历了巨大的波动。1978—2020 年 40 余年间，中国既经历了数次高通货膨胀时期，又经历了短暂的通货紧缩时期。用居民消费价格指数计算的通货膨胀率在 1980 年达到 7.5%，1985 年达到 9.3%，1988 年和 1989 年分别为 18.8% 和 18%，1993—1995 年分别达到 14.7%、24.1% 和 17.1%。受到 1997 年亚洲金融危机的影响，1998 和 1999 年的通货膨胀率变为负值，分别为 -0.8% 和 -1.4%。随后几年通货膨胀率一直维持在较低水平，但是到 2007 年，通货膨胀率有抬头的趋势，2007 年的通货膨胀率达到 4.8%，2008 年进一步上升至 5.9%。通货膨胀率上升的趋势没有在 2009 年得到延续，通货膨胀率出现了逆转，变为 -0.7%。其主要原因是受到全球金融危机的影响，世界各国经济和贸易增长放缓，甚至出现一定程度的衰退，各种能源、原材料价格下跌。随着全球经济的复苏以及各种经济刺激措施发挥效应，中国的通货膨胀压力不断增大。2010 年通货膨胀率上升至 3.3%，2011 年进一步上升至 5.4%。2012 年以后，通货膨胀率维持在较低的水平（2% 左右）。

从改革开放以来中国通货膨胀的发展变化和贸易开放的进程，我们可以发现，随着贸易开放的不断推进，通货膨胀的形成和发展越来越受到世界经济发展状态的影响。最为突出的表现是：每当世界经济出现危机，国际贸易发展速度放缓的时候，中国的通货膨胀形势都会出现显著的变化，甚至出现逆转。1997 年亚洲金融危机以后、2008 年全球金融危机以后，中国通货膨胀的发展变化证实了这一论点。于是，我们有理由推测贸易开放在中国的通货膨胀的形成和演变过程中发挥了一定的作用，有时甚至可能是主导作用。那么，改革开放以来，贸易开放是否对中国的通货膨胀产生了显著的影响呢？如果答案是肯定的，那么贸易开放到底是有利于降低中国的通货膨胀水平，还是会导致通货膨胀水平的上升呢？中国的通货膨胀不确定性和持续性是否会随着贸易开放度的提高而发生变化？贸易商品结构的变化对中国的通货膨胀不确定性是否产生了显著影响？影响的方向和作用机理又是什么呢？以上这些问题是在正确认识和理解中国的通货膨胀、制定有效政策过程中迫切需要解决的问题。

1.1.2 研究的意义

随着经济全球化的发展，贸易开放度与通货膨胀之间的关系成为国际经济与金融学研究的重要内容之一。现有的一些研究表明：世界范围内的贸易开放有助于解释过去30年世界平均通货膨胀率的降低；与低成本、低工资国家贸易量的增加有利于降低高收入国家的通货膨胀率；通货膨胀的波动性会随着贸易开放度的提高而减小。然而，关于贸易开放与通货膨胀的关系还没有取得一致的结论，尤其是对于不同的国家。现有的文献大多都利用跨国数据进行研究，并且主要从高收入国家的角度进行分析。所得的结论对于像中国这样的发展中国家和转型国家是否同样成立还有待于经验的检验。因此，研究中国贸易开放与通货膨胀的关系不仅可以丰富相关研究的内容，而且可以弥补现有文献对具体国家贸易开放与通货膨胀关系研究的不足。对中国贸易开放与通货膨胀关系的研究，一方面可以使我们深化对贸易开放与通货膨胀关系的认识，另一方面可以为其他发展中国家正确处理贸易开放与通货膨胀的关系提供经验借鉴。

随着贸易开放的不断推进，中国经济与世界经济的融合程度越来越高，中国的通货膨胀受国际因素的影响程度越来越深。贸易开放使中国能够更加有效地利用世界资源和市场来发展本国经济，中国的通货膨胀不再唯一地取决于国内供求关系、货币供应宽松程度等国内因素。进出口贸易量和价格的变化会通过各种途径影响国内的通货膨胀水平。随着贸易开放度的提高，中国对国外商品的需求量越来越大，特别是对能源、原材料等的进口依存度显著提高。进口价格的波动对国内价格水平的影响程度大幅提高。改革开放以来，出口贸易的增长一直对中国的经济增长发挥着非常重要的作用，出口需求的变化成为影响中国总供求关系非常重要的因素。出口贸易额的增减以及增长率的变化对通货膨胀的影响也越来越大。另外，贸易开放一方面使中国经济面临的不确定性因素增加，另一方面使中国应对各种意外冲击的手段更加丰富，这些都会对中国通货膨胀的形成和发展产生重要的影响。总之，贸易开放使通货膨胀问题变得更加复杂，中国通货膨胀的发展变化深受贸易开放的影响。因此，研究贸易开放与通货膨胀的关系是正确理解中国通货膨胀问题不可或缺的部分。

通货膨胀是各国政府都非常关注的问题，大多数国家都将控制通货膨胀作为货币政策的首要或重要目标，采取通货膨胀目标制度的国家甚至将控制通货膨胀作为货币政策的唯一目标。虽然中国并未采取通货膨胀目标制度，并且货币政策的独立性一直遭到质疑，但是随着经济的发展，通货膨胀这一因素在政策制定中的重要性显著提高，控制通货膨胀已经成为中国货币政策职能中重要的组成部分。制定正确政策的前提条件是对政策目标、对象有比较清楚的认识。贸易开放对中国通货膨胀具有深远的影响，因此研究中国贸易开放与通货膨胀的关系对于制定有效的货币政策具有重要的指导意义。

总之，对中国贸易开放与通货膨胀关系的研究具有重要的理论和现实意义。本书的研究可以加深我们对发展中国家贸易开放对通货膨胀影响的认识，丰富贸易开放进程中通货膨胀形成和发展的理论，为中国货币政策的制定提供决策参考。

1.2　若干基本概念的界定

什么是通货膨胀？什么是通货膨胀不确定性？什么是通货膨胀持续性？对于这些问题，人们的认识还并不完全一致。为了能够定量地研究贸易开放与通货膨胀的关系，本书必须对这些基本概念加以更加明确的界定。

1.2.1　通货膨胀

虽然通货膨胀是公众比较熟悉的一个概念，经济学对通货膨胀的研究也已经有了很长的历史，但是要想给通货膨胀下一个精确的定义并不是一件容易的事。国内外学者从不同角度对通货膨胀进行了定义。

（1）西方经济学家对通货膨胀的定义。

西方经济学家对通货膨胀的定义非常多样化，但是其观点大致可以分为两类。一类仅仅根据通货膨胀的外部表现对其加以界定；另一类在通货膨胀的定义中不仅包含通货膨胀的外部表现，而且重点强调其发生的原因。

①依据通货膨胀外部表现的通货膨胀定义。

这类通货膨胀定义的共同点在于用一般价格水平或总价格水平的持续上升来定义通货膨胀。其主要的代表人物有萨缪尔森（Samuelson）、夏皮罗（Shapiro）、斯蒂格利茨（Stiglitz）、曼昆（Mankiw）、希勒（Schiller）、李德勒（Laidler）和帕金（Parkin）等。

萨缪尔森在其《经济学》中写道："通货膨胀的意思是物品和生产要素的价格普遍上升的时期。通货膨胀意味着一般价格水平的上涨。今天我们用价格指数即成千上万种产品的加权平均价格来计算通货膨胀。"夏皮罗认为"通货膨胀是指一般物价水平的一贯的和可以觉察到的增长"。加德纳·阿克利认为

"通货膨胀是指平均物价或一般物价水平的持续的、剧烈的上涨"。曼昆认为："通货膨胀是指经济中物价总水平的上升"。斯蒂格利茨在其《经济学》中指出："如果大多数物品的价格上升，这才是通货膨胀。"阿诺德认为"通货膨胀就是价格水平的上升。价格水平就是所有商品和劳务价格的加权平均数"。希勒认为"通货膨胀是平均价格水平的上升，并不是任何一种特殊价格的上升"。李德勒和帕金认为"通货膨胀是物价持续上涨的过程，或者等价地说，是货币价值持续降低的过程"。

②依据通货膨胀原因的通货膨胀定义。

持这种观点的学者不同意简单地从通货膨胀的外部表现来定义通货膨胀，对通货膨胀的定义应该更加强调其发生的原因。由于不同学者对通货膨胀成因认识的不同，这类定义又可以分为"货币派"和"成本派"。

"货币派"主要代表人物包括弗里德曼（Friedman）、哈耶克（Hayek）等。弗里德曼虽然认为"物价的普遍上涨就叫通货膨胀"，但是他进一步强调"通货膨胀是一种货币现象……如果货币数量增加的速度超过能够购买的商品和劳务的增加速度，就会发生通货膨胀"，"通货膨胀是货币体系发生故障的征兆"，"无论何时何地大规模的通货膨胀总是货币现象"。

新自由主义经济学家哈耶克认为"通货膨胀一词的原意和真意是指货币数量的过度增长。这种增长会合乎规律地导致物价的上涨"。在哈耶克看来，不能用通货膨胀的表现形式——物价上涨来定义通货膨胀本身，这两者不完全是一码事。物价水平的上涨可以是由货币数量的过度增长引起的，也可以是由其他各种经济因素（如农业收成欠佳、石油及其他能源或原材料短缺等）引起的。而后一种类型的物价上涨与流通中的货币数量的增长无关，不能称为通货膨胀。

"成本派"的代表人物是罗宾逊（Robinson），她指出："我不认为这样简单地用物价上涨来给通货膨胀下定义……可以这样说，通货膨胀是由于对于同样的经济活动的工资报酬率的日益增长而引起的物价直升变动。"

（2）国内学者对通货膨胀的定义。

国内学者大致也是从上述两个角度来定义通货膨胀的。部分学者认为，通货膨胀是指一定时期内物价总水平的持续上涨，并强调无论出于什么原因，只要出现物价总水平的持续上涨，就可以视为通货膨胀。如饶余庆认为"所谓通货膨胀，是一般物价水平采取不同形式（公开或变相）一贯上升的过程"。另一部分人则主张从货币数量的角度来定义通货膨胀。如黄达认为，通货膨胀是指"现实流通中的货币量大于流通中实际需要的货币量"的事实。李运奇认为"只有通货发行过多引起的币值变化造成的物价上涨才是通货膨胀"。刘进军和王永力认为"通货膨胀是在纸币流通制度下，由于纸币的发行量超过了商品流通中的实际需要量，由此引起的货币贬值以及一般物价水平持续普遍上涨的现象"。

（3）对国内外各种通货膨胀定义的简要评述。

从上述对国内外通货膨胀定义的简要整理中，我们可以发现，虽然通货膨胀的定义是非常多元化的，但是学者们对通货膨胀的认识也具有一些共同点，比如，各种通货膨胀定义都承认通货膨胀最终都会表现为物价水平的上涨，不管是公开的还是隐性的。

各类通货膨胀的定义各有优缺点。依据通货膨胀的外部表现而下的定义的优点主要是比较直观，容易计算通货膨胀的程度。此外，这样的通货膨胀定义，没有设定通货膨胀的原因，因此可以包容各种因素引起的物价上涨，既包括货币数量过快增长引起的物价上涨，又包括其他因素（如成本增加、自然灾害、石油或其他能源短缺等）引起的物价上涨。这类通货膨胀定义的包容性既是其优点，又是其缺陷。这样的通货膨胀定义使得通货膨胀问题变得包罗万象、异常复杂。这对通货膨胀现象的解释变得非常困难。

依据通货膨胀发生原因的通货膨胀定义的优点在于强调引起物价水平上涨的某一方面，进而使得通货膨胀问题变得相对简单、易于处理。其缺点在于，这类通货膨胀定义对通货膨胀的理解是片面的。

从现有的通货膨胀研究文献来看，依据通货膨胀的外部表现的通货膨胀定义占据着主流的地位。为了便于对通货膨胀加以具体的度量，本书采用的通货膨胀的定义也是基于通货膨胀的外部表现的。本书采用下述的通货膨胀定义：通货膨胀是经济运行中一般物价水平或价格总水平持续上涨或币值持续下跌的过程。

1.2.2　通货膨胀不确定性（inflation uncertainty）

与通货膨胀密切相关的一个概念是通货膨胀不确定性，现有的大量研究表明通货膨胀的很多经济影响都与通货膨胀不确定性有关。通货膨胀不确定性将使价格信号失真，扭曲微观主体投资和跨期消费决策，从而造成整个经济系统价格信号的紊乱和资源配置效率的下降，进一步成为通货膨胀或者紧缩新的诱因，社会财富将遭受重大损失。那么，什么是通货膨胀不确定性呢？通货膨胀不确定性实际上指的是通货膨胀预期的不确定性，衡量的是通货膨胀的不可预测性。根据Ball（1992）和Cukierman、Meltzer（1986）的理论，通货膨胀不确定性是通货膨胀预测中不可预测部分的方差。直观地说，通货膨胀不确定性就是预期的通货膨胀率与实际通货膨胀率之间的不一致性。实际通货膨胀率与预期通货膨胀率之间的差异越大，表明通货膨胀不确定性越大，反之则越小。通货膨胀不确定性是经济运行中各种不确定性因素综合作用的结果。

与通货膨胀不确定性比较相近的一个概念是通货膨胀的波动性。通货膨胀的波动性是指实际通货膨胀率的波动程度，通常用通货膨胀率时间序列的移动标准差（或方差）测度。在早期的研究中，一些学者用通货膨胀的波动性来测度通货膨胀不确定性。这样的做法是存在问题的，因为通货膨胀不确定性与通货膨胀的波动性是两个不同的概念。通货膨胀不确定性强调的是预期通货膨胀与实际通货膨胀之间的差异性。预期通货膨胀与实际通货膨胀之间的差异性越小，表明通货膨胀预期的准确性越高，通货膨胀不确定性越小。因此，通货膨胀不确定性本质上反映的是通货膨胀的不可预测性，而通货膨胀的波动性反映的是实际发生的通货膨胀的波动情况。通货膨胀波动性越大并不一定意味着通货膨胀的不确定性越大，因为人们会根据经济形势的变化及时调整通货膨胀预期，即使在通货膨胀率剧烈波动的情况下，只要人们掌握了充分的信息，他们仍然可能做出准确的预测。不过，通货膨胀的波动性增大的确会在一定程度上增加准确预测未来通货膨胀的难度，因此，通货膨胀的波动性也能在一定程度上反映通货膨胀不确定性。为了更为准确地反映通货膨胀不确定性，本书不采用通货膨胀的波动性测度通货膨胀不确定性，而采用一种基于条件方差模型的方法进行测度。

1.2.3 通货膨胀持续性（inflation persistence）

通货膨胀持续性，也可以称为通货膨胀惯性（inflation inertia），是指通货膨胀在受到随机因素冲击后偏离其均衡状态趋势所持续的时间。持续的时间越长，通货膨胀持续性就越强。

近年来关于通货膨胀动态过程的相关研究非常关注通货膨胀持续性，究其原因在于：通货膨胀持续性与货币政策的选择及其效果密切相关。通货膨胀持续性越强，货币政策的滞后效应就会越明显。事实上，许多研究已经证明了，通货膨胀持续性是影响货币政策效果的重要因素。比如，Rudebusch（2002）发现以名义收入为目标的货币政策的效率是通货膨胀持续性的反函数。Walsh（2003）发现以价格水平为目标的货币政策的表现在通货膨胀持续性更强的条件下显著变差。Levin 和 Williams（2003）证明了在低通货膨胀持续性条件下的最优货币规则用在高通货膨胀持续性的环境中可能导致灾难性的后果。同时，通货膨胀持续性很可能也会受到货币政策变化的影响，如 Cogley 和 Sargent（2006）、Stock 和 Watson（2007）的研究支持美国通货膨胀持续性随时间发生变化与货币政策制度的变化是有关的这一观点。

1.3　研究内容和分析框架

1.3.1　主要研究内容

通货膨胀是非常复杂的经济现象，一项研究不可能充分地论证通货膨胀的所有方面，因此，本书必须对通货膨胀的各个方面进行相应的取舍。基于作者的研究视角，本书将内容限定在通货膨胀水平、通货膨胀不确定性以及通货膨胀持续性这三个方面。没有涉及通货膨胀的其他方面，不是因为它们与贸易开放没有关系，而是由于文章篇幅的限制和研究视角的约束。例如，通货膨胀预期很可能与贸易开放有着显著的相关性。本书选取这些方面的内容作为研究对象主要是出于以下考虑。首先，在讨论贸易开放与通货膨胀之间的关系时，我们最先想到的就是贸易开放与通货膨胀水平之间存在怎样的关系呢？贸易开放度的提高是提高了通货膨胀率还是降低了通货膨胀率？它们之间的作用机理是怎样的？其次，现有的文献研究表明，通货膨胀的重要性在很大程度上取决于通货膨胀不确定性。因此，在研究贸易开放与通货膨胀之间的关系时，如果不考察贸易开放与通货膨胀不确定性之间的关系就显得不够完整。同时，出于现实的考虑，贸易开放与通货膨胀不确定性之间似乎存在一定的关系。贸易开放度的提高，意味着与其他国家的经济联系越来越紧密，中国的经济运行面临着更多的不确定性。因此，我们不禁会提出这样的问题：贸易开放是否对通货膨胀不确定性产生了显著的影响？如果是，那么，作用的方向和机理又是怎样的呢？最后，控制通货膨胀、稳定物价是各国政府部门，特别是货币当局的主要任务之一。货币政策的选择与通货膨胀持续性具有非常密切的关系。为了使本书具有更加丰富的政策意义，本书将通货膨胀持续性纳入了研究范围。从上述的说明中，我们可以知道本书的研究内容主要包括以下三个方面：①贸易开放与通货膨胀水平关系研究；②贸易开放与通货膨胀不确定性关系研究；③贸易开放与通货膨胀持续性关系研究。

1.3.2　分析框架

本书的分析框架大致可以用图 1.1 表示。

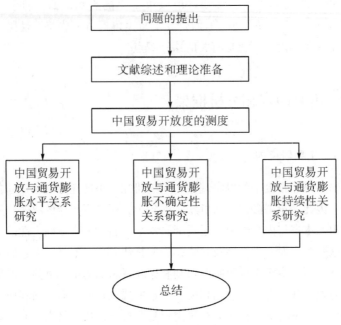

图 1.1　分析框架

2 贸易开放与通货膨胀关系的若干理论问题

2.1 国内外对贸易开放与通货膨胀关系研究的现状

过去数十年，经济全球化取得了巨大的进展，越来越多的国家实施了对外开放的政策，世界贸易和国际资本大幅度增长，各国的经济发展与世界经济的联系越来越紧密。世界经济发展的另一个显著特点是：世界平均通货膨胀水平显著降低。这样的现象似乎暗示着经济开放与通货膨胀之间存在某种内在联系。在这样的背景下，学者们开始关注经济开放与通货膨胀之间的关系，大量的文献相继出现，试图揭示两者之间的内在联系。经济开放涉及的方面很多，如贸易开放、金融市场开放、人员流动限制减少等。本书的研究目的是考察贸易开放与通货膨胀之间的关系，所以这里仅对贸易开放与通货膨胀关系的相关文献进行梳理和总结。

2.1.1 国外研究现状

传统的国际贸易理论认为，国际贸易能够促进国际分工，提高劳动生产率，进而有助于抑制价格水平的上涨。同时，国际间的贸易交换，在加剧了竞争的同时也会抑制商品，尤其是贸易商品价格的上涨。由此可知，根据传统的国际贸易理论，贸易开放与通货膨胀之间应该存在负向的关系。然而，这种关系在实际的经济运行中是否成立呢？许多研究者针对这一问题进行了大量的研究，取得了一些有意义的结论。然而，对于这一问题，学术界依然存在着较大的争议。

很多学者认为，贸易开放与通货膨胀之间存在负相关关系，如 Triffin 和 Grubel（1962）、Romer（1993）、Eijffinger 和 Schaling（1995）、Lane（1997）、

Romer（1998）、Gamber 和 Hung（2001）、Sachsida 等（2003）、Lo 等（2003）、Gruben 和 McLeod（2004）、Aron 和 Muellbauer（2007）、Wynne 和 Kerstin（2007）、Nasser 等（2009）、Badinger（2009）、Ali 和 Syed（2012）、Lin 等（2017）。然而，也有不少学者得出了不完全一致的结论，如 Terra（1998）、Alfaro（2002）、Kim 和 Beladi（2005）、Daniels 等（2005）、Narayan 等（2011）、Sahu 等（2018）。

Triffin 和 Grubel（1962）利用欧洲共同体六国 1951—1957 年的数据研究了贸易开放与通货膨胀的关系。研究发现，越是开放的经济体，国内的通货膨胀率越低，因为贸易开放把通货膨胀压力从国内价格上涨转移到国际收支上了。

Romer（1993）按照 Kydland 和 Prescott（1977）以及 Barro 和 Gordon（1983）的分析方法，考虑最优货币政策动态不一致性的经济模型。模型分析表明，贸易开放可以通过两种方式影响通货膨胀水平。首先，贸易开放度的提高，减少了产出超过自然水平得到的好处。这样，福利函数中产出的重要性随贸易开放度的提高而降低。其次，贸易开放会影响产出与通货膨胀之间的替代关系，贸易开放度的提高加深了一定量的国内产出扩张所带来的通货膨胀程度。因此，贸易开放影响着相机抉择政策条件下通货膨胀的两个关键决定因素：产出与通货膨胀的替代关系和相对于高通货膨胀成本的高产出的收益。贸易开放对通货膨胀决定因素的影响是通过货币贬值实现的。政策制定者的扩张动机在更开放的经济中更小，因此相机抉择政策下的均衡通货膨胀率更低。Romer 利用 1973—1988 年 114 个国家的数据对通货膨胀率和贸易开放度（进口占 GDP 的比重）进行了回归分析。回归结果与模型分析的预测是一致的。除了经济合作与发展组织（OECD）中的发达国家之外，对绝大多数国家而言，经济越开放，国内的通货膨胀率越低。Romer 还发现，在政局不稳定、央行独立性差的国家，通货膨胀率和贸易开放度的负相关关系越明显。关于在OECD 中，发达国家通货膨胀率和开放度的关系与其他国家不一致的原因，Romer 给出的解释是这些国家已经解决了货币政策中的动态不一致性问题。

Eijffinger 和 Schaling（1995）指出在权衡应对冲击的可信性和灵活性的条件下，在贸易开放度更高的经济体中，通货膨胀率可能会更高。

Lane（1997）认为，Romer 的分析并不适用于绝大多数的发展中国家，因为这些国家对国际市场价格的影响很小。Lane 在小国开放经济的一般均衡的框架下建立了一个以福利为基础、旨在产生时间一致的通货膨胀水平的政府行为模型。该模型假定市场是非完全竞争的，具有汇率自由浮动、存在名义价格黏性等特点。Lane 认为意外的货币扩张能够有效地提高非贸易部门的产出水平，因为非贸易部门通常具有某种程度的垄断性，其均衡产出水平低于潜在的产出水平。非预期的价格上涨能够促使非贸易部门的垄断性企业提高产出水平，进而有利于国民总体福利水平的提高。贸易开放度越高，意味着非贸易部门所占的比重越小，意外货币扩张引起的福利增加越少。因此，在贸易开放度越高的经济体中，货币当局采取通货膨胀政策的动机越小。Lane 利用与 Romer 相同的数据考察了贸易开放度与通货膨胀率的关系。研究发现，贸易开放度和通货膨胀率之间存在负相关关系，当把国家规模当作一个控制变量时，贸易开放度对通货膨胀率的负向效果会更加明显。

Terra（1998）利用与 Romer 相同的回归分析方法考察了不同债务水平国家的贸易开放度与通货膨胀率的关系。研究发现，只有在负债严重的国家，贸易开放才对通货膨胀具有显著的负向影响；债务危机时期的贸易开放度的回归系数（绝对值）要显著大于前债务危机时期的回归系数；在负债程度较轻的国家中，贸易开放度与通货膨胀率之间的关系非常弱。因此，Terra 认为该段时期贸易开放度与通货膨胀率之所以存在显著的负向关系是由负债严重国家的行为引起的。Terra 给出的解释是，贸易开放度更高的国家能够通过贸易盈余偿还债务，而贸易开放度较小的国家往往不得不更多地依靠内部的资源来偿还债务，内部资源会从私人部门向政府部门转移。如果征收通货膨胀税是主要的转移机制，那么其将会导致更高的通货膨胀水平。因此，在债务危机时期，贸易开放度越小的国家的通货膨胀率将越高。

Romer（1998）指出 Terra（1998）的研究深化了对贸易开放与通货膨胀关系的理解，揭示了两者的关系会随着不同国家和不同时期而变化。但是，她提出的解释只能解释贸易开放与通货膨胀总体关系的一小部分，两者之间的关系并不是由债务危机时期负债严重国家的行为引起的。相反，负债严重的国家往往是那些没能较好解决货币政策承诺问题的国家。

Temple（2002）考察了贸易开放度与牺牲率的关系，发现贸易开放度与牺牲率之间的关系非常弱，并且存在不确定的关系。据此，Temple 认为时间一致性模型可能很难解释贸易开放与通货膨胀之间的关系，应该尝试从其他途径解释贸易开放与通货膨胀之间的负向关系。通过比较几种可能的解释，Temple 认为更有吸引力和一般性的解释是：因为高的通货膨胀率通常会导致不受欢迎的真实汇率的波动，所以在开放经济体中，通货膨胀的成本更高，这会导致均衡的通货膨胀率更低。

Gamber 和 Hung（2001）考察了美国经济日益全球化是否有助于维持 20 世纪 90 年代的低通货膨胀率。他们提出了两种假说：商品竞争假说和过剩国外生产能力假说，并从经验上进行了检验。这两种假说可以用来解释全球化可能有助于降低通货膨胀率这一事实。经验研究结果表明，进口价格对进口渗透程度大的产业的产品价格的影响更大；国外较高的过剩生产能力可以在很大程度上解释近年来美国通货膨胀率的降低；通货膨胀率降低可以由全球化和高的国外过剩生产能力的相互作用来解释；但是，全球化本身并不会导致低通货膨胀率。

Sachsida、Carneiro 和 Loureiro（2003）利用 1950—1992 年 152 个国家的面板数据估计了通货膨胀与贸易开放度的关系，估计结果支持了 Romer 的观点，即贸易开放与通货膨胀之间存在显著的负向关系。

Lo、Wong 和 Granato（2003）利用一个具有真实合约模型的泰勒规则证明了更为开放经济体中的货币当局会采取更具进取性的货币政策，进而导致更小的通货膨胀波动性和持续性。来自 102 个国家的证据表明，经济开放与进取的货币政策之间存在正向的关系，在 20 世纪 90 年代，发达国家的贸易开放度与政策进取性之间的正向关系比发展中国家更显著；经济开放度与通货膨胀波动性之间存在负向的关系，并且这种关系在 20 世纪 90 年代最强；除了 1973—1990 年的样本时期外的各个样本时期，贸易开放度与通货膨胀持续性之间都存在显著的负向关系，并且，在 20 世纪 90 年代，贸易开放度与通货膨胀持续性的负向关系最强。这些结果表明，20 世纪 90 年代普遍的制度转换不仅仅是国内增强政策进取性的结果，还是为了应对全球化而提高经济开放度的结果。

Gruben 和 McLeod（2004）的动态面板估计表明，贸易开放度与通货膨胀之间的负相关关系在 20 世纪 90 年代变得更加稳健，在高收入的 OECD 国家和发展中国家均成立。并且在 20 世纪 90 年代，贸易开放对浮动汇率国家的通货膨胀的降低效应更大。

Kim 和 Beladi（2005）估计了 62 个国家贸易开放度与价格水平的关系。结果表明，对于发展中国家而言，两者之间存在负向的关系；对于发达国家而言，两者之间却存在正向的关系。中央银行的独立性在决定两者关系中的作用并不显著。

Alfaro（2005）利用 1973—1998 年发达国家和发展中国的面板数据的研究发现，在短期内，贸易开放对于限制通货膨胀的作用不大。同时，固定汇率机制扮演着重要的角色。这一结果对于其他决定通货膨胀的控制变量、敏感性分析和使用事实上的汇率机制分类是稳健的。Alfaro 认为在短期内，固定汇率扮演着承诺机制的角色，从而限制了通货膨胀。

Bowdler 和 Malik（2005，2009）利用发展中国家和工业化国家 1961—2000

年的面板数据发现，贸易开放对通货膨胀波动性在统计上有显著的负向影响。稳健性检验结果表明，研究结论对于控制汇率机制的选择尤其稳健。子样本分析表明，贸易开放度与通货膨胀波动性之间的关系在发展中国家和新兴市场国家比在 OECD 国家更加明显。Bowdler 和 Malik 强调了贸易开放影响通货膨胀波动性的两种机制。①第一种机制。贸易开放度提高导致货币政策更具纪律性，如果中央银行和政府认为在开放经济中通货膨胀波动性的成本特别高，比如它可能破坏贸易企业的竞争力并且使真实收益率具有不确定性。他们的研究表明，在保持货币波动性不变的条件下，贸易开放度与通货膨胀波动性之间存在较弱的联系，这说明这种机制具有一定程度的重要性。②第二种机制。贸易开放可能导致生产部门和贸易伙伴的多样化程度提高。因此，贸易条件冲击变小后，通货膨胀的波动性将降低。这两种机制主导了贸易开放对通货膨胀波动性的正向作用。而且，这些渠道在发展中国家比在工业化国家可能表现得更加明显。这为在 OECD 国家中贸易开放度与通货膨胀不存在清晰的关系提供了一种解释。

Jang（2006）利用向量自回归模型和脉冲响应函数考察了贸易开放度提高对日本和韩国产出增长率和价格水平的影响。研究结果表明，贸易开放度的冲击对两国的经济增长和通货膨胀都具有显著的、负向的短期影响，但是没有长期影响。

Daniels 和 VanHoose（2006）把时间不一致性方法引入一个多部门、不完全竞争、开放经济模型。与 Lane（1997）不同，模型中的所有部门都由垄断竞争的厂商组成，它们出售不完全替代的产品给国内和国外的消费者。这一模型可以证明时间不一致性（或相机抉择的政策）方法与下面两种情形完全一致：①更小的产出通货膨胀替代率；②贸易开放度与趋势通货膨胀的负向关系。因此，未能从跨国数据中发现更高的贸易开放度使产出通货膨胀替代关系变陡，不是放弃时间不一致性理论作为理解贸易开放与通货膨胀关系的基础的充分理由。即使是在开放与平均通货膨胀之间负相关的情形下，贸易开放与牺牲率之间的正向关系，与分析的结果也一致。在他们考察的框架下，贸易开放度的提高弱化了国内厂商的定价能力。因此，在垄断竞争的经济中，有更小的产出通货膨胀替代。当贸易开放度提高时，牺牲率会增大。同时，厂商定价能力的降低不利于货币扩张带来的价格上升对产出的促进。即使更高的贸易开放度提高了牺牲率，它也有减小趋势通货膨胀率的效应。Daniel 和 VanHoose 的分析表明，采用标准的时间不一致方法来预测的关系不适用于经济结构不满足完全竞争和整个经济名义合约条件的国家。这意味着使用跨国数据或一些国家的混合数据而没有控制不同国家的结构差异来推断开放的政策含义是有问题的。例如，对于完全竞争和混合劳动力市场结构占主导的国家，时间不一致性理论可以解释贸易开放与通货膨胀之间的关系，即更高的贸易开放度与更高的牺牲率有关。在其他更加接近 Romer（整个经济完全竞争、名义工资刚性足够大以至于能够影响世界相对价格）或 Lane（可贸易商品的完全替代、而非贸易商品以黏性的价格在不完全竞争的国内市场出售）假设的结构的国家，更低牺牲率的标准观点仍然适用。因此，根据一组具有不同商品市场和劳动力市场结构的国家，得到像 Temple 那样混合的经验结果并不令人意外，更不是一个谜。他们的模型预测对于美国和其他符合这一模式的国家，即使贸易开放度提高导致更低的通货膨胀偏差，也更可能出现开放度与牺牲率之间的正向关系。在其他国家，显著的国际间相互依赖、产品较强的替代性、相当大的工资刚性的组合会使标准的 Barro-Gordon 模型更具有代表性。

Bowdler（2009）考虑了 1981—1998 年的牺牲率和产出通货膨胀的替代关系，并考虑了它们对贸易开放度的依赖随汇率机制变化而变化。牺牲率与贸易开放度弱负相关，汇率更加灵活并没有增强这一关系。产出通货膨胀替代关系与贸易开放度负相关，汇率变得更加灵活会增强这一关系。在 20 世纪 80 年代后期，牺牲率与贸易开放度负相关，支持了 Romer 的假设。这一结果与 Daniel 等（2005）使用早期数据估计得到的牺牲率与贸易开放度之间存在稳健的正相关关系发生矛盾。牺牲率和贸易开放度关系的变化与汇率机制的变化并不一致，这使得汇率机制的变化改变了开放与菲利普斯曲线关系这一观点值得怀疑。然而，基于 20 世纪 80 年代后期的回归分析表明，贸易开放度和它与汇率机制指标乘积的系数为负，这与在灵活的汇率机制下贸易开放对菲利普斯曲线的影响更强的假设一致。

Glatzer、Gnan 和 Valderrama（2006）提出了全球化影响通货膨胀的六种主要的渠道：进口价格、全球竞争效应、劳动力市场、资本市场、政策动机、全球供求平衡关系。他们强调了其中两种途径：进口价格和全球竞争效应。他们指出高成本国家的价格水平可能由于低的进口价格和从低成本国家进口份额的增加而降低。除了进口价格的直接效应外，更加一体化的全球商品和服务市场可以以各种其他的方式对价格产生向下的压力；贸易壁垒的减少增强了贸易部门的竞争；企业面临的竞争加剧，促使企业创新的动力增强，进而促进生产率的提高。

Gnan 和 Valderrama（2006）详细说明了两种全球化可能降低通货膨胀的宏观经济渠道。第一，世界范围内中央银行在降低通货膨胀和维持低通货膨胀中的作用更加有效。全球化很可能增强了货币当局维持价格稳定的信心。过去几十年持续的、良好的通货膨胀表现增强了从价格和通货膨胀预期形成过程中的基础性变化方面解释通货膨胀降低观点的解释力，而不仅仅是因为好运。他们同时还指出，中央银行不应该依赖于全球化降低通货膨胀的效应，能源和初级原材料的供给瓶颈、新兴经济体储蓄-投资平衡的转变、保护主义者的压力可以结束这些效应。第二，在全球范围内（而不是国内），总需求和生产能力的提高对通货膨胀的短期影响被广泛研究，并从经验上检验了欧盟的情形。经验估计虽然证实了，与 20 世纪 80 年代不一样，国内产出缺口在解释欧盟近年来的通货膨胀时不再具有显著的作用，但是不能证实全球产出缺口已经取代了国内产出缺口，成为推动欧盟通货膨胀的主要因素。虽然全球产出缺口对国内产出缺口的偏离的重要性在过去 20 年内有一定的增强，但是仍然不显著。国内经济宽松程度的测度与通货膨胀之间的联系变弱，这意味着经济周期波动对通货膨胀偏离央行价格稳定目标的影响越来越小。必然的结果是，货币政策通过传统渠道影响通货膨胀的有效性降低，一旦通货膨胀偏离目标，想要将通货膨胀率拉回正常水平将变得更困难。于是，一开始就稳定通货膨胀预期在这种变化的经济环境中变得更为重要。

Aron 和 Muellbauer（2007）利用进口份额模型估计了南非的贸易开放度，用这种方法估计的贸易开放度既包括了可以观测的贸易政策（关税和附加费），又包括不可观测的贸易政策（配额和其他非关税壁垒）。其中，不可观测的贸易政策是通过一个平滑的随机趋势来反映的。他们利用估计的贸易开放度考察了南非贸易开放与通货膨胀的关系。研究结果表明，贸易开放度的提高显著地降低了通货膨胀率。他们的研究结果意味着贸易开放度提高对成本加成的负面作用在很大程度上被更多的汇率贬值、更低的通货膨胀率以及近年来贸易条件的改善所抵消。在短期内，更重要的事实是，贸易开放度的提高明显地降低了进口价格和单位劳动力成本。产出价格只会相当缓慢地调整，这意味着在短期内，贸易开放实际上增加了成本加成，直到竞争加剧的长期影响发生作用。

Wynne 和 Kerstin（2007）回顾了关于贸易开放度与通货膨胀关系的文献。他们证实了近年来全世界范围内和美国经济一体化程度提高的趋势，然后分析了美国经济一体化可能影响通货膨胀的各种途径。他们评价了贸易开放度更高的国家往往具有更低的长期通货膨胀率的观点。他们利用跨国数据的分析表明，贸易开放度与通货膨胀率之间存在明显的负向关系。他们提出的一些试探性的证据表明贸易开放与更低的通货膨胀有关，且劳动力和资本流动的开放同样与通货膨胀有关。最后，他们考察了全球经济的松紧程度对于解释美国的通货膨胀是否重要，结果表明全球因素确实非常重要。

Badinger（2009）利用 91 个国家 1985—2004 年的横截面数据研究了经济开放（同时考虑了贸易开放和金融开放）对通货膨胀和产出通货膨胀替代率的影响。研究表明，金融开放和贸易开放都减小了中央银行的通货膨胀偏差，产生了更低的平均通货膨胀水平，并与更大的产出通货膨胀替代有关。这不符合标准的 Barro-Gordon 框架下的关于贸易开放作用的结论。在这些模型中，贸易开放对通货膨胀有负向的影响，并与产出通货膨胀替代负相关。鉴于这些结果，经济开放对通货膨胀的负向影响需要重新解释。一个有希望的解释由近期的新凯恩斯主义文献做出。这些模型预测贸易开放和金融开放对通货膨胀有负向的影响，对产出通货膨胀替代有正向影响。Daniel 和 VanHoose（2006）认为贸易开放能够降低公司的定价能力，从而降低意外通货膨胀的产出效应。Razin 和 Loungani（2007）认为贸易开放和金融开放都降低了产出缺口的权重。另外一个重要的结论是，25 个 OECD 国家的经济开放与通货膨胀之间不存在稳健的关系。他认为最有可能的解释是，这些国家已经建立了减少由于时间不一致性问题引起扭曲的制度性框架。

Daniels 和 VanHoose（2009）考虑了一个开放经济模型。在该模型中，所得税的累进性影响经济开放、中央银行独立性和通货膨胀率的相互作用。模型表明，税收系统累进性的增加会引起真实产出对价格水平变化的反应程度降低。这意味着所得税累进性提高会降低均衡的通货膨胀率。理论分析也表明，经济开放度提高、更强的中央银行独立性有助于降低通货膨胀。他们的分析还表明，三个变量中一个变量增加时，其他两个变量对通货膨胀的降低程度变小，比如，当中央银行在通货膨胀上赋予更大的权重时，或是在经济开放度更高的条件下，所得税累进性提高对通货膨胀的效应会降低。对跨国通货膨胀数据的考察为这些关键的预测提供了经验支持，这表明通货膨胀与所得税系统的累进性之间存在负向关系。他们的分析同样支持经济开放度越高和中央银行独立性提高能够降低所得税累进性对通货膨胀的影响，反之亦然。因此，所得税的累进性越高，可能越会降低开放度对通货膨胀的负向影响。当考虑三个变量都同时增加的效应时，更高的所得税累进性和中央银行独立性好像会导致经济开放度对通货膨胀的降低效应变小。

Nasser、Sachsida 和 Mendonça（2009）利用 152 个国家 1950—1992 年的数据考察了贸易开放与通货膨胀的关系。他们检验了 Romer（1993）的主要结论的有效性，即贸易开放度与通货膨胀率之间存在负向的关系。他们还检验了

Terra（1998）的结论，即开放度与通货膨胀之间的关系是由债务危机时期负债严重国家的行为引起的。他们的分析表明，在 20 世纪 90 年代，Romer 的主要结论仍然成立，但是 Terra 的结论在 20 世纪 90 年代不再成立，因为贸易开放度与通货膨胀之间的负向关系不会因为子样本或特定时期的选择而改变。因此，Terra 的机制仅能说明贸易开放度与通货膨胀关系的一小部分。这些研究表明，货币政策缺乏事先承诺会导致无效的高通货膨胀率，预测开放程度更高的经济体具有较低的通货膨胀率。

Cavelaars（2009）考察了经济全球化对货币政策纪律性的影响。研究发现，贸易开放度的提高（贸易成本的降低）对中央银行动机的影响在总体上是不确定的；当出口受到技术决定的费用减少的影响时，贸易成本的降低对货币政策有纪律效应；当政府征收进口关税时，情形未必如此；引入关税意味着更高的开放度使实施扩张性的货币政策更有吸引力；更低的牺牲率并不自动地意味着货币政策制定者控制通货膨胀的动机更强；在世界范围内，商品市场的竞争加剧对货币政策的纪律性有不利的影响。总之，全球化不一定增强货币政策制定者的纪律性。

Lin（2010）利用 1970—2007 年 106 个国家的面板数据考察了贸易开放与通货膨胀的关系，利用 Koenker（2004）提出的面板数据分位数回归方法的估计结果表明：在通货膨胀率较高的条件下，贸易开放对通货膨胀有负向的影响；但是当通货膨胀率较低时，贸易开放对通货膨胀没有显著的影响或者有正向的影响，负向关系随通货膨胀率的上升而增强。

Ali 和 Syed（2012）指出，全球化可以通过关税与非关税壁垒的消除、低成本进口等途径对高成本国家的通货膨胀产生负向影响。他们利用 158 个国家（其中包括 23 个发达国家和 135 个发展国家）的面板数据进行实证研究，结果表明，除了非洲子样本外，几乎所有区域和经济子样本的结果都显示贸易开放度与通货膨胀之间存在显著的负相关关系。在非洲子样本中，贸易开放对通货膨胀具有正向的影响。其可能的解释是：由于贸易开放度的提高，具有巨大增长潜力的经济体可能会有强劲的增长势头；产出的增加，一方面可能导致失业率下降，另一方面将导致经济中通货膨胀压力上升。

Lin 等（2017）利用撒哈拉以南非洲的面板数据考察了贸易开放对通货膨胀的影响。研究结果显示，贸易开放有助于抑制通货膨胀。他们认为 Romer 提出的时间不一致性逻辑为这种负向关系提供了解释。

Narayan 等（2011）利用 51 个发展中国家的面板数据的研究发现，贸易开放对通货膨胀具有正向的影响。Sahu 等（2018）利用 ARDL 模型边界检验方法对印度进行研究，其结果表明无论是在短期内还是在长期，印度的贸易开放与通货膨胀之间都存在正向的关系。

2.1.2　国内研究现状

改革开放以来，随着对外开放度的提高，国际因素对中国经济的影响越来越大。研究对外开放对国内经济的影响的文献不断涌现，其中包括大量贸易开放与通货膨胀关系的研究文献。这些文献从不同视角、采用不同方法对贸易开放与国内通货膨胀的关系进行了分析和检验。与国外研究的结论类似，现有研究关于贸易开放对中国通货膨胀到底会产生怎样的影响也没有取得一致的结论。部分学者认为，贸易开放有助于降低中国的通货膨胀率，如张明玉（1998）、黄新飞（2007）、余长林等（2008）、吴昊明（2008）、焦娜（2012）；但一些学者持不同的观点，如华民（1995）、佟家栋（1996）、郭友群（1996）、方先明等（2006）、池建宇（2006）、卢孔标（2008）、王凯等（2009）。

华民（1995）认为贸易开放引起了对外贸易的迅速增长，进而导致贸易部门和非贸易部门的发展不平衡。贸易部门与非贸易部门的增长出现了严重落差，从而导致非贸易部门供给的不足与一般价格指数的上涨。此外，汇率并轨引起的人民币贬值也在一定程度上加速了通货膨胀。

佟家栋（1996）认为，对外开放与通货膨胀并不存在一一对应的关系。外部不平衡要影响通货膨胀必须具备一定的条件。第一，外部不平衡造成了国内市场供应的短缺。第二，国际收支不平衡导致货币供应量的增长率超过了经济实际增长所需要的货币量。中国通货膨胀的原因在于体制转型过程中体制机制的扭曲，而金融体制的扭曲则是其集中的表现，外贸与外资引进对通货膨胀的影响只是一种现象上的相关。

郭友群（1996）指出贸易开放会引发较高的通货膨胀率的原因是：贸易开放可能会在一定时期内加剧国内商品市场供求的紧张状况，从而对通货膨胀产生压力。另外，货币贬值会促进出口，会提高进口价格，从而从成本价格方面推动国内物价。

张明玉（1998）建立了适用于小样本随机变量因果关系检测的数学模型，并对中国对外贸易与通货膨胀的关系进行了实证分析。分析表明，改革开放以来，进口贸易增长对中国通货膨胀具有抑制作用，出口贸易增长对中国通货膨胀具有加剧作用。进口通过增加社会有效供给和促进经济增长的方式抑制通货膨胀。而出口造成或加剧了某些产品在国内市场上的供求紧张状况，从而加剧了通货膨胀。

陈全功和程蹊（2004）分析了对外贸易影响国内通货膨胀水平的三种路径：价格传递路径、货币供给量传递路径和总供给总需求路径。通过价格传递路径，进口价格变化可能造成"通货紧缩"或"通货膨胀"进口的现象。通过货币供给量传递路径，对外贸易差额会影响本国外汇储备量，使中央银行的货币资产结构发生变化，从而形成外汇占款；而外汇占款的增加或减少，会引起本国货币投放总量的变化，进而影响国内通货膨胀水平。通过总供给总需求路径，进出口贸易的发展变化会改变国内总供求关系的平衡状况，从而促使国内通货膨胀水平发生变化。

裴平、熊鹏和朱永利（2006）利用1985—2004年的年度数据和1993年一季度到2004年四季度的季度数据，对中国经济开放度与货币政策产出效应、价格效应的关系进行检验。结果表明，经济开放度的提高，同时减弱了中国货币政策的产出效应和价格效应，货币当局必须采取有效措施防范经济开放度提高对货币政策有效性的冲击。

方先明、裴平和张谊浩（2006）研究了中国外汇储备增加的通货膨胀效应和货币冲销政策的有效性。他们对2001年一季度至2005年二季度的统计数据进行实证检验，研究发现，2001年后，中国的外汇储备增加具有明显的通货膨胀效应；中国人民银行的货币冲销政策在总体上是有效的，但在货币冲销弹性等方面还不尽如人意。

赵振全和刘柏（2006）通过格兰杰影响关系、VAR模型的冲击反应和误差（方差）分解等方法检验了中国国际收支对通货膨胀的传导机制。研究表明，中国国际收支状况的变化会导致外汇储备发生变化，对以外汇占款形式的基础货币投放产生影响，从而对通货膨胀构成影响，最终对宏观经济运行产生作用。Granger检验表明，M1增长率对通货膨胀具有显著的格兰杰影响关系，中国外汇储备增长率对通货膨胀具有格兰杰影响关系。外汇储备的增长对通货膨胀的变化既有当期的直接影响，也有滞后的间接影响。由此可知，中国通货膨胀的变化不仅源于国内经济因素，而且受到外部经济因素的影响。

池建宇（2006）通过建立误差修正模型分析在中国对外开放度不断提高的情况下影响通货膨胀率的因素。计量结果表明：前期通货膨胀率、货币供给量和对外开放度是影响当期通货膨胀率的主要因素。特别地，开放度的提高使得扩张货币的效应会更多地体现在更高的通货膨胀率上。中国对外开放度的提高幅度对通货膨胀率存在正向影响。根据格兰杰因果检验的结果，中国开放度的变动是价格水平变动的原因。中国对外开放度提高的速度加快可能会提高通货膨胀率；反之，降低对外开放度的增速可能会降低通货膨胀率。

黄新飞（2007）在开放经济和价格黏性的模型中，从货币冲击出发，研究贸易开放度与通货膨胀的影响关系。研究结果表明，未被预期到的扩张性货币冲击会形成通货膨胀缺口，通货膨胀缺口会带来社会福利的增加，政府可以从通货膨胀缺口中获得收益。贸易开放度越高，政府从通货膨胀缺口所获得的收益越小，因此政府会采取紧缩的货币政策来降低通货膨胀率。黄新飞用1978—2003年的数据，通过协整检验和ECM模型分析发现贸易开放度与通货膨胀率在长期内呈负相关关系，并且贸易开放度是降低通货膨胀率的原因，因此，维持协整关系的稳定有利于降低通货膨胀率。

余长林和王瑞芳（2008）在研究财政分权对通货膨胀的影响时，将贸易开放度引入计量模型，发现中国式财政分权与通货膨胀之间呈现正相关关系，分税制改革有助于减轻中国通货膨胀的压力，贸易开放则抑制了中国的通货膨胀。

卢孔标（2008）指出，在全面开放背景下，国际因素对中国通货膨胀的影响不断上升。进口价格上升是中国生产成本提高的重要原因，但对最终消费价格影响偏弱；出口则缓解了国内产能状况对通货膨胀的约束，但持续的贸易顺差也成为中国货币投放压力的重要来源。国际资本流动使中国通货膨胀的货币环境发生很大变化，宽松的货币条件对中国资产价格的影响尤其需要关注。对于本轮通货膨胀的原因，不管是从需求拉动、成本推动，或是货币条件过于宽松的因素中，我们都可以看到开放因素的影子。

吴昊明（2008）利用1997年1月到2007年12月的月度数据，运用协整理论与基于VEC模型的格兰杰因果检验、脉冲响应函数等处理非平稳时间序列的方法，分析了中国进口贸易与出口贸易对通货膨胀的影响。研究结果表明，进口、出口与通货膨胀之间有明显的因果关系，两者的变化会引起通货膨胀率的变化。从脉冲响应分析来看，出口对通货膨胀的影响为正效应，且正效应随着时间的推移缓慢增大；进口对通货膨胀的影响在开始一段时间为负，之后转为正，正效应随着时间的推移也缓慢增大。但出口的正效应总是大于进口的正效应，且两者差距越来越大。在VEC模型分析中，进口对通货膨胀具有负向影响。

彭迈（2008）分析了经济全球化背景下影响中国通货膨胀的四大传导机制：国外商品价格传导机制、进口国外原材料从而引起的成本传导机制、贸易顺差的存在从而引起的货币传导机制、汇率传导机制。研究结果表明，在经济全球化的背景下，国际经济环境出现的各种新情况，确实使中国的物价控制面临诸多压力，宏观调控政策的制定有着诸多难题，面临着严峻的挑战。因此，在控制通货膨胀的过程中，我们必须考虑全球化背景下各种传导机制的影响。

林建华和任保平（2008）在全球化背景下对中国通货膨胀的产生及其对宏观经济的影响进行了剖析，认为中国通货膨胀产生的根源在于不合理的经济增长结构，其他诸如原油、粮食、矿产品价格的上涨以及美元贬值等因素对中国经济的影响不过是这一根本问题在全球化背景下引发的连锁反应。因此，在全球经济陷入衰退的环境下，既要实现物价稳定又要避免经济衰退的根本途径在于调整不合理的经济增长结构，降低经济增长对出口和投资的依赖，使国内消费需求成为经济增长的主要推动力量。

王凯和庞震（2009）运用 1996—2008 年的月度时间序列数据，在 VAR 模型的基础上，研究了贸易开放度、货币供应量与通货膨胀的动态关系。研究结果表明，贸易开放度、货币供应量是影响中国通货膨胀的重要因素，贸易开放度的提高增加了广义货币供应量，进一步增加了物价上涨的压力。贸易开放度与通货膨胀之间存在正向的关系，贸易开放度增加 1%，CPI 将增加 0.299%；货币供应量增加 1%，CPI 将增加 0.25%。在中国，贸易开放度和通货膨胀之间存在正向关系的原因是：贸易开放度的不断提高，引致中国货币供应量发生变化，从而影响物价水平。格兰杰因果关系检验表明，通货膨胀和货币供应量之间存在双向的格兰杰因果关系。

王兆旭（2010）在全球化的背景下构建了一个通货膨胀形成机制的逻辑分析框架，并在此框架下对产出缺口、流动性等通货膨胀形成要素进行了分析，具体分析了全球化背景下中国通货膨胀的成因，并利用 ADL 模型进行了实证研究。研究结果表明，产出是影响通货膨胀水平的主要变量；货币因素是通货膨胀的必要条件；国际大宗商品价格对物价有显著的影响；资产价格对物价的影响越来越突出；当前资产价格和货币投放等因素正在不断强化通货膨胀预期。

赵进文和丁林涛（2012）采用动态非线性格兰杰因果关系检验法，考察了在不同时期和不同经济发展阶段下中国贸易开放程度、人民币汇率和国际油价与通货膨胀关系的演变。研究表明，贸易开放度与通货膨胀之间呈现出明显的非线性特征，贸易开放程度的高低对通货膨胀的影响具有非对称效应。

焦娜（2012）利用中国省级面板数据的研究表明，对外开放度特别是对外贸易量的增长能够有效地控制一国或者地区的通货膨胀率，且中国东部、中部和西部不同地区间呈现出一定的差异性。

2.1.3 对国内外研究成果的评述

从上述的文献回顾中，我们可以发现，贸易开放与通货膨胀的关系不管是在理论上，还是在经验上都是存在争议的。从理论上来讲，贸易开放既存在降低通货膨胀率的效应，也存在提高通货膨胀率的可能。因此，贸易开放对通货膨胀的最终影响存在着一定的不确定性，既取决于世界经济和贸易的发展状况，也取决于国内的经济结构和发展水平。已有的经验研究表明，贸易开放与通货膨胀的关系可能会因为样本时期和样本国家的不同选择而有所不同；两者的关系也可能随着通货膨胀水平高低的变化而变化；另外，两者的关系还可能因为研究方法的不同而不同。各类文献提出了各种解释贸易开放与通货膨胀之间存在联系的机制。虽然解释的机制多种多样，但是可以大致归结为两类。一类是从贸易开放对政策（特别是货币政策）行为动机的影响角度思考贸易开放与通货膨胀的关系（Romer，1993；Lane，1997；Lo，2003；Cavelaars，2009）；另一类是从贸易开放对引起通货膨胀的具体因素的影响角度思考贸易开放与通货膨胀的关系（Gamber & Hung，2001；Glatzer et al.，2006）。虽然关于贸易开放与通货膨胀的关系还没有取得一致的结论，但是大多数跨国的经验研究的结果均表明贸易开放对通货膨胀具有负向的影响。支持贸易开放对通货膨胀具有负向影响的研究者通常认为，贸易开放会对政策行为产生纪律约束效应。然而，关于究竟是什么原因导致纪律约束效应，不同的学者有不同的观点。Romer（1993）认为开放度更高的国家的菲利普斯曲线更为陡峭，所以中央银行产生意外通货膨胀的动机更小；而 Temple（2002）指出，高而且多变的通货膨胀的潜在成本在开放度更高的经济体中更大，尤其是对于那些试图维持固定汇率的国家。

现有的研究为我们正确认识贸易开放与通货膨胀之间的关系提供了重要的参考。但是现有的研究仍存在一些不足之处，主要表现在以下两个方面。

（1）大多数经验研究的文献都是利用跨国的横截面数据或面板数据估计不同发展水平经济体的跨国平均结果。跨国研究虽然有助于解释贸易开放与全球平均通货膨胀水平及其波动性之间的关系，但是，这些研究往往忽略了国家间的具体差异，对于理解具体国家贸易开放对通货膨胀的影响没有太大的现实意义。一些研究试图通过增加控制变量、对样本国家和样本时期进行分组等方法考虑决定或影响贸易开放与通货膨胀关系的各种因素（如债务水平、汇率制度、国家规模等）。然而，国家间的差异表现在各个方面，不能够简单地通过某些方面体现。因此，不同国家贸易开放与通货膨胀的关系，可能与跨国平均估计的结果并不完全一致。如果利用跨国估计的结果作为政策制定的依据，可能会造成意想不到的后果。由此可知，要想正确认识某一特定国家贸易开放与通货膨胀之间的关系，必须充分考虑到该国的发展模式和水平、经济结构、贸易商品结构、制度安排等各种特征，只有这样才能得出关于该国贸易开放与通货膨胀关系的正确结论，为政策的制定提供合理的决策依据。另外，国外现有的关于贸易开放与通货膨胀关系的理论分析很多都是从发达国家和高收入国家角度出发的。由于贸易条件的不同，发达国家和高收入国家往往能够在国际贸易中获得更多的好处，贸易开放对发达国家和高收入国家通货膨胀作用的机制未必适用于发展中国家。因此，发展中国家贸易开放与通货膨胀的关系需要进一步的研究。

（2）现有的文献主要考察的是贸易开放对通货膨胀水平的影响，关于贸易开放对通货膨胀不确定性和持续性影响的研究相对较少。现有的一些研究虽涉及贸易开放与通货膨胀不确定性之间的关系，但是在经验研究中一般都只检验贸易开放与通货膨胀波动性之间的关系，几乎没有经验研究文献直接检验贸易开放与通货膨胀不确定性之间的关系。因为通货膨胀的波动性与通货膨胀不确定性并不是完全相同的概念，所以所得的结论未必能够正确反映贸易开放与通货膨胀不确定性之间的关系。通货膨胀不确定性和持续性对货币政策的效果和经济活动都具有重要的影响。对贸易开放与通货膨胀不确定性和持续性关系的研究不足，势必会影响我们对贸易开放对国内通货膨胀和经济发展与稳定影响的正确认识，不利于科学合理的政策的制定。

2.2　通货膨胀成因的理论分析

经济学研究者一直想要探索通货膨胀的成因。由于通货膨胀具有复杂性，因此充分说明通货膨胀的成因是一件非常困难的事情。许多学者根据自身的研究框架，对通货膨胀的成因作出了解释。学者们在研究中依据的理论基础以及所面临的通货膨胀的特点不同，其对通货膨胀原因的理解就会不同。从已有的关于通货膨胀成因的理论来看，通货膨胀的成因大致可以分为以下几种观点。

（1）通货膨胀主要是由总需求过快增长引起的。

（2）通货膨胀主要是由成本增加引起的。

（3）通货膨胀主要是由货币发行量过快增长引起的。

（4）通货膨胀主要是由经济发展过程中的结构性问题引起的。例如，不同部门技术进步的速度存在差异，而工资水平却存在趋同的现象。

当然，实际经济中发生的通货膨胀很难用其中某一观点单独做出充分的解释。例如，有的学者认为通货膨胀是总需求增长和成本上升共同作用的结果。我们没有将这种观点列出来，是因为我们认为这种观点仅仅是（1）（2）两种观点的综合，并没有对通货膨胀的成因给出新的见解。各种关于通货膨胀成因的观点，虽然在解释实际通货膨胀中存在一定的局限，但是对于理论分析通货膨胀的形成和发展具有非常重要的意义。从某一个角度出发进行理论分析和推导，不仅可以简化分析过程，而且使得我们能够对某种因素影响通货膨胀的机制有更加深入的认识。下面我们就对各种关于通货膨胀成因的观点、通货膨胀是如何发生以及怎样发展进行简单的说明。为了方便叙述，本书借鉴已有文献的说法，将第一种观点称为通货膨胀的需求拉动学说；将第二种观点称为通货膨胀的成本推动学说；将第三种观点称为通货膨胀的货币数量学说；将第四种观点称为通货膨胀的结构性学说。

2.2.1 通货膨胀的需求拉动学说

通货膨胀的需求拉动学说认为，通货膨胀发生的根本原因是总需求过快增长。在假定能够迅速使总需求和总供给达到均衡、工资的调整滞后于价格水平变化的条件下，总需求的过快增长会使物价水平在当期即刻上升，从而使总供给与总需求达到均衡。物价水平的上升使实际工资水平下降，这会促使工人提高货币工资以消除物价水平上升对实际工资的负面影响。同时，为了满足增加的需求，对劳动力的需求也会增加，这同样会导致货币工资的增加。货币工资的增加会使生产成本增加，从而导致总供给发生变动。总供给的变动又会导致物价水平的上升。这样，物价水平表现出持续的上涨，于是通货膨胀便发生了。

凯恩斯的通货膨胀缺口模型就是一种非常有名的需求拉动学说。凯恩斯的通货膨胀缺口模型可以一般化为：在充分就业的经济体中，总需求的一个组成部分没有预期到的增加，将会如何引起通货膨胀？所谓"通货膨胀缺口"就是商品和劳务市场上的超额需求。凯恩斯的通货膨胀缺口模型表明，总需求的意外扩张会带来当期物价水平的上涨，使总供给与总需求达到平衡。假设工资调整滞后于物价水平的变化，名义工资会因物价上涨而上升，名义工资的上升会导致商品市场再次出现通货膨胀缺口，这种缺口只能由另一轮的物价上涨来消除。物价的上升又会进一步促进工资的提高，这样就形成了工资—物价螺旋上升的局面。

从上述的凯恩斯的通货膨胀缺口模型的叙述中，我们可以发现总需求的增加会引起通货膨胀的发生，这是在充分就业的假设条件下得出的。那么在存在过度失业、相对剩余的生产能力的时候，总需求的增加会不会引起通货膨胀呢？通货膨胀缺口模型并没有给出明确的答案。典型的通货膨胀需求拉动学说认为，当存在过度失业和相对剩余生产能力时，总需求的扩张会提高产量而不会造成通货膨胀。而当总需求超过充分就业的产出水平时，超额需求就会引起通货膨胀。因此，需求拉动学说提出的治理通货膨胀的对策是加强需求管理，尽量将需求的增长控制在生产能力提高的范围内。然而，在现实的经济中，失业和通货膨胀问题常常会同时发生，通货膨胀的需求拉动学说对这样的现象就缺乏解释力了。

2.2.2 通货膨胀的成本推动学说

持这种观点的学者认为，通货膨胀的根源在于生产成本的上升。导致生产成本上升的原因有很多。理论研究中提到的原因主要有两种。①强大的工会力量会使货币工资的增长率高于劳动生产率的增长率。②垄断企业、寡头企业为了追求高额利润，会操纵价格，从而使价格上升。在实际经济中，还有许多引起成本增加的因素，如自然灾害、气候变化、战争、政治动乱以及国际市场上能源和原材料的突然涨价等。

下面用工资增加是如何引起通货膨胀来说明通货膨胀的成本推动学说。本书是在总需求和总供给的框架下讨论工资增加的通货膨胀效应。假定总供给是一般价格水平的增函数，是工资水平的减函数；总需求是一般价格水平的减函数，是工资水平的增函数。同时，我们还假定工资水平会根据物价水平的变化而调整。工资调整过程遵循这样的原则：如果上一期的通货膨胀率为正，那么工资向上调整，反之向下调整。如果在某一时期工资意外增加，由于总供给是工资水平的减函数，所以总供给曲线会向左移动。另外，工资水平的变动也会引起总需求的变动。由于总需求是工资水平的增函数，所以工资的增加会使总需求曲线向右移动。在新的工资水平下，此时均衡的价格水平会提高。然而，物价水平上升的过程不会到此停止，物价水平的上升又会引起工资水平的提高，进而导致总需求和总供给曲线的移动，从而重复上述工资水平提高引起物价水平提高的过程。这样一个工资—物价水平螺旋上升的通货膨胀过程就形成了。其他因素导致通货膨胀的过程与工资增加的情形是类似的。

通货膨胀的成本推动学说的优点在于：可以解释在未达到充分就业状态和存在资源尚未充分利用情况下的通货膨胀现象。不过，有的学者认为成本增加能够导致通货膨胀的前提条件是：在成本增加的同时，需求也会相应增加。否则，成本的一次性增加，不会导致物价水平的持续上升，也不会导致通货膨胀。因此，他们不认为通货膨胀的成本推动学说是一种独立的通货膨胀成因理论。本书不赞同这种观点，通货膨胀的成本推动学说不否认需求在通货膨胀过程中的作用，而强调引起通货膨胀的初始原因。在现实经济中，通货膨胀的发生往往是各种因素相互作用的结果，如果就此否认某个侧面对通货膨胀解释的合理性，肯定是不科学的。对通货膨胀的初始原因的强调不仅有助于加深我们对通货膨胀成因的认识，而且对于防范和治理通货膨胀具有重要的指导意义。

2.2.3 通货膨胀的货币数量学说

通货膨胀的货币数量学说主要包括"古典的货币数量说"和"货币主义的货币数量说"。两者的共同点在于，两种学说都认为通货膨胀是一种货币现象，通货膨胀率是由货币供给增长的速度决定的。两者的不同点在于，古典的货币数量说描述的是在长期均衡状态下，通货膨胀率与货币供给增长率之间的静态关系。而货币主义的货币数量说引入了货币增长的短期效应。在短期内，货币增长率的提高会暂时提高实际的经济增长率，进而减少失业率。货币主义的货币数量学说的内容更加丰富，并且更具实践意义，所以下面仅介绍货币主义的货币数量学说。

货币主义的通货膨胀理论主要由三个部分组成：数量方程、菲利普斯曲线和奥肯法则。数量方程表明，通货膨胀率与货币供应量增长率之间存在对应关系。在实际产出增长率不变的条件下，货币供应量的增长率越高，通货膨胀率越高，用公式可以表示为

$$m_t = x_t + \pi_t \tag{2.1}$$

其中，m_t 为名义货币供给增长率，x_t 为实际产出增长率，π_t 为通货膨胀率。

菲利普斯曲线反映的是通货膨胀率与失业率之间存在替代权衡的关系。通货膨胀率越高，失业率越低，用公式可以表示为

$$\pi_t = \pi_t^* - b(u_t - u^*) , \quad b > 0 \tag{2.2}$$

其中，π_t^* 为预期通货膨胀率，u^* 为自然失业率，u_t 为实际失业率。

奥肯法则刻画的是失业率与产出增长率的关系。失业率越高，产出的增长率越低，用公式可以表示为

$$u_t - u_{t-1} = -a(x_t - x^*) , \quad a > 0 \tag{2.3}$$

其中，x^* 为实际增长率趋势。货币主义的通货膨胀理论认为货币增长率的提高

在短期内具有真实效应。所谓"短期"是指在调整期间，通货膨胀的预期不发生变化，因而菲利普斯曲线不发生变化。假定初始状态为一个稳定状态，满足 $x_t = x_{t-1} = x^*$，$\pi_t = \pi_t^* = 0$，$u_t = u_{t-1} = u^*$。在短期内，货币供给增长率提高的第一轮效应是实际增长率提高、失业率下降和通货膨胀率上升。在这一过程中，名义货币供给增长率的提高可以分解为实际效应和通货膨胀效应两个部分。第二轮效应的特征是增长率下降，但仍高于趋势的增长率，失业率进一步下降，通货膨胀率进一步提高。只要实际增长率高于趋势增长率，奥肯曲线就会移动，从而使失业率下降，通货膨胀率上升。因此，短期均衡点必须满足实际增长率等于趋势增长率的条件。于是，短期的均衡通货膨胀率就等于货币供应量的增长率减去趋势增长率，此时的失业率低于自然失业率。货币主义的通货膨胀理论认为，货币供应量增长率的提高在短期内可以促进经济增长并降低失业率，所以货币主义的通货膨胀理论成为各国货币当局制定货币政策的重要理论依据。但是，短期调整过程是在假定通货膨胀预期不变的条件下得到的。要想使货币政策发挥预期的效果，必须稳定公众的通货膨胀预期。如果货币当局缺乏稳定可信的承诺机制，经常采用欺骗性的策略，那么公众的通货膨胀预期的不确定性就会大大增加，货币政策的效果就会大打折扣。

2.2.4 通货膨胀的结构性学说

通货膨胀的结构性学说认为，即使总供给与总需求处于均衡状态，各种结构性因素也会引起通货膨胀。这里的"结构"主要是指各种经济结构，比如产业结构、收入分配结构、贸易商品结构等。经济发展中存在的各种结构性问题都可以用来解释通货膨胀，因此通货膨胀的结构性学说包含的内容非常繁杂。要想全面介绍通货膨胀的结构性学说是非常困难的。因此，这里主要介绍两种在文献中经常提到的结构性通货膨胀理论：鲍莫尔模型和斯堪的纳维亚通货膨胀模型。

鲍莫尔模型（Baumol，1967）假定经济活动涉及两个部门：一个是"进步的"工业部门，另一个是"保守的"服务部门。工业部门和服务部门的生产率的增长率存在差别，服务部门的生产率增长较慢。此外，该模型还假定两个部门的货币工资增长率保持一致，并且等于工业部门生产率的增长率，服务部门产品的价格等于单位产品的劳动成本。那么，根据模型推导，服务部门就会面临持续的成本上涨的压力，而这个部门通常采用的是成本加成的定价规则，所以这种成本压力会在整个经济中引起成本推进的通货膨胀。最终的通货膨胀率水平取决于货币工资的增长率以及各部门产品在总支出中所占的份额。

斯堪的纳维亚模型实际上是鲍莫尔模型在开放经济条件下的一个扩展，斯堪的纳维亚模型将通货膨胀结构性的观点与小国开放经济的条件结合起来。与鲍莫尔模型不同的是，斯堪的纳维亚模型假定经济活动涉及"暴露"部门和"隐蔽"部门。其中，暴露部门提供所有受国际竞争支配的商品和服务，而隐蔽部门所代表的商品和服务则完全不受国际竞争影响。暴露部门和隐蔽部门的技术进步存在差异。技术进步在暴露部门表现得更明显，暴露部门的劳动生产率比隐蔽部门增长得更快。两个部门的厂商采取的定价策略不同。在暴露部门，厂商是纯粹的价格接受者，它们根据既定不变的世界价格调整生产数量。隐蔽部门的厂商以总成本为基础制定价格，既定价格反映单位劳动成本和一个固定的利润增量。与鲍莫尔模型一样，斯堪的纳维亚模型同样假定两个部门的货币工资增长率相同，等于暴露部门的通货膨胀率与劳动生产率增长率之和。那么，根据这些假定，我们就可以得出这样的结论：小国开放经济的通货膨胀率由世界通货膨胀率、总支出中隐蔽部门所占的份额以及两个部门劳动生产率的进步率之差共同决定；隐蔽部门在总支出中所占的份额越大，国内通货膨胀率与世界通货膨胀率的离差就越大。

从上述的分析中可以发现，通货膨胀的结构性学说可以用来解释物价水平上涨的长期趋势。只要经济发展中存在不平衡的现象，这里主要指劳动生产率的提高速度不同，不同部门的货币工资的增长率由于"攀比"或出于"公平性"考虑而趋同时，成本上涨的压力必然会不断推动物价水平的上涨。在现实的经济运行中，各部门发展不平衡是普遍存在的，因此通货膨胀的结构性学说具有非常高的应用价值。

2.3 贸易开放与通货膨胀关系的理论分析

从上一节关于通货膨胀成因理论的回顾中，我们知道通货膨胀是一种非常复杂的经济现象，其形成和发展是各种因素相互作用的结果。虽然通货膨胀的影响因素众多，但是我们可以对这些因素进行大致的归类。基于本书的研究视角和已有的研究成果，笔者将通货膨胀的影响因素简单分为政府政策行为因素和经济环境因素两种。之所以进行这样的划分，是因为通货膨胀虽然是市场经济条件下客观存在的一种经济现象，但其发展的过程深受政府政策行为，特别是货币政策行为的影响。例如，通货膨胀率的高低、波动性以及持续时间不仅取决于经济环境的状况，而且取决于政府控制通货膨胀的决心和政策的有效性。因此，通货膨胀的状况是由政府政策行为和经济环境共同决定的。这里的政府政策行为因素是对通货膨胀的发生和发展具有影响的各种政府行为的统称，主要包括各种财政、货币政策的制定与执行。经济环境因素是指影响通货膨胀的各种具体的经济因素，如总供给与总需求状况、竞争状况、成本变化状况、产业结构以及贸易状况等。值得注意的是，通货膨胀的政府政策行为因素与经济环境因素并不是相互独立的，政府政策行为因素最终都要通过经济环境因素发挥作用，政府政策行为的变化会对经济环境产生影响，同时经济环境的变化也会改变政府的政策行为。

基于上述的分析，我们可以从两个角度讨论贸易开放与通货膨胀的关系，即贸易开放对政府政策行为因素的影响和贸易开放对经济环境因素的影响。下面就从贸易开放对通货膨胀的政府政策行为因素和经济环境因素的作用两个方面分析贸易开放与通货膨胀之间可能存在的关系。

2.3.1 贸易开放与通货膨胀的政府政策行为因素

控制通货膨胀几乎是所有国家政府政策行为的主要目标之一，因此有的人也许会认为政府没有制造（意外）通货膨胀的动机。然而，事实并非如此简单。政府政策行为的目标在一般情况下不是唯一的，而需要同时兼顾多个目标。宏观经济政策的主要目标可以粗略地概括为经济增长、充分就业、物价稳定、国际收支平衡。这些政策目标之间并不是完全相容的，如经济增长和物价稳定之间可能存在矛盾，促进经济增长的各项政策措施可能会导致物价水平的上涨。因此，当政策目标之间不相容时，政府政策行为必须对各种目标进行一定的权衡。因此最优的政策并不意味着通货膨胀率为零。如果在当前政策目标的约束条件下，对政府而言的最优通货膨胀率不为零，那么政府就有动机制造通货膨胀以实现其整体目标。在现实的政策实践中，政府政策的多重目标决定了对政府而言，最优的通货膨胀率通常是大于零的。我们可以这样认为：最优的通货膨胀率越高，政府制造通货膨胀的动机越大，实际的通货膨胀率也越高。因此，我们可以从贸易开放对政府制造通货膨胀的动机的影响角度考察贸易开放与通货膨胀之间的关系。如果贸易开放导致政府制造通货膨胀的动机增大，那么贸易开放就对通货膨胀具有正向的作用；反之，则有负向的作用。政府制造通货膨胀动机的大小取决于最优的通货膨胀率（对政府而言的），所以贸易开放对政府通货膨胀动机的影响需要通过对最优通货膨胀率的决定因素的作用而实现。那么，最优通货膨胀率的决定因素是什么呢？本书将在 Barro 和 Gordon（1983）的框架下简单讨论最优通货膨胀率的决定因素。

假定政策制定者的最小化二次损失函数满足卢卡斯供给曲线：

$$\min L = \pi^2 + \lambda \ (y - y^*)^2$$
$$\text{s. t. } y = y_n + \theta(\pi - \pi^e), \ \lambda > 0, \ \theta > 0 \tag{2.4}$$

其中，π 为实际通货膨胀率，π^e 为期望通货膨胀率，y、y^* 和 y_n 分别为实际产出水平、政策制定者的产出目标和自然的产出水平，假定 $y^* > y_n$。参数 λ 为政策制定者的损失函数中产出缺口的相对权重；θ 为产出与通货膨胀的替代关系，测度的是未预期到的价格变化对真实产出变化的影响。

求解政策制定者的目标函数后，可以得到：

$$\pi^{\text{optim}} = \frac{\lambda\theta(y^* - y_n)}{1 + \lambda \theta^2} > 0 \tag{2.5}$$

由式（2.5）可知，对于政策制定者而言，最优的通货膨胀率并不等于零。在均衡时，预期通货膨胀率会等于最优的通货膨胀率，即 $\pi^e = \pi^{\text{optim}} = \frac{\lambda\theta(y^* - y_n)}{1 + \lambda \theta^2}$，实际产出水平等于自然的产出水平，即 $y = y_n$，此时对应的政策制定者的损失是：$L = \left[\frac{\lambda\theta(y^* - y_n)}{1 + \lambda \theta^2}\right]^2 + \lambda \ (y_n - y^*)^2$。显然，这样的结果并不是最好的。如果政策制定者能够使公众相信政府会将通货膨胀率控制为零，那么此时的均衡结果为 $\pi = \pi^e = 0$，$y = y_n$。政策制定者的损失为 $L = \lambda (y_n - y^*)^2$。众所周知，由于缺乏可信的保证技术，这样的政策是时间不一致的。如果政策制定者确信公众的预期通货膨胀率维持在 $\pi^e = 0$，那么政策制定者就有动机使事先宣布的通货膨胀率偏离，从而导致意外的通货膨胀。因此，时间一致的通货膨胀率等于最优的通货膨胀率：$\pi^{\text{optim}} = \frac{\lambda\theta(y^* - y_n)}{1 + \lambda \theta^2}$。

最优通货膨胀率的公式表明，最优通货膨胀率的高低主要由三个因素决定：政策制定者损失函数中产出缺口的相对权重 λ、产出与通货膨胀的替代关系 θ、政策制定者的产出目标与自然的产出水平的差距（$y^* - y_n$）。

可以证明 $\frac{\partial \pi^{\text{optim}}}{\partial \lambda} = \frac{\theta(y^* - y_n)}{(1 + \lambda \theta^2)^2} > 0$，$\frac{\partial \pi^{\text{optim}}}{\partial(y^* - y_n)} = \frac{\lambda\theta}{1 + \lambda \theta^2} > 0$。由此可知，政策制定者损失函数中产出缺口的相对权重 λ 越大，政策制定者的产出目标与自然的产出水平的差距越大，最优的通货膨胀率越高，政府制造通货膨胀的动机就越大。由于 $\frac{\partial \pi^{\text{optim}}}{\partial \theta} = \frac{\lambda(1 - \lambda \theta^2)(y^* - y_n)}{(1 + \lambda \theta^2)^2}$ 的符号不确定，我们不能得出关于产出与通货膨胀替代关系 θ 和最优通货膨胀率之间的简单关系。如果

$y^* > y_n$，那么当 $1 - \lambda \theta^2 > 0$，即 $\theta < \dfrac{1}{\sqrt{\lambda}}$ 时，$\dfrac{\partial \pi^{optim}}{\partial \theta} > 0$，$\theta$ 越大，最优通货膨

胀率越大，政府通货膨胀的动机越大；当 $1 - \lambda \theta^2 < 0$，即 $\theta > \dfrac{1}{\sqrt{\lambda}}$ 时，$\dfrac{\partial \pi^{optim}}{\partial \theta} < 0$，

θ 越大，最优通货膨胀率越小，政府通货膨胀的动机越小。因此，最优通货膨
胀率和产出与通货膨胀的替代关系之间存在倒 U 形的关系，如图 2.1 所示。

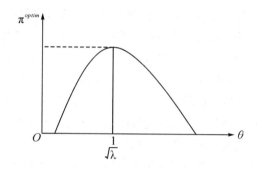

图 2.1 最优通货膨胀率（π^{optim}）和产出与通货膨胀替代关系（θ）

从上述的分析中可知，最优通货膨胀率不仅取决于政策制定者损失函数中
产出缺口的相对权重 λ 和产出与通货膨胀替代关系 θ 的绝对大小，而且取决于
它们的相对大小。

政府的政策行为主要受其动机的影响，因此讨论贸易开放对通货膨胀的政
府政策行为因素的作用，关键在于分析贸易开放对政府通货膨胀动机的影响。
如果贸易开放导致政府通货膨胀动机增大，那么必然的结果是政府将制定和实
施更为宽松的政策，实际的通货膨胀率会上升；相反，如果贸易开放的结果不
是增大而是减小政府的通货膨胀动机，那么政府就会制定和执行更为严谨的政
策，实际的通货膨胀率会下降。贸易开放究竟是有利于增强政府的通货膨胀动
机，还是有利于减弱政府的通货膨胀动机呢？想要回答这一问题，我们需要从
贸易开放对政府通货膨胀动机的决定因素的影响角度进行分析。

上面的分析表明：政府通货膨胀的动机主要受到三种因素的作用，分别为
政策制定者损失函数中产出缺口的相对权重、产出与通货膨胀的替代关系以及
政策制定者的产出目标与自然的产出水平的差距（简称"目标产出缺口"）。
下面我们就从这三个方面分析贸易开放对政府通货膨胀动机的作用。

（1）贸易开放与产出缺口的相对权重。

在现有的文献中，已有一些文献讨论了贸易开放对政策制定者损失函数中
产出缺口的相对权重的影响。如 Romer（1993）指出，贸易开放度的提高减少

了产出超过自然水平得到的好处。如果国内产出相对于国外产出出现扩张，除非国内和国外商品是完全替代的，否则国内产出扩张会降低国内产品的相对价格。从国外购买的商品比例越多，真实贬值的成本越大。这样，福利函数中产出缺口的重要性随贸易开放度的提高而降低。Razin 和 Loungani（2007）认为损失函数中产出缺口的相对权重不是固定的，而是贸易和金融开放的反函数。其理由是产出和消费的波动在贸易和资本流动更加开放的经济体中更小。因此，根据 Romer、Razin 和 Loungani 的观点可知，贸易开放度的提高会使政府的通货膨胀动机变小，从而导致实际的通货膨胀率降低。当然，贸易开放也可能通过其他途径使产出缺口的相对权重变小。当政策制定者意识到随着贸易开放度的提高，通货膨胀的成本变得足够大且足以超过产出增长的收益时，这样的情形就会出现。通货膨胀的成本随着开放度提高而增加，这一现象可以有多种解释。其中一种解释是：国内的通货膨胀会导致本币汇率的贬值，而本币贬值的成本通常随着贸易开放度提高而增加。

这里还要强调一下贸易开放影响产出缺口的相对权重的另外一种重要途径——竞争效应。贸易开放加剧了国家间的竞争，而国家间的竞争主要表现在经济增长方面。竞争效应可能会对产出缺口的相对权重产生两个方面的作用。一方面，为了加速本国经济的增长，政策制定者将给予产出缺口更高的权重。于是，随着对外开放的推进，政府通货膨胀的动机会增强，进而导致实际的通货膨胀率上升。另一方面，在开放经济的条件下，一个国家的经济增长在很大程度上取决于该国产品的国际竞争力。高而多变的通货膨胀率往往会导致产品价格频繁变动，从而削弱产品的国际竞争力。贸易开放程度越高，这种效应越是明显。因此，随着贸易开放度的提高，政策制定者会更加关注通货膨胀，进而给予产出缺口更低的权重。

由此可知，从理论上来说，贸易开放既可能使政策制定者损失函数中产出缺口的相对权重增大，也可能使其变小，这取决于对经济条件的不同假设。因此，贸易开放对产出缺口的相对权重的影响在很大程度上不是一个理论问题，而是一个实证问题。正确地识别贸易开放对某一个国家政策制定者产出缺口的相对权重的具体影响的关键是分析这一国家所处的经济条件。

（2）贸易开放与产出通货膨胀替代关系。

贸易开放与产出通货膨胀替代之间的关系长期以来都被用来解释贸易开放与通货膨胀之间的关系。然而，关于贸易开放与产出通货膨胀替代的关系，现有的学者并没有得到一致的结论。有的学者认为对外开放会使产出通货膨胀替代变小，如 Romer（1993）、Lane（1997），而其他的一些学者则认为对外开放会使产出通货膨胀替代关系变大，如 Daniels 和 VanHoose（2006）、Razin 和 Loungani（2007）。支持对外开放会使产出通货膨胀替代变小的理由是：国内的货币扩张会使货币贬值，导致贸易条件变坏，从而降低了由意外通货膨胀带来的产出增长。这种效应在贸易更加开放的经济体中更大（Romer，1993）。支持对外开放会使产出通货膨胀替代关系变大的理由是：更大的贸易开放度降低了国内厂商的定价能力，因为国内产出的支出对国内收入变化的敏感程度下降。因此，产出通货膨胀替代将变大。同时，定价能力的减弱会降低货币扩张带来的价格增加的产出效应（Daniels & VanHoose，2006）。

不同研究者的模型假设存在差异，这导致不同研究者对产出通货膨胀替代与通货膨胀率之间的关系持有不同的观点。Romer（1993）和 Lane（1997）认为产出通货膨胀替代与通货膨胀率之间存在正向的关系，对外开放会使产出通货膨胀替代变小，进而导致通货膨胀率的降低。而 Daniels 和 VanHoose（2006）、Razin 和 Loungani（2007）认为产出通货膨胀替代与通货膨胀率之间存在负向的关系，对外开放会使产出通货膨胀替代变大，导致通货膨胀率的降低。由此可知，贸易开放与产出通货膨胀替代的关系并不能完全决定贸易开放与通货膨胀的关系。要想确定两者之间关系，我们还需要同时考虑产出通货膨胀替代与通货膨胀的关系。本章的前面部分也表明了最优的通货膨胀率与产出通货膨胀替代存在倒 U 形的关系，这也提示我们：贸易开放与通货膨胀的关系不完全由贸易开放与产出通货膨胀替代的关系决定。

（3）贸易开放与目标产出缺口。

在讨论贸易开放与目标产出缺口关系之前，我们首先分析一下出现目标产出缺口的原因。政策制定者的产出目标为什么会超过自然的产出水平？要回答这一问题，我们必须对自然的产出水平的概念有一个比较清晰的认识，这里的"自然的产出水平"与"充分就业的产出水平"不是一个概念。笔者认为"自然的产出水平"是指在当前的就业状况下可以实现的产出水平，而政策制定者的产出目标是尽可能实现"充分就业的产出水平"。然而，在现实的经济中，失业问题一直都是困扰各国政府的一个重要问题。于是，我们可以认为充分就业在现实中几乎是不存在的，自然的产出水平总是小于政策制定者的产出目标，这样就出现了目标产出缺口。产出水平在短期内主要是由需求决定的，所以政策制定者制定产出目标的主要依据是对未来国内产出需求的预期。预期的需求越大，产出目标就越大，目标产出缺口就越大；反之则越小。

贸易开放意味着一国的经济不断融入全球市场。一国的贸易开放程度越高，该国经济融入全球市场的程度越高。贸易开放将扩大国内产出的市场，市场的扩大有可能增加对国内产出的需求，政策制定者的产出目标很可能随贸易开放程度的提高而增大。因此，贸易开放可能会导致目标产出缺口增大，导致政府通货膨胀动机变大，进而导致实际的通货膨胀率上升。另外，贸易开放带来的技术进步和生产率提高可能会提高自然的产出水平，进而缩小目标产出缺口，导致政府通货膨胀动机变小和实际的通货膨胀率下降。总之，贸易开放既可能增大目标产出缺口，又可能减小目标产出缺口。

2.3.2　贸易开放与通货膨胀的经济环境因素

贸易开放可以通过各种渠道影响通货膨胀的经济环境因素，这里对几种主要的渠道进行简单的说明。

（1）进口价格渠道。

贸易开放导致进口商品在国内市场上所占的份额不断提高，进口价格对总价格水平的影响变得越来越大。贸易开放通过进口价格渠道影响国内的通货膨胀时主要会产生两种效应。第一种效应是进口份额效应。由于国内商品的价格水平和进口商品的价格水平通常存在差异，即使两种商品的价格水平不发生变化，进口商品的市场份额的增加也会使总价格水平发生变化。如果进口商品的价格水平高于国内商品的价格水平，那么进口份额的增加会导致总价格水平的上涨；反之，则会导致总价格水平的下降。第二种效应是进口价格效应。进口价格与国内产品价格的变化幅度在一般情况下也不相同，价格变化幅度的差异也会影响总体的通货膨胀水平。如果进口价格的上涨幅度小于国内产品价格的上涨幅度，通货膨胀的水平就会降低；反之，如果进口价格的上涨幅度大于国内产品价格的上涨幅度，通货膨胀的水平就会提高。由此可知，贸易开放通过进口价格渠道对国内通货膨胀的具体影响由国内产品价格和进口价格的差异及其上涨幅度的差异共同决定。现有的研究已经证实了经济全球化带来的进口价格的下降在全球平均通货膨胀水平和高收入国家的通货膨胀水平降低的过程中发挥着重要的作用，如 IMF（2006）、Chen 等（2004）。然而，这样的情形对于中国这样的发展中国家未必成立，贸易开放是否会对进口价格及其上涨幅度具有抑制作用还需要实证的检验。

（2）竞争效应渠道。

贸易开放导致一个国家的商品和服务市场与世界市场的一体化程度提高，国内企业面临的竞争会更加激烈，更激烈的竞争会通过各种方式对通货膨胀产生影响。

首先，来自国外生产者的更激烈竞争限制了国内生产者提高价格的能力。

来自国际市场激烈的竞争使国内企业的垄断力量大幅度下降，商品的价格主要由市场的供求关系决定。同时，贸易壁垒减少和关税税率的降低使得进口商品的价格降低，使得进口商品的竞争力不断增强。国内企业只有通过压缩利润以维持产品的竞争力。另外，零售企业的经营模式和理念随着贸易开放而发生一定变化。贸易开放促使了一批基于全球视野的大型零售企业的产生和发展，这些大型零售企业会进行大批量采购，所以能够对它们的供应商施加降低价格的压力。在其他条件保持不变的情况下，这最终会导致更低的利润和更低的价格。

其次，激烈的竞争促使企业不断提高生产率，降低生产成本。激烈的竞争导致企业不能通过调整价格来获取利润，而只能通过降低成本和提高生产率来实现其利润目标。生产率的提高主要依靠技术进步，因此，企业面临的竞争加剧，使企业进行技术引进和技术创新的动力增强。对外开放程度的提高，为技术引进和技术创新创造了有利的条件。贸易的开放有利于技术的溢出，从而加速新技术的扩散。资本账户的开放，尤其是外商直接投资，对技术的引进和扩散具有重要的作用。另外，激烈的竞争会使边缘企业（效率最低的企业）退出该行业，进而提高平均的生产率和降低平均成本。

从上述的分析可知，激烈的竞争会导致企业的定价能力和利润份额下降，并促使企业的平均生产率的提高和平均成本的降低，这些都应当有助于抑制总价格水平的上涨，进而对通货膨胀产生负向作用。

（3）劳动力市场渠道。

贸易开放对劳动力市场的影响首先表现在：随着贸易开放度的提高，贸易商品部门快速成长，从而增加对劳动力的需求。在劳动力供应充足、工资主要由市场供求关系决定的条件下，劳动力需求的增长主要反映在就业岗位增长方面，对劳动力成本的影响相对较小，进而对通货膨胀的影响也较小。但是，如果劳动力供应相对紧张，或者不同部门的工资水平存在"攀比"的情况时，劳动力需求的增长就会导致劳动力成本的增加，进而导致通货膨胀率上升。

贸易开放还可以通过其他方式影响劳动力市场，比如，贸易开放可能弱化工会等组织在工资谈判中的力量。另外，为了提高或者维持一个国家在全球商业布局中的吸引力以及其产品的国际竞争力，贸易开放程度比较高的国家往往会采取措施防止劳动力价格的过快上涨。基于上述的原因，贸易开放也可能对劳动力价格上涨有抑制作用，从而对通货膨胀产生负向的作用。

（4）货币供应渠道。

贸易开放的结果主要表现在对外贸易额的快速增长，然而，进出口贸易额的增长往往不是同步的。出口额大于进口额时就会出现贸易顺差；反之，则会出现贸易逆差。一个国家存在贸易顺差，就会导致外汇储备增长，进而导致基础货币增加。基础货币增加通过乘数效应使货币供应量成倍地增加；反之，则会导致货币供应量减少。货币供应量的增减变化必然会对通货膨胀产生影响。

另外，随着贸易开放度的提高，各种资本管制措施的有效性受到了很大的影响。在贸易开放度较高的条件下，国际资本能够比较容易地避开资本管制的限制，通过贸易渠道流进与流出，比如通过多报出口或少报进口的方式增加资本的流入或减少资本的流入。资本的流入与流出也会对货币供应量产生冲击和影响，进而影响通货膨胀率。

（5）供求关系渠道。

贸易开放可能改变国内商品和服务市场需求和供给之间的平衡关系。贸易开放使得商品和服务贸易量增加，进口量的增加会使供给量增加，而出口量的增加则增加了需求量。因此，进出口贸易量的增加必然会对国内市场供求关系产生影响。对国内市场供求关系的具体影响，不仅要考虑进出口贸易增长是否平衡，而且要考虑进出口商品在国内市场上各自的供求关系状况。进出口商品的种类和品质通常存在差异，进出口贸易的平衡并不意味着国内市场供求关系不发生变化。如果在国内市场上，出口商品处于供大于求的状况，则出口的增加会缓解供求失衡的状况；相反，如果在国内市场上，出口商品处于供小于求的状况，则出口的增加会进一步加剧供求失衡的状况。进口的增加也会产生和出口的增加类似的情形。供求关系的变化会导致价格的变化，进而对通货膨胀率产生影响。贸易开放通过市场供求关系渠道对总价格水平的具体影响取决于贸易开放导致的需求增加的价格上升效应是大于还是小于供给增加的价格下降效应。

（6）结构效应渠道。

贸易开放还会导致不同行业发展的不平衡。贸易开放扩大了贸易商品市场，增加了贸易商品的需求。在贸易开放的条件下，生产在国际市场上出口的商品的部门和相关行业的发展速度就会快于其他部门。有的行业或部门甚至会成为制约经济发展的瓶颈。结构性通货膨胀理论认为，不同部门（行业）发展的不平衡是产生通货膨胀的重要原因之一。因此，贸易开放带来的不同部门（行业）发展不平衡会对通货膨胀产生影响。

除了上述的六种渠道外，贸易开放还可能通过其他的方式影响通货膨胀。例如，贸易开放可能改变公众的通货膨胀预期；贸易开放还可能使通货膨胀对各种因素（如货币供应量增长率和国内产出缺口变化）的敏感程度发生变化。

2.3.3 贸易开放与通货膨胀关系的评述

从贸易开放对通货膨胀影响因素的影响机制的分析中，我们可以知晓，贸易开放与通货膨胀之间不存在简单、明确的关系。贸易开放对通货膨胀既存在推动的作用，又存在抑制的作用。

首先，从贸易开放对政府通货膨胀动机的影响来看，贸易开放既存在提高政府通货膨胀动机的方面，又存在减小政府通货膨胀动机的方面。贸易开放可以通过增大损失函数中产出缺口相对权重和增大目标产出缺口的方式，提高政府通货膨胀的动机；贸易开放也可以通过减小损失函数中产出缺口相对权重的方式，降低政府通货膨胀的动机。由于产出通货膨胀替代关系与最优通货膨胀率之间不存在简单的线性关系，而存在倒 U 形的关系。因此，贸易开放通过产出通货膨胀替代关系对政府通货膨胀动机的影响存在不确定性，需要对产出通货膨胀替代与最优通货膨胀率的关系进行事先的假设。假设产出通货膨胀替代与最优通货膨胀率之间存在正向的关系，如果贸易开放导致产出通货膨胀替代变大，这会提高政府通货膨胀的动机；反之，如果贸易开放导致产出通货膨胀替代关系变小，这会降低政府通货膨胀的动机。假设产出通货膨胀替代与最优通货膨胀率之间存在负向的关系，情形正好相反。目前，学者们大多强调贸易开放对政府通货膨胀动机的降低作用，虽然他们发现贸易开放对产出通货膨胀替代关系有不同的影响，但由于假设不同，他们都得出了贸易开放降低了政府通货膨胀动机的结论。现有的文献之所以强调贸易开放对政府通货膨胀动机的降低作用，是为了解释在过去数十年内世界范围内通货膨胀率下降和贸易开放程度提高同时发生的经济现实。然而，从理论上讲，贸易开放对政府通货膨胀动机的影响是不确定的，贸易开放对政府通货膨胀动机的影响是否合理还有待进一步的检验。

其次，从贸易开放对通货膨胀的经济环境因素的影响来看，贸易开放既可能推动通货膨胀，也可能抑制通货膨胀。贸易开放导致的竞争加剧对通货膨胀具有抑制作用；通过劳动力市场渠道，贸易开放对通货膨胀也主要产生抑制作用；通过结构效应渠道，贸易开放可能对通货膨胀具有推动作用；贸易开放通过其他渠道对通货膨胀的影响取决于国际和国内市场的供求关系状况、价格水平及通货膨胀的状况。

最后，一个国家的经济发展水平、发展阶段以及发展模式在决定贸易开放与通货膨胀的关系中起着不可忽略的作用。发达国家由于国内生产成本较高，价格水平也相对于发展中国家更高。同时，发达国家利用通货膨胀来刺激经济的动机也相对较小。因此，贸易开放对发达国家的通货膨胀更多地起着抑制的作用。对于发展中国家，贸易开放对通货膨胀的影响要复杂得多。发展中国家发展经济的愿望非常强烈，因此政府的通货膨胀动机相对较大。贸易开放会对政府通货膨胀的动机产生较大的影响。而且，贸易开放将导致发展中国家的通货膨胀的经济环境因素发生深刻的变化，进而对通货膨胀产生重大影响。发展模式的不同也会影响贸易开放与通货膨胀的关系。出口导向型的发展模式更有利于发挥贸易开放抑制通货膨胀的作用，因为出口导向型的发展模式能充分发挥比较优势和规模经济的效用。

由此可知，在讨论贸易开放与通货膨胀关系的时候，我们不能期望一定能够得出一致的结论。一方面，我们要分析不同经济条件下，贸易开放对通货膨胀的影响；另一方面，我们还要分析贸易开放对经济条件的影响。由于在不同经济条件下，贸易开放对通货膨胀具有不同的影响，而且贸易开放同时会改变经济条件，所以贸易开放对通货膨胀的影响可能会不断发生变化。因此，对于某个经济体（国家）来说，贸易开放与通货膨胀之间可能并不存在稳定的关系。然而，这并不意味着讨论贸易开放与通货膨胀关系是没有意义的，研究贸易开放与通货膨胀关系的变化及其条件本身就具有重要的意义。

前面的分析主要针对的是贸易开放与通货膨胀水平的关系，贸易开放也会通过各种方式对通货膨胀的不确定性和持续性产生影响。通货膨胀的不确定性和持续性也主要由政府政策行为和经济环境因素决定，所以我们同样可以从这两个方面进行分析。首先，如果贸易开放使政府政策行为更为稳定、更容易预测，那么贸易开放就会降低通货膨胀的不确定性；反之则会提高通货膨胀的不确定性。如果贸易开放增强了政府控制通货膨胀的动机，那么通货膨胀持续性就会降低；反之则会增大。其次，如果贸易开放使经济遭受各种冲击的可能性增大，那么通货膨胀不确定性就会增大；反之则会降低。如果贸易开放使通货膨胀对各种因素变化的反应变得更加敏感，那么通货膨胀持续性就可能提高；反之通货膨胀持续性则可能降低。

3 中国贸易开放度与通货膨胀的统计分析

3.1 中国贸易开放度的测定与统计特征分析

3.1.1 贸易开放度测度方法的评述

如何准确测度贸易开放度是一件非常具有挑战性的事情。然而，在研究贸易开放的相关问题时，它又是无法回避的。因此，在大量的经验研究中，学者们提出了各种各样的方法来测度贸易开放度。各种方法各具特色，从不同角度反映了贸易的开放程度。但是，到目前为止，没有一种方法被公认为是测度贸易开放度的最佳方法，各种方法都具有一定的不足。

贸易的开放性从本质上讲应该是贸易政策、贸易体制的开放性，不过，贸易政策、贸易体制的开放性最终都会体现在贸易量和贸易商品的价格上。因此，在经验研究中，测度贸易开放度的方法可以大致分为两类：基于政策规则的方法和基于结果的方法。

基于政策规则的方法是从与对外贸易相关的政策和法规角度测度贸易的开放性。主要的方法包括关税税率、有效保护率、非关税壁垒的覆盖率、SW综合指标体系（Sachs & Warner, 1995）、世界银行外向指数（世界银行，1987）、Edwards法（Edwards, 1998）等。

基于结果的方法是从贸易政策和法规实施的结果对贸易的开放性进行测度。贸易政策和法规的实施结果主要表现在贸易量和贸易商品的相对价格上，因此这类方法又可以进一步分为基于贸易量的方法和基于价格的方法。基于贸易量的方法的理论基础是，贸易政策和法规的开放程度越深，对外贸易量占国内产出的比重就越大。基于贸易量的方法主要有贸易依存度指标方法和综合贸易强度（composite trade intensity，CTI）指标方法等。贸易量不仅会受到贸易政策和法规的影响，还会受到其他因素，如国家规模、经济发展水平等的影响，因此贸易量可能不能够准确反映贸易开放的真实程度。一些学者利用计量模型对基于贸易量的方法进行了修正，在实证研究中主要用到了两类模型：要素禀赋模型（Leamer，1988）和引力模型（Stewart，1999）。它们的主要思想是利用国际贸易理论和模型计算一国在自由贸易条件下预测的贸易流量，实际流量与预测流量之间的偏差就反映了一国贸易开放的程度。Aron 和 Muellbauer（2007）提出了一种新的方法来修正贸易量方法，这种方法在贸易份额模型中同时引入可以观测的贸易政策（如关税和附加费）和不可观测的贸易政策（如配额和其他非关税壁垒）。基于价格的方法的理论基础是：根据国际贸易理论，贸易开放将导致贸易流量的增加，进而推动各国之间商品和生产要素价格趋同。比较有名的基于价格的方法是 Dollars 指标法（Dollars，1992），其又被称为"实际汇率扭曲指数法"。

　　基于政策规则的方法的主要优点在于它直接对贸易政策和法规的开放性进行测度，具有直观性。但是，影响对外贸易的政策和法规非常多，单一的指标很难真实地反应贸易政策的开放性，综合的指标体系在权重设定上又存在很多问题。同时，很多贸易政策都很难量化，已有的方法通常都是使用虚拟变量进行表示，这种方法只能表示某项政策的有无，而不能反映政策的执行情况，因此不能反映贸易政策的真实开放性。另外，贸易政策的开放最终都是要通过其结果对经济产生作用。基于上述的各种原因，大多数的经验研究都使用基于结果的方法来测度贸易开放度。其中，使用最多的方法是基于贸易量的方法，因为这种方法不仅容易获取数据，而且能够比较准确地反映一个国家贸易开放度的变化。基于价格的方法之所以没有得到广泛的应用，是因为其前提条件（如购买力平价成立）在现实中不能成立，商品和生产要素的价格受交易成本的影响比较大，利用基于价格的方法测度的贸易开放度与人们观察到的实际情况差距较大。虽然，基于贸易量的测度方法得到了广泛的运用，但是有人也指出这种方法可能存在的问题：使用这种方法计算的贸易开放度与贸易政策之间缺乏必然的联系。Edwards（1998）指出：一个国家即使贸易扭曲严重也仍然可能有很高的外贸依存度，因此外贸依存度不能真实地反映贸易政策。利用各种计量模型对贸易依存度进行修正，能够在一定程度上改善基于贸易量的方法的测度结果的有效性。但是，其仍不能够完全克服上述的缺陷。实际上，计量模型方法的有效性还依赖于模型设定的正确性、估计方法的有效性、数据质量的可靠性等，因此计量模型方法在应用中存在相当大的局限。

3.1.2 中国贸易开放度的测度

本书的研究目的是考察中国贸易开放的影响，所以选取的测度贸易开放度的指标需要比较准确地反映贸易开放度的变化。综合考虑各种方法的优缺点后，我们认为，基于贸易量的方法比较适合本书的研究。然而，传统的贸易依存度指标受到各种因素的影响，容易出现波动。受数据可获得性和样本大小的限制，本书也不能使用各种计量模型方法。本书测度中国贸易开放度的方法是基于综合贸易强度指标。

Squalli 和 Wilson（2006）对贸易依存度指标作了改进，提出了综合贸易强度（CTI）指标，认为贸易开放度应当包括贸易强度（trade intensity，TI）和相对世界贸易强度（relative world trade intensity，RWTI）两个维度，其计算公式为

$$CTI_i = (1 + Dr_i) TI_i \qquad (3.1)$$

其中，CTI_i 为国家 i 的综合贸易强度，$Dr_i = \dfrac{RWTI_i}{\bar{x}} - 1$，$RWTI_i$ 为国家 i 进出口总额占世界贸易总额的比重，$\bar{x}$ 是所有国家 $RWTI_i$ 的平均值。综合贸易强度能够较为准确地测度某一时期不同国家的贸易开放度，适用于不同国家贸易开放度的比较。然而，综合贸易强度计算公式中的 $\bar{x}$ 为所有国家 $RWTI_i$ 的平均值，实际上等于包含国家个数的倒数，于是有 $CTI_i = n \times RWTI_i \times TI_i$，其中 n 为包含国家的数目。因此，用综合贸易强度公式测度的贸易开放度并不能准确地反映贸易开放度的变化。为此，本书对综合贸易强度公式进行了必要的修正，使其能够反映一个国家贸易开放度的变化。本书接受 Squalli 和 Wilson 的观点，即综合贸易强度应该包括两个维度：贸易强度和相对世界贸易强度。与 Squalli 和 Wilson 的方法不同，本书将 $\bar{x}$ 设定为不同时期 $RWTI_i$ 比率的平均值，这会使综合贸易强度公式的计算结果能够较好地反映一个国家贸易开放度的变化。

对外贸易既包括货物贸易，又包括服务贸易。因此，贸易开放也应该包括货物贸易开放和服务贸易开放两个方面。下面就利用上面构建的指标分别测度中国货物贸易和服务贸易的综合贸易强度，并在此基础上测度中国对外贸易的总体综合贸易强度。

（1）中国综合货物贸易强度的测度。

综合货物贸易强度的计算公式如下：

$$CTI1_t = \frac{RWTI1_t}{\bar{x}1} TI1_t \qquad (3.2)$$

其中，CTI1$_t$为第t年的综合货物贸易强度，TI1$_t$为第t年中国的货物贸易进出口总额占GDP的比重，即货物贸易依存度，RWTI1$_t$为第t年中国货物贸易进出口总额占世界货物贸易进出口总额的比重，$\bar{x}1$为各年RWTI1$_t$的平均值。

我们可以进一步考察综合货物贸易进口强度和综合货物贸易出口强度，计算公式分别如下：

$$CTI1_{im,\,t} = \frac{RWTI1_{im,\,t}}{\bar{x}1_{im}} TI1_{im,\,t} \tag{3.3}$$

$$CTI1_{ex,\,t} = \frac{RWTI1_{ex,\,t}}{\bar{x}1_{ex}} TI1_{ex,\,t} \tag{3.4}$$

其中，CTI1$_{im,\,t}$和CTI1$_{ex,\,t}$分别为第t年的综合货物贸易进口强度和综合货物贸易出口强度，TI1$_{im,\,t}$和TI1$_{ex,\,t}$分别为第t年中国的货物贸易进口总额和出口总额占GDP的比重，RWTI1$_{im,\,t}$和RWTI1$_{ex,\,t}$分别为第t年中国货物贸易进口总额占世界货物贸易进口总额的比重以及中国货物贸易出口总额占世界货物贸易出口总额的比重，$\bar{x}1_{im}$和$\bar{x}1_{ex}$分别为各年RWTI1$_{im,\,t}$和RWTI1$_{ex,\,t}$的平均值。

利用世界银行WDI数据库的相关数据计算得到的综合货物贸易强度的结果见表3.1。为了比较本书的综合货物贸易强度指标与传统的贸易依存度指标（货物贸易总额占GDP的比重），我们用图形画出中国1982—2020年的综合货物贸易强度和货物贸易依存度（图3.1）。从图3.1中可知，利用本书的方法计算的综合货物贸易强度可以揭示出贸易开放的三个阶段：2002年以前、2002—2007年、2008年至今。2002年以前，中国综合货物贸易强度缓慢提高，而2002年以后综合货物贸易强度快速提高，2008年至今综合货物贸易强度在较高水平上下波动。三个阶段的分界时间与中国加入世界贸易组织以及全球金融危机的时间正好一致。2001年12月11日，中国正式加入世界贸易组织。加入世界贸易组织是中国贸易开放进程中的标志性事件。加入世界贸易组织后，中国贸易开放进入了新的发展阶段，中国的综合货物贸易强度快速上升。2008年的全球金融危机对全球贸易产生了巨大的负面冲击，导致中国综合货物贸易强度出现明显的回落，随后逐渐回升，并呈现上下震荡态势。这表明本书计算的综合货物贸易强度指标能够较好刻画中国贸易开放的进程。相反，传统的贸易依存度指标并不能有效地区分中国贸易开放所处的不同阶段，并且更加容易出现上下波动。基于上述事实，我们认为本书计算的综合货物贸易强度指标更能准确反映中国贸易开放度的变化。

表 3.1　综合贸易强度的计算结果（1982—2020 年）

年份	$CTI1_t$	$CTI2_t$	CTI_t	$CTI1_{im,t}$	$CTI1_{ex,t}$	$CTI2_{im,t}$	$CTI2_{ex,t}$
1982	3.49	0.35	2.85	1.52	1.97	0.11	0.24
1983	3.41	0.31	2.78	1.69	1.73	0.10	0.21
1984	4.16	0.43	3.42	2.27	1.92	0.17	0.23
1985	6.19	0.34	5.02	4.89	1.81	0.11	0.23
1986	5.17	0.37	4.16	3.66	1.75	0.08	0.30
1987	6.39	0.45	5.16	3.61	2.85	0.09	0.36
1988	8.36	0.53	6.77	5.11	3.42	0.16	0.39
1989	6.87	0.44	5.56	4.20	2.81	0.14	0.26
1990	5.63	0.51	4.55	2.51	3.12	0.13	0.31
1991	6.90	0.54	5.52	3.18	3.73	0.10	0.39
1992	9.06	1.23	7.31	4.56	4.53	0.46	0.57
1993	13.55	1.83	10.90	8.38	5.47	0.76	0.84
1994	14.05	2.69	11.58	7.13	6.95	1.03	1.34
1995	13.21	3.27	11.13	6.22	6.99	1.68	1.21
1996	15.00	2.48	12.37	7.18	7.83	1.09	1.12
1997	6.39	8.38	6.82	2.92	3.47	2.48	12.14
1998	5.81	8.44	6.39	2.83	2.99	2.14	13.16
1999	6.54	9.00	7.09	3.70	2.91	2.50	12.48
2000	9.85	10.40	9.97	5.97	4.07	2.66	14.75
2001	10.87	11.87	11.09	6.95	4.22	2.73	16.95
2002	14.12	13.46	13.97	8.58	5.81	3.45	19.32
2003	43.55	6.15	35.49	21.67	21.96	2.72	3.52
2004	55.67	7.79	45.41	27.78	28.00	3.31	4.62
2005	64.95	6.88	52.84	28.54	36.45	3.38	3.50
2006	73.53	7.33	60.02	30.04	43.68	3.63	3.70
2007	74.63	8.87	60.91	29.20	45.77	3.97	4.96
2008	71.44	8.95	58.65	28.39	43.34	4.05	4.97

表3.1(续)

年份	CTI1$_t$	CTI2$_t$	CTI$_t$	CTI1$_{im, t}$	CTI1$_{ex, t}$	CTI2$_{im, t}$	CTI2$_{ex, t}$
2009	61.86	7.92	49.44	26.50	35.39	4.05	3.86
2010	78.46	9.19	63.80	35.92	42.52	4.61	4.58
2011	81.42	9.64	67.10	38.80	42.66	5.48	4.16
2012	82.36	9.58	67.59	37.80	44.56	6.06	3.60
2013	84.30	9.98	68.75	38.30	45.99	7.04	3.18
2014	81.17	12.51	66.06	35.54	45.66	10.19	3.06
2015	73.88	12.45	59.39	28.88	45.35	10.28	2.99
2016	66.43	12.01	53.19	26.93	39.68	10.33	2.67
2017	69.97	11.22	55.92	29.69	40.36	9.90	2.34
2018	71.34	11.19	57.07	32.58	38.79	10.04	2.27
2019	68.87	10.36	54.43	31.16	37.74	8.77	2.36
2020	75.50	8.27	60.36	32.42	43.14	5.89	2.58

数据来源：根据世界银行WDI数据库的数据计算所得。

图 3.1 中国1982—2020年综合货物贸易强度与货物贸易依存度的变化情况

图3.2给出了中国1982—2020年综合货物贸易进口强度和综合货物贸易出口强度的变化趋势。由图3.2可知，中国的综合货物贸易进口强度的走势与综合货物贸易出口强度基本一致，2002年以前两者均表现出缓慢上升走势，

2002—2006 年两者快速上升，随后两者在较高水平上下震荡。2005 年以前综合货物贸易进口强度与综合货物贸易出口强度的数值相差不大，而 2005 年以后综合货物贸易进口强度要小于综合货物贸易出口强度。

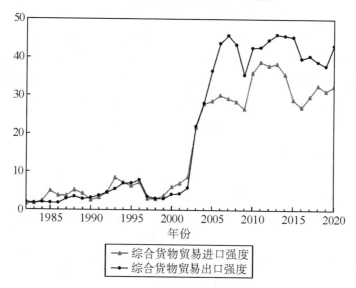

图 3.2　中国 1982—2020 年综合货物贸易进口强度与出口强度的变化情况

（2）中国综合服务贸易强度的测度。

综合服务贸易强度的计算公式如下：

$$\text{CTI2}_t = \frac{\text{RWTI2}_t}{\bar{x}2} \text{TI2}_t \qquad (3.5)$$

其中，CTI2_t 为第 t 年的综合服务贸易强度，TI2_t 为第 t 年的服务贸易进出口总额占 GDP 的比重，即服务贸易依存度，RWTI2_t 为中国服务贸易进出口总额占世界服务贸易进出口总额的比重，$\bar{x}2$ 为各年 RWTI2_t 的平均值。

我们可以进一步考察综合服务贸易进口强度和综合服务贸易出口强度，计算公式分别为

$$\text{CTI2}_{im,\,t} = \frac{\text{RWTI2}_{im,\,t}}{\bar{x}2_{im}} \text{TI2}_{im,\,t} \qquad (3.6)$$

$$\text{CTI2}_{ex,\,t} = \frac{\text{RWTI2}_{ex,\,t}}{\bar{x}2_{ex}} \text{TI2}_{ex,\,t} \qquad (3.7)$$

其中，$\text{CTI2}_{im,\,t}$ 和 $\text{CTI2}_{ex,\,t}$ 分别为第 t 年的综合服务贸易进口强度和综合服务贸易出口强度，$\text{TI2}_{im,\,t}$ 和 $\text{TI2}_{ex,\,t}$ 分别为第 t 年中国的服务贸易进口总额和出口总额占 GDP 的比重，$\text{RWTI2}_{im,\,t}$ 和 $\text{RWTI2}_{ex,\,t}$ 分别为第 t 年中国服务贸易进口总额

占世界服务贸易进口总额的比重以及中国服务贸易出口总额占世界服务贸易出口总额的比重，$\bar{x}2_{im}$ 和 $\bar{x}2_{ex}$ 分别为各年 $RWTI2_{im,\ t}$ 和 $RWTI2_{ex,\ t}$ 的平均值。利用相关数据的计算结果见表 3.1。为比较本书计算的综合服务贸易强度指标与传统服务贸易依存度指标，图 3.3 给出了中国 1982—2020 年的综合服务贸易强度和服务贸易依存度的变化情况。由图 3.3 可知，与货物贸易类似，本书计算的综合服务贸易强度指标能够更好地反映中国服务贸易开放的进展情况。与货物贸易开放的进程不同的是，中国服务贸易开放加速的阶段起点出现在 1992 年，相对于货物贸易的 2002 年更早，加入世界贸易组织以及 2008 年的全球金融危机并没有显著影响服务贸易发展的进程。

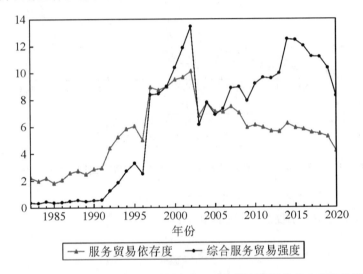

图 3.3　中国 1982—2020 年综合服务贸易强度和服务贸易依存度的变化情况

图 3.4 给出了中国历年综合服务贸易进口强度和综合服务贸易出口强度的变化趋势。由图 3.4 可知，从总体上看，中国的综合服务贸易进口强度与综合服务贸易出口强度在较长时期内呈现出缓慢上升的走势，近年来略微有所下降。中国的综合服务贸易进口强度在 1997—2002 年出现异常的波动，在这段时期，综合服务贸易进口强度异常增大，随后又回落至正常水平。出现异常波动的原因可能是亚洲金融危机对中国服务贸易出口造成了较大的冲击。2010 年以前，除异常年份外，中国的综合服务贸易进口强度与综合服务贸易出口强度相差不大。2010 年以来，中国的综合服务贸易进口强度略大于综合服务贸易出口强度。

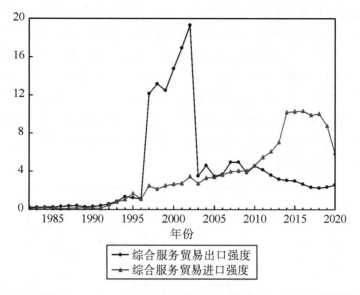

图 3.4　中国 1982—2020 年综合服务贸易进口强度和出口强度的变化情况

（3）中国对外贸易总体综合贸易强度的测度。

前文分别测度了中国综合货物贸易强度和综合服务贸易强度，我们还需要对中国对外贸易的总体综合贸易强度进行测度，测度的方法是用综合货物贸易强度和综合服务贸易强度的加权平均反映总体综合货物贸易强度。

关于权重的选取，这里作一点说明。本书没有选取中国货物贸易总额以及服务贸易总额占贸易总额（货物贸易总额与服务贸易总额之和）的比重作为权重，而选取世界货物贸易总额以及服务贸易总额占贸易总额的比重作为权重。这样选择的理由是，贸易开放中货物贸易开放和服务贸易开放重要性的大小，主要应该取决于世界贸易的发展情况，而不是某一个具体国家的贸易状况。如果一个国家的贸易开放主要集中于货物贸易开放，而对服务贸易存在很强的管制，那么，这个国家服务贸易总额占贸易总额的比重就会非常低。如果使用该国货物贸易总额以及服务贸易总额占贸易总额的比重作为权重，那么，计算所得的总体综合贸易强度几乎完全取决于综合货物贸易强度，这样容易高估该国的总体综合贸易强度。而使用世界货物贸易总额以及服务贸易总额占贸易总额的比重作为权重便能够有效地避免这一问题。因此，本书对外贸易总体综合贸易强度的计算公式如下：

$$CTI_t = w1_t \times CTI1_t + w2_t \times CTI2_t \qquad (3.8)$$

其中，CTI_t 为总体综合贸易强度，$w1$、$w2$ 分别为世界贸易中货物贸易总额和服务贸易总额占世界贸易总额的比重，CTI1$_t$、CTI2$_t$分别为中国的综合货物贸易强度和综合服务贸易强度。其计算结果见表3.1。同样，为了比较本书计算的贸易开放度指标和传统的贸易依存度指标，我们用图形画出中国1982—2020年的对外贸易的总体开放度和依存度（见图3.5）。由图3.5可知，本书计算的总体综合贸易强度指标能够更有效地反映中国对外贸易开放的整体状况。比如传统的贸易依存度从2007年以后呈现出不断下降的走势，这显然不符合中国不断扩大对外开放的现实。而总体综合贸易强度呈现波动上升的走势，基本符合中国对外贸易开放的进程。

图3.5　中国1982—2020年总体贸易强度和贸易依存度的变化情况

3.1.3　中国贸易开放度变化的特征分析

根据上文计算的中国综合货物贸易强度、综合服务贸易强度以及对外贸易总体综合贸易强度，我们可以发现中国贸易开放度变化具有以下的特点。

（1）改革开放以来，除少数年份外，中国贸易开放度的变化基本上都处于不断上升的过程中，并且贸易开放度的变化具有明显的阶段性特征。加入世界贸易组织前，中国的综合货物贸易强度呈现出缓慢上升的走势；加入世界贸易组织后，中国的综合货物贸易强度上升速度明显加快，2008年的全球金融危机对中国的综合货物贸易强度造成了短期的负面冲击。1992以前，中国的综合服务贸易强度上升的速度非常缓慢，基本维持相对不变的水平。从1992年开始，中国的综合服务贸易强度表现出明显的波动上升走势。中国总体综合贸易强度的走势与综合货物贸易强度基本一致，这可能意味着在中国的对外贸易中，货物贸易的发展水平要高于服务贸易的发展水平。

（2）中国货物贸易开放度的变化情况与服务贸易开放度的变化情况存在一定的差异。中国的综合服务贸易强度在 1982—1991 年没有明显提高，而从 1992 年开始快速提高，虽然其间有过暂时的波动。中国的综合货物贸易强度从 1982 年开始就一直处于不断提高的过程中，并且在 2001 年以后表现出加速提高的趋势。由此可知，在中国推进贸易开放的进程中，货物贸易开放与服务贸易开放不是同步的，货物贸易的开放要先于服务贸易的开放。并且，加入世界贸易组织以及 2008 年的全球金融危机似乎对服务贸易开放度的变化趋势没有太明显的影响。

（3）无论是货物贸易还是服务贸易，从总体上看，进口强度与出口强度的走势基本一致，并且在早期两者的数值相差不大，后期两者出现一定的差异。近年来，综合货物贸易出口强度略大于综合货物贸易进口强度，而综合服务贸易出口强度略小于综合服务贸易进口强度。

3.2　改革开放以来中国通货膨胀的变化情况

改革开放以来，中国的通货膨胀经历过数次比较大的起伏，通货膨胀长期困扰着政府和普通民众，并对中国经济的健康发展产生了影响。本节对中国改革开放以来通货膨胀的历程进行了回顾，以期对中国通货膨胀的特点有比较清晰的认识。

在统计数据中，反映通货膨胀的指标主要有居民消费价格指数（CPI）、商品零售价格指数（RPI）和工业品出厂价格指数（PPI）。各种价格指数包含的商品不同，因此能从不同方面反映通货膨胀的状况。在经济研究中，最常用的反映通货膨胀的指标是居民消费价格指数（CPI），因为它与居民的生活成本密切相关，是政府和普通民众都十分关注的指标。另外一个广泛使用的反映通货膨胀的指标是 GDP 平减指数（GDPD）。GDP 平减指数的计算基础比其他各种指数更为广泛，涉及全部商品和服务，而且与投资相关的价格水平在这一指标中具有很高的权重，所以这一指数能够更加准确地反映一个国家通货膨胀的总体状况。为了全面认识中国的通货膨胀，本书利用上述四种指数分别计算相应的通货膨胀率，并观察和分析各自变化的特点。居民消费价格指数、商品零售价格指数和工业品出厂价格指数的数据源于中国经济信息网统计数据库，

GDP 平减指数的数据源于世界银行 WDI 数据库。表 3.2 给出了 1979—2020 年由各种指数计算的通货膨胀率。

为了更加直观地观察中国通货膨胀变化的特点，我们用图形画出中国 1979—2020 年的通货膨胀率，如图 3.6 所示。从图 3.6 中可以发现，由各种指数计算的通货膨胀率的变动趋势基本一致，中国的通货膨胀经历了剧烈的波动。从整体来看，改革开放以来，中国的通货膨胀经历了一个先在波动中上升（1979—1994 年），然后不断下降（1994—1999 年），再波动上升（1999—2008 年），随后波动下降（2010 年以后）的过程。2009 年，受到全球经济不景气的影响，需求急剧收缩，中国的通货膨胀率突然由正转负。由图 3.6 还可以发现，1996 年以前，各种通货膨胀率及其波动浮动幅度都相对较大；1996 年以后，各种通货膨胀率及其波动幅度显著降低。总之，从通货膨胀的平均水平和波动的幅度来看，改革开放前二十年的通货膨胀平均水平和波动幅度要高于最近二十余年。

表 3.2　中国 1979—2020 年由各种指数计算的通货膨胀率

年份	CPI	RPI	PPI	GDPD	年份	CPI	RPI	PPI	GDPD
1979	1.90	2.00	1.50	3.60	2000	0.40	−1.50	2.80	2.06
1980	7.50	6.00	0.50	3.75	2001	0.73	−0.80	−1.30	2.05
1981	2.50	2.40	0.20	2.36	2002	−0.75	−1.30	−2.23	0.60
1982	2.00	1.90	−0.20	−0.14	2003	1.17	−0.09	2.30	2.60
1983	2.00	1.50	−0.10	1.16	2004	3.88	2.81	6.07	6.95
1984	2.70	2.80	1.40	4.94	2005	1.81	0.78	4.93	3.90
1985	9.30	8.80	8.70	10.21	2006	1.47	1.03	3.00	3.93
1986	6.50	6.00	3.80	4.67	2007	4.77	3.79	3.13	7.75
1987	7.30	7.30	7.90	5.08	2008	5.86	5.90	6.90	7.80
1988	18.80	18.50	15.00	12.11	2009	−0.69	−1.20	−5.40	−0.21
1989	18.00	17.80	18.60	8.60	2010	3.32	3.07	5.50	6.88
1990	3.10	2.10	4.10	5.71	2011	5.39	4.94	6.03	8.08
1991	3.40	2.90	6.20	6.71	2012	2.65	1.97	−1.72	2.33
1992	6.40	5.40	6.80	8.19	2013	2.62	1.43	−1.91	2.16
1993	14.70	13.20	24.00	15.19	2014	1.99	0.07	−1.89	1.03
1994	24.10	21.70	19.50	20.62	2015	1.44	0.07	−5.21	0.00

表3.2(续)

年份	CPI	RPI	PPI	GDPD	年份	CPI	RPI	PPI	GDPD
1995	17.10	14.80	14.90	13.67	2016	2.00	0.75	-1.37	1.41
1996	8.30	6.10	2.90	6.51	2017	1.56	1.08	6.31	4.23
1997	2.80	0.80	-0.30	1.62	2018	2.10	1.91	3.54	3.50
1998	-0.80	-2.60	-4.10	-0.90	2019	2.90	2.00	-0.32	1.29
1999	-1.40	-3.00	-2.40	-1.26	2020	2.50	1.40	-1.80	0.63

数据来源：中国经济信息网统计数据库、世界银行WDI数据库。

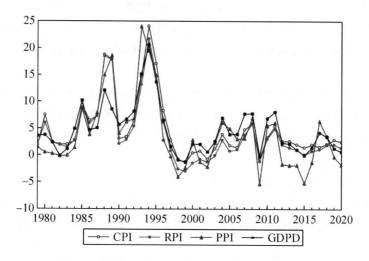

图 3.6　中国 1979—2020 年通货膨胀率变化的情况

从图 3.6 中我们还可以发现，改革开放以来中国的通货膨胀大概经历了九次周期性的变化。下面以 CPI 通货膨胀率和 GDPD 通货膨胀率来具体说明中国通货膨胀的这九个周期。

（1）第一个周期为 1979—1982 年。在此周期中，通货膨胀率的波峰出现在 1980 年，CPI 通货膨胀率为 7.5%，GDPD 通货膨胀率为 3.8%。在此周期中，通货膨胀率的最低值出现在 1982 年，CPI 通货膨胀率和 GDPD 通货膨胀率分别为 2% 和 -0.2%。

（2）第二个周期为 1983—1986 年。在此周期中，通货膨胀率的波峰出现在 1985 年，CPI 通货膨胀率为 9.3%，GDPD 通货膨胀率为 10.2%。此周期结束时的 CPI 通货膨胀率和 GDPD 通货膨胀率分别为 6.5% 和 4.7%，远高于上一个周期结束时的通货膨胀率。

（3）第三个周期为 1987—1990 年。在此周期中，通货膨胀率的波峰出现在 1988 年，CPI 通货膨胀率为 18.8%，GDPD 通货膨胀率为 12.1%。此周期结束时的 CPI 通货膨胀率和 GDPD 通货膨胀率分别为 3.1% 和 5.8%，其中，CPI 通货膨胀率较上一周期结束时有所回落，而 GDPD 通货膨胀率较上一周期有所上升。

（4）第四个周期为 1991—1999 年。在此周期中，通货膨胀率的波峰出现在 1994 年，CPI 通货膨胀率为 24.1%，GDPD 通货膨胀率为 20.6%。此周期结束时的 CPI 通货膨胀率和 GDPD 通货膨胀率分别为 -1.4% 和 -1.3%，较上一周期大幅回落。

（5）第五个周期为 2000—2002 年。在此周期中，通货膨胀率的波峰出现在 2001 年，CPI 通货膨胀率为 0.7%，GDPD 通货膨胀率为 2%。此周期结束时的 CPI 通货膨胀率和 GDPD 通货膨胀率分别为 -0.8% 和 0.6%，较上一周期有所回升。

（6）第六个周期为 2003—2006 年。在此周期中，通货膨胀率的波峰出现在 2004 年，CPI 通货膨胀率为 3.9%，GDPD 通货膨胀率为 6.9%。此周期结束时的 CPI 通货膨胀率和 GDPD 通货膨胀率分别为 1.5% 和 3.8%，较上一周期进一步上升。

（7）第七个周期为 2007—2009 年。在此周期中，通货膨胀率的波峰出现在 2008 年，CPI 通货膨胀率为 5.9%，GDPD 通货膨胀率为 7.8%。此周期结束时的 CPI 通货膨胀率和 GDPD 通货膨胀率分别为 -0.7% 和 -0.3%，较上一周期明显回落。

（8）第八个周期为 2010—2015 年。在此周期中，通货膨胀率的波峰出现在 2011 年，CPI 通货膨胀率为 5.39%，GDPD 通货膨胀率为 8.08%。此周期结束时的 CPI 通货膨胀率和 GDPD 通货膨胀率分别为 1.11% 和 0%，较上一周期有所上升。

（9）第九个周期为 2016—2020 年。在此周期中，CPI 通货膨胀率的波峰出现在 2011 年，而 GDPD 通货膨胀率出现在 2017 年，CPI 通货膨胀率最高为 2.9%，GDPD 通货膨胀率最高为 4.23%。2020 年的 CPI 通货膨胀率和 GDPD 通货膨胀率分别回落至为 2.5% 和 0.63%。

从上述的中国通货膨胀率的周期性变化中，我们可以发现：无论从通货膨胀率的波峰还是波谷来看，中国的通货膨胀都经历了一个先上升后下降、再上升随后回落的过程。这与前文的直观结果一致。如果以通货膨胀率（CPI）是否大于 3% 来判断通货膨胀是否严重，那么改革开放以来中国共经历了七次比较严重的通货膨胀，分别对应于上述的第一、第二、第三、第四、第六、第七和第八个周期。纵观改革开放以来中国通货膨胀的数次周期性变化的原因，其中既有价格体制改革的影响，又有国内宏观经济政策和经济形势变化的影响，还有国际经济环境变化的影响。

3.3 本章小结

本章利用经过修正的综合贸易强度公式计算了中国 1982—2020 年的综合货物贸易强度和综合服务贸易强度，并在此基础上计算了中国的对外贸易总体综合贸易强度。比较本书计算的各种综合贸易强度指标与传统的贸易依存度指标后，我们发现：传统的贸易依存度指标并不能有效地反映中国贸易开放所处的不同阶段；根据本书计算的各种综合贸易强度指标，中国贸易开放度的变化表现出明显的阶段性特征，并且阶段性特征与中国贸易开放的基本进程是一致的。由此可知，本书计算的贸易开放度能够更准确地反映中国贸易开放度变化的真实情况，基于这些指标的研究结论可能更为可信。

改革开放以来，中国的通货膨胀经历了数次比较大的起伏，大致经历了九次周期性的波动。从总体趋势来看，中国的通货膨胀率经历了一个先上升后下降，再上升随后回落的过程。从通货膨胀率的波动性来看，改革开放初期二十年的波动幅度明显大于近二十余年。中国通货膨胀率及其波动性的变化是各种因素综合作用的结果，贸易开放可能在其中发挥了一定的作用。

4 中国贸易开放与通货膨胀水平关系研究

改革开放以来，中国的对外贸易取得了快速发展，贸易开放度显著提高。贸易开放对中国经济的发展产生了重大而深远的影响。贸易开放使得中国经济与世界经济的一体化程度增强，中国经济运行的环境发生了巨大改变。与此同时，中国的通货膨胀率也经历了较大的波动，中国通货膨胀的形成和传导机制也发生了相应的变化。那么，贸易开放究竟对中国通货膨胀水平产生了怎样的影响呢？贸易开放作用于通货膨胀的机理又是什么呢？本章将对这些问题进行深入的研究。

4.1 贸易开放对中国通货膨胀形成因素和形成机制影响的理论分析

4.1.1 贸易开放对中国通货膨胀形成因素影响的分析

根据各种通货膨胀理论可知，引起通货膨胀的因素虽然错综复杂，但是可以大致归为以下几类：需求因素、成本因素、货币因素、结构性因素以及预期因素等。通货膨胀的这些因素在封闭经济条件下和开放经济条件下有着显著的不同。改革开放以前，中国经济与世界经济的联系相对来说很少。改革开放以来，随着贸易的不断开放，中国经济逐步由封闭型经济向开放型经济过渡，中国的通货膨胀越来越多地受到国际因素的影响。通货膨胀的预期因素通常是与其他因素密切相关的，通货膨胀预期的变化往往是由其他因素的变化引起的，同时通货膨胀预期因素的变化又会引起其他因素的变化。通货膨胀预期的形成和发展非常复杂而且多变，研究贸易开放对通货膨胀预期因素的影响难度很大，所以本书不考虑贸易开放对通货膨胀预期因素的影响，仅仅考虑贸易开放对通货膨胀其他因素的影响。

（1）贸易开放对中国通货膨胀的需求因素的影响。

这里所说的"需求因素"实际上指的是货物商品和服务商品市场的总供求关系。在对外贸易量很小的条件下，通货膨胀的需求因素主要受到国内产出和国内需求相对大小的影响。然而，随着贸易的开放，各国的对外贸易量不断扩大，源于国外的需求和供给的变化，对中国通货膨胀的影响越来越大。从中国贸易开放和对外贸易发展的实践来看，在贸易开放的初期，政府和公众大多将对外贸易看作"调剂余缺"的手段，而不是将对外贸易看作"参与国际分工，发挥比较优势"的方式。因此，中国出口的主要目的是获取进口所需的外汇。在当时的经济条件下，中国获取外汇的途径很少，而为了发展经济，又必须从国外进口各种机器、设备等生产资料，进口所需的外汇大多数只能通过出口来满足。由于当时中国的经济发展水平很低、技术落后，国内的生产能力并不能同时满足国内需求和出口需求，因此，出口贸易量的增加在一定程度上造成或加剧了国内市场供不应求的局面，对中国通货膨胀产生了压力。进口贸易量的增加，按理来说应该能够增加国内市场的供给水平，进而缓解国内市场紧张的状况，然而，在中国进口贸易中，大多数商品都是各种生产资料，所以进口的增加并不能在短时间内有效增加国内市场的供给，尤其是消费品和各种服务的供给。综上所述，在贸易开放的初期，对外贸易量的增加可能导致中国通货膨胀的需求因素增加。

贸易开放带来的不仅仅是商品和服务的流动，进口商品和服务背后隐藏的是国外的先进技术和管理经验。随着贸易开放的不断推进，中国不断地从国外引进生产设备和先进技术，极大地提高了中国的技术水平和生产能力。中国许多商品的生产，尤其是出口类商品，逐渐由产能不足向产能过剩转变。在这种状态下，出口商品的快速增长并没有明显地增加中国通货膨胀的需求因素。特别是最近二十年来，在国内消费需求增长相对缓慢的情况下，中国的经济增长在很大程度上依赖出口的快速增长。出口贸易额长期大于进口贸易额，中国对外贸易长期处于较大的顺差状态。虽然如此，大额的贸易顺差并没有造成国内市场的供不应求。相反，出口贸易的增长对于有效缓解国内的产能过剩、增加就业起到了重要的作用。因此，在相当长的时期内，对外贸易量的增长对中国通货膨胀的需求因素不构成显著的影响。

（2）贸易开放对中国通货膨胀的成本因素的影响。

贸易开放可以通过三个方面影响中国通货膨胀的成本因素。

首先，贸易开放的一个重要方面就是降低进口关税。在进口商品的国际市场价格变化不大的条件下，进口关税的降低将直接导致进口商品国内市场价格的降低。中国的进口商品中大多数都为生产设备、原材料等，所以贸易开放带来的进口关税降低对于国内企业生产成本的上涨具有一定的抑制作用，进而对通货膨胀的成本因素产生负向的影响。然而，世界经济的发展，对能源、矿产品等原材料的需求快速增加，能源、矿产品等原材料价格呈现快速增长的态势。近年来，中国对国外石油、矿产品等原材料的依存度非常高，国际市场价格上涨对国内相关企业的生产成本产生了巨大的压力，也成为影响中国通货膨胀的重要因素之一。

其次，贸易开放带来的出口贸易额的快速增长，促进了出口贸易企业的发展，进而增加了对劳动力的需求。劳动力需求的不断增加，可能造成中国劳动力成本的提高，进而导致通货膨胀的发生。从中国劳动力市场的发展状况来看，工资决定的市场化程度长期处于较低的状态，并且存在人为压低劳动力价格的现象。造成的结果是：市场上的工资水平并不能有效地反映劳动力市场的供求关系。另外，中国是人口大国，劳动力（特别是低技能的劳动力）供给相对过剩，这能够在一定程度上缓解劳动力需求增长对工资上涨的压力。因此，在中国贸易开放的进程中，劳动力成本并没有因为对外贸易的快速增长而显著地增加。然而，随着中国劳动力市场的改革，工资水平的市场化程度会不断提高。同时，随着中国工业化、城市化进程的不断推进，劳动力市场的供求关系也发生了一定的变化。劳动力需求增加对工资上涨的压力将更多地表现为工资的实际上涨。在这种情况下，如果出口继续快速增长，则劳动力需求将增加，这就有可能造成劳动力成本的显著提高，进而增加通货膨胀的压力。

最后，贸易开放有助于生产率和资源使用效率的提高，进而降低产出的单位成本。中国通过从发达国家进口机器设备显著地提高了国内的生产技术水平，通过学习国外先进的管理经验极大地提高了国内企业的管理水平。生产技术和管理水平的提高不仅能够增加单位劳动的产出水平，而且可以避免不必要的浪费，这有助于降低通货膨胀的压力。

（3）贸易开放对中国通货膨胀的货币因素的影响。

货币供应量的多少以及增长的速度主要受到货币当局政策行为的影响。在封闭的经济环境中，货币当局可以独立地制定和实施各种货币政策，从而能够有效地控制货币供给总量和增长速度。然而，在开放的经济环境下，一个国家货币政策的独立性受到了影响，同时政策的有效性也有所降低。这样，货币供给量的多少以及增长速度不再唯一地由货币当局的政策行为决定。随着贸易的开放，中国经济的开放程度显著提高，货币供应量的变化也越来越多地受到国际收支状况变化的影响。贸易开放可能通过以下三个方面影响通货膨胀的货币因素。

首先，贸易开放可能改变中国货币当局的政策行为动机。在贸易开放度较低的条件下，货币当局能够通过扩张性的政策较大幅度地提高国内的产出水平。这是因为货币供应量的增加，会导致需求增加、价格上升，从而刺激企业增加投资、扩大产出。但是，在贸易开放度较高的条件下，国内产品价格的上涨会导致国外产品替代国内产品的现象。这样，货币扩张更多地表现为价格水平的上涨，而不是产出的增加。另外，国内货币的扩张可能引起汇率的变化，汇率的变化又会引起进口商品价格的变化。通常情况下，货币的过快增长会导致本币汇率的贬值，从而提高进口商品的价格。由于中国的进口商品中很多都是中间投入品，进口价格的上涨会增加企业的生产成本，降低企业的利润率，进而抑制企业投资。同时，国内货币扩张导致的国内产出价格水平的上涨，会减弱中国产品在国际市场上的竞争力，从而对出口产生不利的影响。中国出口商品的优势主要在于低成本、低价格，出口需求的价格弹性相对较大，价格的上涨会导致出口需求的大幅度减少。中国的经济增长过度依赖出口的增长，所以中国采取了各种抑制出口商品价格上涨的措施，如汇率贬值、降低土地使用成本和劳动力成本、出口退税等。虽然货币当局没有明确表示为了抑制出口商品价格上涨而有意放慢货币供应量的增长速度，但是这方面的考虑可能确实会影响到货币当局的行为。基于上述分析，中国货币当局采取货币扩张的政策来刺激经济增长的动机会随着贸易开放度的提高而减弱。因此，从货币当局的政策行为动机来看，贸易开放可能会对货币供应量过快增长有抑制作用。

其次，贸易开放对中国货币供应量的直接影响是通过贸易顺差实现的。在中国的外汇管理体制下，出口企业获得的外汇收入必须结售给外汇指定银行。外汇指定银行的结售周转外汇余额实行比例管理，超过其限高比例部分必须在银行间外汇市场上卖出。在中国持续出现大量贸易顺差的情况下，外汇指定银行就不得不在银行间市场上大量抛售外汇，中央银行为了保持汇率稳定就被动地购入了大量的外汇而投放出基础货币。外汇占款在相当长的时期内已经成为中国基础货币投放的主要渠道，这导致中央银行调控货币供应量的难度越来越大，货币供应量被动受制于外汇的供求。大量的贸易顺差对货币供应量的增长构成了极大的压力。虽然中央银行采取了包括回收再贷款、发行央行票据等各种冲销措施减弱贸易顺差对货币供应量增长的冲击，但是各种冲销措施只在短期内有效，持续的贸易顺差对货币供应量增长的作用不可能通过冲销措施被长期抑制，最终都会表现为货币供给量的增长。随着中国贸易顺差的不断积累，贸易顺差对货币供应量的影响越来越大。

最后，贸易的开放将导致中国资本管制的各种措施的有效性降低，国际资本进出变得更加容易。中国对国际资本流动的管制一直比较严格。随着贸易的开放、对外贸易量的扩大，国际资本（尤其是"热钱"）可以比较容易地通过贸易途径进入，进而对中国的货币供应量和物价水平产生巨大影响。在存在人民币升值预期和中美利率差异的条件下，大量的国际资本确实已经流入中国，成为影响中国通货膨胀的重要因素之一。资本流入对中国货币供应量的影响与贸易顺差的影响类似。

（4）贸易开放对中国通货膨胀的结构性因素的影响。

贸易开放对通货膨胀的结构性因素的影响机制可以简单表述为：贸易开放导致经济发展模式转变，经济发展模式转变导致通货膨胀结构性因素发生变化。影响中国通货膨胀的结构性因素大致可以分为四类：产业结构、资源结构、需求结构以及分配结构。随着贸易开放的不断推进，中国的经济发展模式由"进口替代型"向"出口导向型"转变，并且形成了过度依赖出口的经济增长模式。经济发展模式的转变对产业结构、资源结构、需求结构以及分配结构产生了深远的影响，进而影响到通货膨胀的形成和发展。下面就分别讨论贸易开放对影响中国通货膨胀的各种结构性因素的影响。

第一，贸易开放对产业结构的影响。贸易开放使得中国能够充分利用比较优势参与国际分工与协作，并以此带动产业结构的升级。在改革开放以来的相当长的时期内，中国的比较优势在于劳动力资源丰富、劳动力成本低廉。为了发挥比较优势，政府采取了诸如建立经济特区、开放沿海沿边城市、对外资企业实行优惠税率、降低土地使用成本等各项政策与措施促进对外贸易企业的发展。在各种政策措施的作用下，加工贸易企业获得了迅速的发展，对中国的工业化产生了推动作用。在工业化过程中，中国存在人为控制农产品价格的现象，结果造成农产品价格过低，农民收入过低，农业生产投入不足。这样，工、农业发展越来越不平衡，农业部门生产率长期处于停滞状态，而工业部门的生产率却获得较大的提升。随着经济的发展，中国对农产品的需求也不断扩大，过低的价格和过低的劳动生产率又导致农民既没有动力也没有能力增加农产品的产出，这导致农产品价格上涨的压力越来越大。随着价格的放开，农产品价格快速上涨，农产品价格的上涨是中国历史上数次通货膨胀发生的重要原因之一。

第二，贸易开放对资源结构的影响。随着产业结构的变化，中国出口商品的结构也发生了变化，工业制成品逐步成为出口的主要部分，中国也逐渐成为世界的"制造中心"。大量的制造业产品的出口必然会增加对资源性产品的需求。由于国内资源性行业的发展相对缓慢，加上各种资源，尤其是各种矿产品相对短缺，资源性产品需求的快速增长很多都只能通过进口来满足。这样，中国经济发展所需资源的对外依存度大幅度提高，这导致国际市场价格的波动对国内企业的生产成本以及国内价格水平的影响越来越大。

第三，贸易开放对需求结构的影响。中国对外贸易发展的一个显著特点是：进出口贸易增长不平衡，出口增长的速度明显大于进口。经过长期的发展和积累，国内产出的需求结构发生了重大改变，出口需求在总需求中的比重越来越大，而消费需求的比重下降。这样，中国的经济增长对出口增长的依赖性变得非常高，出口需求的波动变化可能会对经济发展和物价变化产生显著影响。

第四，贸易开放对分配结构的影响。为了促进出口企业的发展，特别是有外资参与的出口企业的发展，中国政府采取了多种措施增加出口企业的利润，如降低企业所得税、控制工资增长速度等。造成的结果是，国民收入更多地流向企业利润，劳动报酬所占的比重降低。企业利润比重增加引起投资的过度增长，对相关投资品的价格构成较大的上涨压力。劳动报酬的比重下降引起消费需求相对不足，这进一步加深了中国经济增长对投资和出口的依赖，加深了资源短缺的程度，对通货膨胀构成巨大压力。

4.1.2　贸易开放对中国通货膨胀形成机制影响的分析

在对外贸易量较小的条件下，通货膨胀主要是由国内的消费和投资的增长状况决定的。但是，随着贸易的开放、对外贸易量的扩大，世界经济形势的变化对中国通货膨胀的形成和发展的影响显著增强。其他国家（尤其是以美国为首的发达国家）的产出缺口、流动性过剩以及经济结构失衡可以通过进出口价格和数量、资本流动等各种渠道影响中国国内的通货膨胀。国外因素通过贸易途径影响中国通货膨胀形成机制的机理大致可以通过图 4.1 来表示。

第一，其他国家的产出缺口加大的直接影响是导致该国产品的价格水平上涨。其他国家的产品价格水平上涨可能通过两种方式对中国的通货膨胀产生影响。第一种，如果该国生产的产品是中国进口所需要的，那么价格水平的上涨将导致中国进口价格的上涨，进而导致中国企业生产成本的增加和通货膨胀的发生。第二种，如果该国生产的产品并不是中国进口所需要的，那么该国产品价格的上涨会促使该国居民和企业利用国外的产品来替代国内的产品，从而降低消费成本和生产成本。这样，其他国家的进口需求将会增加。由于其他国家的进口需求正是中国的出口需求，出口需求的增加会引起中国通货膨胀的结构因素、需求因素以及货币因素的变化。上文的分析已经表明，出口贸易的增长带来的总供求关系、产业结构、资源结构、需求结构和分配结构的变化对中国通货膨胀的形成和发展过程已经产生了一定的影响。上文还说明了大量贸易顺差对中国货币供应量产生了重大的影响。由此可知，其他国家产出缺口的变化对国内通货膨胀的影响会随着中国贸易开放度的提高而增强。

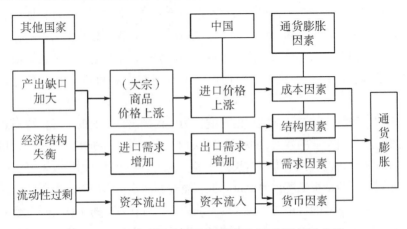

图 4.1　国外因素对中国通货膨胀形成机制的影响机理

第二，其他国家经济结构的失衡也会通过进口价格和出口需求渠道影响中国国内的通货膨胀。然而，其作用于中国通货膨胀的机理与产出缺口的作用机理稍有不同。一个国家经济结构的失衡可能会导致该国对国外商品进口的过度依赖。以美国为例，目前美国逐渐形成了以金融业为代表的以高端服务业为中心的产业结构，美国大部分消费品和工业制成品都需要从国外进口。这样的现实造成其他国家，尤其像中国这样的发展中国家出口需求的快速增长。另外，经济结构的失衡还可能导致对某些产品需求的过快增长，进而导致这些产品价格的上涨。随着世界经济的发展，越来越多的发展中国家开始走上了快速发展的道路，有的国家甚至步入了发达国家的行列。由于发展中国家的技术水平相对较低，因此大多数国家的发展都是通过不断增加投资来实现的。投资驱动型的经济发展方式对各种投入，特别是能源、矿产品等资源性产品的需求相对较大，这就造成世界范围内资源性产品需求的快速增长，进而导致其价格水平快速上涨。随着经济的发展和出口贸易的增长，中国对国外资源性产品的需求也大幅增加。于是，其他国家经济结构失衡导致的对资源性产品需求的过快增长会引起中国进口价格的上涨，导致企业生产成本增加，进而导致中国通货膨胀压力增大。

第三，其他国家的流动性过剩会通过进口价格、出口需求以及资本流动对中国通货膨胀的各种因素产生影响。在当今的国际货币金融体系下，美元是国际市场大宗商品的计价货币，同时美国还是世界的金融中心，所以美元实际上担当了国际货币的角色。这里的流动性过剩主要是指美元过剩。美国过度消费的增长模式和过于宽松的货币政策导致全球流动性过剩。全球流动性过剩的影响主要表现在三个方面。首先，流动性过剩直接导致消费需求增加。像美国这样的发达国家的普通消费品的进口依存度相对较高，所以增加的消费需求大多是通过从其他国家（主要是发展中国家）进口来满足。因此，其他国家的流动性过剩将增加对中国出口产品的需求，进而对中国通货膨胀的各种因素产生影响。其次，全球流动性过剩将推高各种金融资产和大宗商品的价格。在全球流动性过剩条件下，大量的投机资本进入大宗商品市场引发其价格的大幅上涨。随着中国经济的发展，中国进口的大宗商品也大幅增加。在这种情况下，大宗商品价格的上涨导致进口价格的上涨，进一步导致企业生产成本上升，进而形成较大的通货膨胀压力。最后，全球流动性过剩还会导致资本流动性加剧。资本的本质在于逐利性。在流动性过剩的条件下，为了获得更高、更稳定的回报，国际资本在世界范围内寻找投资机会。中国长期处于贸易顺差的状态，人民币存在升值的预期，加上中国的利率水平相对较高，这样中国就成为国际资本比较理想的投资场所。但是，中国对资本流动的管制相对较为严格，国际资本只能通过其他途径流入。因此，国际资本通过虚假贸易、多报出口少报进口等方式流入中国，对国内的货币供应量产生影响，加剧了中国的通货膨胀压力。

总之，贸易开放使国外的各种通货膨胀因素能够更加容易地传递到国内，通货膨胀的发生和发展将不再唯一地由国内因素决定。国际因素变化可能会引起中国国内通货膨胀的发生，也可能改变通货膨胀的发展趋势。

4.2　中国贸易开放与通货膨胀水平关系的实证检验

大多数跨国研究的结果都表明：贸易开放度越高，通货膨胀水平通常越低。类似的结论对于中国是否同样成立呢？本节就对这一问题进行研究。

4.2.1　模型的设定

根据理论分析，一般物价水平主要由以下四个方面的因素决定：需求因素、成本因素、货币因素和结构因素。然而，这些因素之间并不是相互独立的，而是相互作用的。各种因素互为条件、相互补充，共同决定一般物价水平。尤其是结构因素，通常通过其他三种因素对物价水平产生影响。经济结构发展的不平衡会引起成本、需求以及货币因素的变化，进而引起物价水平的变化。因此，如果在模型中同时考虑四种因素，很可能会遇到严重的多重共线性问题。另外，结构因素涉及的方面较多，我们不能利用单一的指标来反映，并且不同时期影响物价水平的结构因素可能并不相同。因此，考虑结构因素将使模型变得非常复杂。基于上述理由，本节的模型不考虑结构因素，仅仅考虑影响物价水平的其他三种因素：需求因素、成本因素和货币因素。这样做并不会对研究结论产生实质性的影响。

在开放经济条件下，需求因素又可以进一步分解为国内需求和国外需求。这样，一般物价水平的决定公式可以表述为

$$P_t = \left[(D_t^i)^{\delta}(D_t^f)^{1-\delta}/S_t\right]^{\alpha}(M_t/S_t)^{\beta}(C_t/A_t)^{\gamma}e^{u_t} \quad (\alpha, \beta, \gamma > 0, \ 0 < \delta < 1)$$

$$(4.1)$$

其中，D_t^i、D_t^f 分别表示国内需求和国外需求，S_t 为总供给水平，M_t 为货币供应量，C_t 为单位时间劳动成本，A_t 为劳动生产率，u_t 为随机扰动项。$(D_t^i)^{\delta}(D_t^f)^{1-\delta}/S_t$ 可以看作总需求与总供给的比率，反映的是总供求关系。所以，$(D_t^i)^{\delta}(D_t^f)^{1-\delta}/S_t$ 表示决定物价水平的需求因素。M_t/S_t 是货币供应量与总供给的比率，反映的是货币供给的充裕程度，所以 M_t/S_t 表示决定物价水平的货币因素。C_t/A_t 是单位劳动成本与劳动生产率的比率，反映的是真实的有效成本，所以，C_t/A_t 表示决定物价水平的成本因素。

由公式（4.1）可知，

$$\frac{\partial P_t}{\partial D_t^i} = \frac{\alpha\delta(D_t^i)^{\delta-1}(D_t^f)^{1-\delta}\left[(D_t^i)^{\delta}(D_t^f)^{1-\delta}/S_t\right]^{\alpha-1}(M_t/S_t)^{\beta}(C_t/A_t)^{\gamma}e^{u_t}}{S_t} > 0$$

$$(4.2)$$

$$\frac{\partial P_t}{\partial D_t^f} = \frac{\alpha(1-\delta)(D_t^i)^{\delta}(D_t^f)^{-\delta}\left[(D_t^i)^{\delta}(D_t^f)^{1-\delta}/S_t\right]^{\alpha-1}(M_t/S_t)^{\beta}(C_t/A_t)^{\gamma}e^{u_t}}{S_t} > 0$$

$$(4.3)$$

$$\frac{\partial P_t}{\partial M_t} = \frac{\beta\left[(D_t^i)^{\delta}(D_t^f)^{1-\delta}/S_t\right]^{\alpha}(M_t/S_t)^{\beta-1}(C_t/A_t)^{\gamma}e^{u_t}}{S_t} > 0 \quad (4.4)$$

$$\frac{\partial P_t}{\partial C_t} = \frac{\gamma\left[(D_t^i)^{\delta}(D_t^f)^{1-\delta}/S_t\right]^{\alpha}(M_t/S_t)^{\beta}(C_t/A_t)^{\gamma}e^{u_t}}{A_t} > 0 \quad (4.5)$$

$$\frac{\partial P_t}{\partial S_t} = \frac{-(\alpha+\beta)\left[(D_t^i)^{\delta}(D_t^f)^{1-\delta}\right]^{\alpha}(M_t)^{\beta}(C_t/A_t)^{\gamma}e^{u_t}}{S_t^{\alpha+\beta-1}} < 0 \quad (4.6)$$

$$\frac{\partial P_t}{\partial A_t} = -\frac{\gamma C_t [(D_t^i)^{\delta} (D_t^f)^{1-\delta} / S_t]^{\alpha} (M_t / S_t)^{\beta} (C_t / A_t)^{\gamma-1} e^{u_t}}{A_t^2} < 0 \quad (4.7)$$

由式（4.1）到式（4.7）可知，在其他条件保持不变的情况下，国内需求、国外需求、货币供应量、单位时间劳动成本越高，一般物价水平越高；总供给水平、劳动生产率越高，一般物价水平越低。这样的结论与各种理论的预测是一致的，因此上述的一般物价水平决定公式（4.1）的设定是合理的。

为了获得贸易开放度与一般物价水平的关系，我们作出以下三个假设。

假设1：贸易开放度越高，国外需求与总供给水平的比率越高，即 $\frac{\partial (D_t^f / S_t)}{\partial \, \text{open}_t} > 0$。其中，$\text{open}_t$ 表示贸易开放度。为了推导方便，我们假定国外需求与总供给水平的比率与贸易开放度成正比，即 $\frac{D_t^f}{S_t} = k \times \text{open}_t$，$k > 0$。

假设2：贸易开放度越高，国内需求与总供给水平的比率越低，即 $\frac{\partial (D_t^i / S_t)}{\partial \, \text{open}_t} < 0$。其中，$\text{open}_t$ 表示贸易开放度。为了推导方便，我们假定国外需求与总供给水平的比率与贸易开放度成正比，即 $\frac{D_t^i}{S_t} = \frac{g}{\text{open}_t}$，$g > 0$。

假设3：贸易开放度越高，总供给水平越高，劳动生产率越高，即 $\frac{\partial A_t}{\partial \, \text{open}_t} > 0$，$\frac{\partial A_t}{\partial S_t} > 0$。为了推导方便，我们假定劳动生产率、人均产出水平与贸易开放度之间存在如下关系：$A_t = (\text{open}_t)^b (S_t)^d$，$a > 0$，$b > 0$。

将假设1、假设2和假设3代入式（4.1）可得：

$$P_t = \left[\left(\frac{g}{\text{open}_t} \right)^{\delta} (k \times \text{open}_t))^{1-\delta} \right]^{\alpha} (M_t / S_t)^{\beta} [C_t / ((\text{open}_t)^b (S_t)^d)]^{\gamma} e^{u_t} =$$

$$(g)^{\alpha\delta} k^{\alpha(1-\delta)} (M_t)^{\beta} (C_t / b)^{\gamma} (S_t)^{-d\gamma-\beta} (\text{open}_t)^{\alpha(1-2\delta) - b\gamma} e^{u_t} \quad (4.8)$$

由式（4.8）可知，贸易开放度与一般物价水平的关系取决于 $\alpha(1 - 2\delta) - b\gamma$ 的符号。如果 $\alpha(1 - 2\delta) - b\gamma > 0$，那么，贸易开放度越高，一般物价水平越高；反之，如果 $\alpha(1 - 2\delta) - b\gamma < 0$，那么，贸易开放度越高，一般物价水平越低。因此，贸易开放度与一般物价水平之间的关系不是一个理论问题，而是一个经验问题。对于不同国家，两者的关系可能会有所不同；对于不同时期的同一国家，两者的关系也可能会有所不同。

对式（4.8）取对数可得：

$$\ln P_t = b_0 + \beta \ln(M_t) + \gamma \ln C_t + b_1 \ln S_t + b_2 \ln \text{open}_t + u_t \qquad (4.9)$$

其中，$b_0 = \alpha \delta \ln g + \alpha(1 - \delta) \ln k - \gamma \ln b$，$b_1 = -d\gamma - \beta$，$b_2 = \alpha(1 - 2\delta) - \gamma$。根据前文的假设有 $\beta > 0$，$\gamma > 0$，$b_1 < 0$，b_2 的符号不确定。

对式（4.9）取差分可得：

$$\pi_t = b_1 x_{1t} + \beta x_{2t} + b_1 x_{3t} + b_2 x_{4t} + \varepsilon_t \qquad (4.9b)$$

其中，$\pi_t = \ln P_t - \ln P_{t-1}$，$x_{1t} = \ln(M_t) - \ln(M_{t-1})$，$x_{2t} = \ln C_t - \ln C_{t-1}$，$x_{3t} = \ln S_t - \ln S_{t-1}$，$x_{4t} = \ln \text{open}_t - \ln \text{open}_{t-1}$，$\varepsilon_t = u_t - u_{t-1}$。由于 π_t 可以看作通货膨胀率，所以，式（4.9b）表明贸易开放度的提高对通货膨胀率的影响方向取决于 b_2 的符号。如果 $b_2 > 0$，那么，贸易开放度的提高将对通货膨胀产生正向的影响；如果 $b_2 < 0$，那么，贸易开放度的提高将对通货膨胀产生负向的影响。

贸易开放的过程就是一个贸易开放度不断提高的过程，因此，我们可以通过检验 b_2 的符号来检验贸易开放与通货膨胀水平之间的关系。模型（4.9）和（4.9b）都可以用来估计 b_2。考虑到影响通货膨胀率的因素非常复杂，模型（4.9b）的估计结果可能不够准确，所以，本书的计量分析是建立在模型（4.9）的基础上的。

4.2.2 变量与数据

本书利用流通中现金（M0）作为货币供应量的代理变量，主要原因是 M0 与物价水平的关系最为直接与紧密。本书利用城镇单位在岗职工平均工资（W）作为单位时间劳动成本的代理变量，利用实际 GDP 作为总供给水平的代理变量。为了使研究结论更为可信，本书同时选取了两种价格指数来反映一般物价水平：居民消费价格指数（CPI，1978＝100）和国内生产总值缩减指数（GDPD，1978＝100）。另外，关于贸易开放度指标的选择，在基准模型中，我们选用上文中计算的对外贸易总体综合贸易强度（CTI）作为贸易开放度的代理变量。根据上述变量的选择，式（4.9）可以重新表述如下：

$$\ln \text{CPI}_t = b_0 + \beta \ln \text{M0}_t + \gamma \ln W_t + b_1 \ln \text{GDP}_t + b_2 \ln \text{CTI}_t + u_t \qquad (4.10)$$

$$\ln \text{GDPD}_t = b_0 + \beta \ln \text{M0}_t + \gamma \ln W_t + b_1 \ln \text{GDP}_t + b_2 \ln \text{CTI}_t + u_t \qquad (4.11)$$

为了考察所得的结论对于贸易开放度指标选取是否具有敏感性，在稳健性检验中，我们还选取了另外两种贸易开放度指标：综合货物贸易强度（CTI1）、综合服务贸易强度（CTI2）。本部分利用 1982—2020 年的年度数据来估计模型（4.10）和模型（4.11），所需数据源于中国经济信息网统计数据库和世界银行 WDI 数据库，有关变量的数据见表 4.1。

表 4.1　模型（4.10）和模型（4.11）相关变量数据

年份	CPI	GDPD	CTI1	CTI2	CTI	M0	W	GDP
1982	114.40	109.87	3.49	0.35	2.85	439.1	798	5 256.95
1983	116.70	111.14	3.41	0.31	2.78	529.8	826	5 823.13
1984	119.90	116.63	4.16	0.43	3.42	792.1	974	6 707.76
1985	131.05	128.54	6.19	0.34	5.02	987.8	1 148	7 608.66
1986	139.57	134.54	5.17	0.37	4.16	1 218.4	1 329	8 289.63
1987	149.76	141.38	6.39	0.45	5.16	1 454.5	1 459	9 255.98
1988	177.91	158.50	8.36	0.53	6.77	2 134	1 747	10 294.75
1989	209.94	172.13	6.87	0.44	5.56	2 344	1 935	10 727.78
1990	216.44	181.96	5.63	0.51	4.55	2 644.4	2 140	18 872.87
1991	223.80	194.18	6.90	0.54	5.52	3 177.8	2 340	20 621.02
1992	238.13	210.09	9.06	1.23	7.31	4 336	2 711	23 554.27
1993	273.13	241.99	13.55	1.83	10.90	5 864.7	3 371	26 824.48
1994	338.96	291.88	14.05	2.69	11.58	7 288.6	4 538	30 321.53
1995	396.92	331.77	13.21	3.27	11.13	7 885.3	5 500	33 642.94
1996	429.86	353.35	15.00	2.48	12.37	8 802	6 210	36 981.18
1997	441.90	359.07	6.39	8.38	6.82	10 177.6	6 470	40 397.05
1998	438.36	355.83	5.81	8.44	6.39	11 204.2	7 479	43 566.58
1999	432.23	351.34	6.54	9.00	7.09	13 455.5	8 346	46 904.5
2000	433.95	358.59	9.85	10.40	9.97	14 652.7	9 371	100 280.14
2001	436.99	365.93	10.87	11.87	11.09	15 688.8	10 870	108 639.22
2002	433.50	368.13	14.12	13.46	13.97	17 278.03	12 422	118 561.93
2003	438.70	377.71	43.55	6.15	35.49	19 745.9	14 040	130 463.21
2004	455.81	403.97	55.67	7.79	45.41	21 468.3	16 024	143 657.77
2005	464.01	419.74	64.95	6.88	52.84	24 031.7	18 364	187 318.9
2006	471.00	436.22	73.53	7.33	60.02	27 072.62	21 001	211 147.66
2007	493.60	470.03	74.63	8.87	60.91	30 375.23	24 932	241 195.79
2008	522.70	506.67	71.44	8.95	58.65	34 218.96	29 229	264 472.82

表4.1(续)

年份	CPI	GDPD	CTI1	CTI2	CTI	M0	W	CDP
2009	519.00	505.61	61.86	7.92	49.44	38 247	32 736	289 329.89
2010	536.10	540.40	78.46	9.19	63.80	44 628.2	37 147	412 119.26
2011	565.00	584.04	81.42	9.64	67.10	50 748.46	42 452	451 480.07
2012	579.70	597.66	82.36	9.58	67.59	54 659.81	47 593	486 983.28
2013	594.80	610.59	84.30	9.98	68.75	58 574.44	52 388	524 803.13
2014	606.70	616.88	81.17	12.51	66.06	60 259.53	57 361	563 773.77
2015	615.20	616.86	73.88	12.45	59.39	63 216.58	63 241	688 858.22
2016	627.50	625.55	66.43	12.01	53.19	68 303.87	68 993	736 036.48
2017	637.50	652.02	69.97	11.22	55.92	70 645.6	76 121	787 170.41
2018	650.90	674.84	71.34	11.19	57.07	73 208.4	84 744	840 302.63
2019	669.80	683.53	68.87	10.36	54.43	77 189.47	93 383	890 304.85
2020	686.50	687.80	75.50	8.27	60.36	84 314.53	100 512	911 205.25

数据来源：中国经济信息网统计数据库、世界银行 WDI 数据库。

4.2.3 基准模型估计

（1）变量平稳性与协整关系检验。

本书利用 ADF 方法检验模型中各变量的平稳性，检验结果见表4.2。由检验结果可知，在10%的显著性水平下，各变量序列均为一阶单整序列。由于各变量序列为非平稳的，如果对模型（4.10）和模型（4.11）直接进行估计，可能会遇到伪回归的问题。因此，我们需要进行协整分析。这里利用 Pesaran 等（2001）提出的基于自回归分布滞后（ARDL）模型的边界检验方法考察模型中各变量是否存在长期的水平关系。下面以模型（4.10）为例，简要说明一下边界检验的基本原理。模型（4.10）对应的 ARDL 模型设定如下：

$$\ln CPI_t = b_0 + \sum \rho_h \ln CPI_{t-h} + \sum \beta_i \ln M0_{t-i} + \sum \gamma_j \ln W_{t-j} +$$
$$\sum \rho_k \ln GDP_{t-k} + \sum \sigma_l \ln CTI_{t-l} + + u_t \qquad (4.12)$$

对应的条件误差修正模型为：

$$\Delta \ln CPI_t = c_0 + \theta_1 \ln CPI_{t-1} + \theta_2 \ln M0_{t-1} + \theta_3 \ln W_{t-1} + \theta_4 \ln GDP_{t-4} +$$
$$\theta_5 \ln CTI_{t-1} + \sum \rho_h \Delta \ln CPI_{t-h} + \sum \beta_i \Delta \ln M0_{t-i} + \sum \gamma_j \Delta \ln W_{t-j} +$$
$$\sum \rho_k \Delta \ln GDP_{t-k} + \sum \sigma_l \Delta \ln CTI_{t-l} + u_t \qquad (4.13)$$

边界检验方法的基本思路如下：利用 F 统计量检验做出如下假设。

H_0：$(\theta_1, \theta_2, \theta_3, \theta_4, \theta_5) = 0$

H_1：$(\theta_1, \theta_2, \theta_3, \theta_4, \theta_5) \neq 0$

如果拒绝原假设 H_0，则可以认为变量间存在长期的水平关系，否则认为变量间不存在长期的水平关系。

表 4.2　变量的平稳性检验

变量	ADF 统计量	P 值	变量	ADF 统计量	P 值
lnCPI	−2.175 7	0.488 5	ΔlnCPI	−3.363 3	0.019 2
lnGDPD	−1.932 4	0.617 6	ΔlnGDPD	−2.729 0	0.078 8
lnCTI	−2.097 3	0.530 3	ΔlnCTI	−4.773 4	0.000 4
lnCTI1	−2.201 2	0.475 0	ΔlnCTI1	−4.861 5	0.000 3
lnCTI2	−0.836 4	0.952 9	ΔlnCTI2	−6.713 6	0.000 0
lnM0	−2.416 9	0.365 3	ΔlnM0	−3.377 1	0.018 3
ln$W$	−1.281 8	0.877 0	Δln$W$	−4.080 9	0.003 0
lnGDP	−1.944 2	0.612 0	ΔlnGDP	−6.864 6	0.000 0

注：原始变量序列 ADF 检验结果为含有截距项和趋势项的结果，一阶差分变量序列 ADF 检验结果为含有截距项、不含趋势项的结果。

边界检验结果见表 4.3。由表 4.3 可知，模型（4.10）和模型（4.11）的边界检验的 F 统计量均大于 1% 显著性水平下的临界值，这意味着模型中各变量间存在长期的水平关系。

表 4.3　模型（4.10）和模型（4.11）边界检验结果

模型	F 统计量	显著性水平	I（0）	I（1）
（4.10）	10.929 5	1%	4.093 0	5.532 0
（4.11）	10.864 3	1%	4.093 0	5.532 0

注：表中给出的是 Pesaran 等（2001）中情形 3 的检验统计量的值及其临界值。

（2）基准模型估计结果。

模型（4.10）和模型（4.11）的长期水平关系的估计结果见表 4.4。从表 4.4 中的估计结果可知，无论是选择居民消费价格指数（CPI），还是选择 GDP 平减指数（GDPD）作为一般物价水平的代表，估计的结果都基本一致。lnM0、ln$W$ 的回归系数均显著为正。这表明，货币供应量越多、劳动力成本越高，一般物价水平就越高。lnGDP 的回归系数估计结果有所差异，当居民消费价格指数作为被解释变量时，lnGDP 的回归系数并不显著，而当 CDP 平减指数作为被解释变量时，lnGDP 的回归系数显著为负。这些结果与前文的理论预期和假设是基本一致的，这再次证明我们的模型设定是合理的。lnCTI 的回归系数均显著为负，这表明总体综合贸易强度越大，一般物价水平越低。从总体来看，贸易开放度越高，一般物价水平越低，贸易开放度的提高可能对通货膨胀具有抑制作用。从数量上看，在其他解释变量保持不变的情况下，综合贸易强度每提高 1%，居民消费价格指数平均降低 0.05%，国内生产总值平减指数平均降低 0.07%。另外，在其他解释变量不变的情况下，流通中的现金（M0）每增加 1%，居民消费价格指数平均上涨 0.32%，国内生产总值平减指数平均降低 0.55%；城镇单位在岗职工平均工资（W）每增加 1%，居民消费价格指数平均上涨 0.11%，国内生产总值平减指数平均增加 0.26%；实际 GDP 每增加 1%，国内生产总值平减指数平均降低 0.36%。

表4.4 模型 (4.10) 和 (4.11) 的估计结果

解释变量	被解释变量 （lnCPI）		被解释变量 （lnGDPD）	
	系数	t 统计量	系数	t 统计量
常数项	1.725 8 ***	17.789 7	2.490 3 ***	10.185 4
lnM0	0.321 1 ***	7.892 2	0.550 7 ***	3.206 5
ln$W$	0.105 3 ***	3.359 9	0.257 8 ***	−8.226 2
lnGDP	0.004 7	0.156 6	−0.360 5 ***	−5.188 6
lnCTI	−0.053 5 ***	−4.315 7	−0.077 0 ***	17.112 0

注：*、**、*** 分别表示在 10%、5%、1%的显著性水平下显著。

4.2.4 稳健性检验

为了检验贸易开放与一般物价水平关系的可靠性，这里主要进行四个方面的稳健性检验。首先，考察货物贸易开放和服务贸易开放对一般物价水平的影响是否相同；其次，考察不同的协整关系估计方法是否能产生一致的结论；再次，考察不同时期内的协整关系估计结果是否产生一致的结论；最后，考察进口贸易开放与出口贸易开放对一般物价水平的影响是否相同。

（1）货物贸易开放与服务贸易开放对一般物价水平的影响。

贸易开放表现在货物贸易开放和服务贸易开放两个方面。由于货物贸易与服务贸易的性质存在较大的差异，所以货物贸易开放和服务贸易开放与通货膨胀水平之间的关系可能会有所不同。本书利用综合货物贸易强度（lnCTI1）和综合服务贸易强度（lnCTI2）替代模型（4.10）和模型（4.11）中的总体综合贸易强度（lnCTI），用以考察货物贸易开放与服务贸易开放对一般物价水平的影响是否存在显著的差异。边界检验的结果见表4.5。由检验结果可知，各种模型中各变量间存在长期水平关系，长期水平关系的具体估计结果见表4.6和表4.7。

由表4.6可知，当选择居民消费价格指数代表一般物价水平时，综合货物贸易强度与综合服务贸易强度都对居民消费价格指数具有负向的影响，不过显著性水平有所不同。综合货物贸易强度对居民消费价格指数具有显著的负向影响，而综合服务贸易强度对居民消费价格指数的负向影响在统计上并不显著。其他变量回归系数的估计结果与基准模型以及理论预期和假设是基本一致的，即货币供应量、劳动力成本对一般物价水平具有显著的正向影响，而总供给水平对一般物价水平具有显著的负向影响。

由表4.7可知，当选择GDP平减指数代表一般物价水平时，综合货物贸易强度对GDP平减指数具有显著的负向影响，而综合服务贸易强度对GDP平减指数具有不显著的正向影响。当选择综合货物贸易强度作为贸易开放度的代理变量时，其他变量回归系数的估计结果与基准模型以及理论预期和假设是基本一致的。选择综合服务贸易强度作为贸易开放度的代理变量时，其他变量回归系数的估计结果与基准模型以及理论预期和假设存在较为明显的差异，这可能是由较为严重的多重共线性引起的。

表4.5 稳健性检验边界检验结果

模型	F统计量	显著性水平	I（0）	I（1）
（lnCPI，lnCTI1）	9.379 1	1%	4.093 0	5.532 0
（lnCPI，lnCTI2）	7.948 2	1%	4.093 0	5.532 0
（lnGDPD，lnCTI1）	8.830 9	1%	4.093 0	5.532 0
（lnGDPD，lnCTI2）	12.681 6	1%	4.093 0	5.532 0

注：表中给出的是 Pesaran 等（2001）中情形3的检验统计量的值及其临界值；（lnCPI，lnCTI1）的第一个元素为模型的被解释变量，第二个元素为模型选择的贸易开放度指标。

表 4.6 综合货物贸易强度、综合服务贸易强度与居民消费价格指数的长期水平关系

模型	被解释变量（lnCPI）		被解释变量（lnCPI）	
解释变量	系数	t 统计量	系数	t 统计量
常数项	2.720 9***	16.708 1	3.286 8***	14.421 3
lnM0	0.474 4***	12.103 3	0.493 9***	3.965 1
ln$\overline{W}$	0.503 4***	5.303 1	0.549 7**	2.319 1
lnGDP	−0.526 3***	−8.296 0	−0.640 0***	−3.281 6
lnCTI1	−0.054 8***	−3.832 6		
lnCTI2			−0.007 3	−0.162 6

注：*、**、*** 分别表示在 10%、5%、1%的显著性水平下显著。

表 4.7 综合货物贸易强度、综合服务贸易强度与 GDP 平减指数的长期水平关系

模型	被解释变量（lnGDPD）		被解释变量（lnGDPD）	
解释变量	系数	t 统计量	系数	t 统计量
常数项	1.604 2***	7.859 3	6.323 6	1.451 5
lnM0	0.226 3**	2.122 6	−0.496 8	−0.506 7
ln$\overline{W}$	0.188 9*	2.095 8	−0.240 2	−0.346 4
lnGDP	0.021 0	0.301 0	0.570 6	0.588 6
lnCTI1	−0.061 3***	−2.998 4		
lnCTI2			0.691 4	0.909 7

注：*、**、*** 分别表示在 10%、5%、1%的显著性水平下显著。

（2）基于 FMOLS 方法的协整方程估计。

利用完全修正最小二乘法（FMOLS）对协整方程的估计结果见表 4.8 和表 4.9。在表 4.8 中，各模型的被解释变量都为 lnCPI，本书分别选取总体综合贸易强度、综合货物贸易强度和综合服务贸易强度反映贸易开放度。表 4.8 的估计结果显示，总体综合贸易强度对居民消费价格指数具有显著的负向影响，综合货物贸易强度对居民消费价格指数具有显著的负向影响，而综合服务贸易强度对居民消费价格指数具有显著的正向影响。货币供给量、劳动力成本对居民消费价格指数具有正向的影响，总供给水平对居民消费价格指数具有负向影响。大多数估计的结果与前文结果基本一致，只是显著性略有差异。一个明显的不同是，在基于 ARDL 模型的长期水平关系中，综合服务贸易强度对居民消

费价格指数具有不显著的负向影响。

表 4.8　基于 FMOLS 方法的协整方程估计（1）

模型	被解释变量 （lnCPI）		被解释变量 （lnCPI）		被解释变量 （lnCPI）	
解释变量	系数	t 统计量	系数	t 统计量	系数	t 统计量
常数项	2.604 5***	11.813 4	2.616 5***	13.382 1	3.530 0***	17.438 7
lnM0	0.620 3***	10.140 2	0.608 1***	10.209 4	0.427 9***	6.260 7
$\ln W$	0.039 4	0.326 4	0.032 0	0.273 1	0.175 3*	1.778 8
lnGDP	−0.233 2**	−2.436 2	−0.218 1**	−2.348 0	−0.298 4***	−4.106 9
lnCTI	−0.088 3**	−2.317 3				
lnCTI1			−0.083 3**	−2.616 2		
lnCTI2					0.091 0***	3.485 3

注：*、**、*** 分别表示在 10%、5%、1% 的显著性水平下显著。

在表 4.9 中，各模型的被解释变量都为 lnGDPD，本书分别选取总体综合贸易强度、综合货物贸易强度和综合服务贸易强度反映贸易开放度。表 4.9 的估计结果显示，总体综合贸易强度和综合货物贸易强度对 GDP 平减指数具有不显著的负向影响，而综合服务贸易强度对 GDP 平减指数具有显著的正向影响。货币供给量、劳动力成本对居民消费价格指数具有正向的影响，总供给水平对居民消费价格指数具有负向影响。基于 FMOLS 方法估计的结果与前文的结果基本一致，只是显著性略有差异。

表 4.9　基于 FMOLS 方法的协整方程估计（2）

模型	被解释变量 （lnGDPD）		被解释变量 （lnGDPD）		被解释变量 （lnGDPD）	
解释变量	系数	t 统计量	系数	t 统计量	系数	t 统计量
常数项	2.438 6***	14.073 1	2.426 2**	15.844 8	2.869 9***	20.314 7
lnM0	0.389 2***	8.095 6	0.383 6***	8.222 2	0.243 9***	5.113 9
$\ln W$	0.202 7**	2.133 6	0.197 0**	2.148 9	0.295 0***	4.288 3
lnGDP	−0.183 3**	−2.436 8	−0.172 3**	−2.367 6	−0.188 9***	−3.724 4
lnCTI	−0.026 0	−0.866 6				
lnCTI1			−0.026 8	−1.077 1		
lnCTI2					0.057 3***	3.142 7

注：*、**、*** 分别表示在 10%、5%、1% 的显著性水平下显著。

（3）基于子样本的协整关系估计结果。

为了考察不同时期的贸易开放与一般物价水平的关系是否存在显著的差异，这里利用滚动窗口估计协整方程。滚动窗口的宽度设置为31，估计方法选择 FMOLS 方法。不同模型设定的估计结果见图4.2和图4.3。

由图4.2可知，对于不同的子样本，总体综合贸易强度与综合货物贸易强度对居民消费价格指数都具有负向的影响，而综合服务贸易强度对居民消费价格指数具有正向的影响。由图4.3可知，对于不同的子样本，总体综合贸易强度与综合货物贸易强度对 GDP 平减指数都具有负向的影响，而对于大多数子样本，综合服务贸易强度对 GDP 平减指数具有正向的影响。另外，总体综合贸易强度、综合货物贸易强度以及综合服务贸易强度对 GDP 平减指数的影响呈现出递减的趋势。

图4.2和图4.3的结果与前文全样本的结果基本一致，即总体综合贸易强度与综合货物贸易强度对居民消费价格指数和 GDP 平减指数具有负向的影响，而综合服务贸易强度对居民消费价格指数和 GDP 平减指数具有正向的影响。

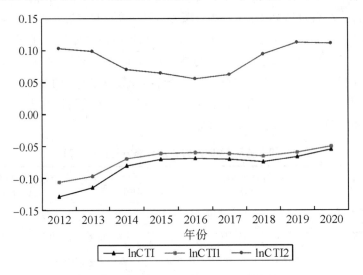

图 4.2　贸易强度系数估计结果（被解释变量 lnCPI）

（4）进口贸易开放与出口贸易开放对一般物价水平的影响。

为了考察进口贸易开放以及出口贸易开放对一般物价水平的影响是否相同，这里利用综合货物贸易进口强度、出口强度以及综合服务贸易进口强度、出口强度替换模型（4.10）和模型（4.11）中的总体综合贸易强度，并利用 FMOLS 方法对模型进行估计，估计结果见表4.10和表4.11。

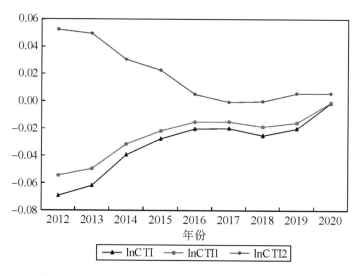

图4.3 贸易强度系数估计结果（被解释变量 lnGDPD）

由表4.10可知，综合货物贸易进口强度与出口强度的回归系数至少在10%的水平下显著为负，这表明综合货物贸易进口强度与出口强度均对居民消费价格指数具有显著的负向影响。综合服务贸易进口强度与出口强度的回归系数至少在1%的水平下显著为正，这表明综合服务贸易进口强度与出口强度均对居民消费价格指数具有显著的正向影响。上述结果意味着，货物贸易开放与服务贸易开放对居民消费价格指数具有不同方向的影响，这与前文利用综合货物贸易强度与综合服务贸易强度的研究结论是一致的。

由表4.11可知，综合货物贸易进口强度的回归系数在1%的水平下显著为负，而综合货物贸易出口强度的回归系数也为负，不同之处在于统计上并不显著。这表明综合货物贸易进口强度与出口强度均对GDP平减指数具有负向影响，综合货物贸易出口强度的影响在统计上并不显著。综合服务贸易进口强度与出口强度的回归系数至少在10%的水平下显著为正，这表明综合服务贸易进口强度与出口强度均对GDP平减指数具有显著的正向影响。上述结果同样意味着，货物贸易开放与服务贸易开放对GDP平减指数具有不同方向的影响，这与前文利用综合货物贸易强度与综合服务贸易强度的研究结论是一致的。

综合表4.10和表4.11的结果可知，综合货物贸易进口强度与综合货物贸易出口强度对一般物价水平的影响方向是相同的，即两者对一般物价水平具有负向的影响。综合服务贸易进口强度与综合服务贸易出口强度对一般物价水平的影响方向也是相同的，即两者对一般物价水平具有正向的影响。由此可知，货物贸易开放可能对通货膨胀具有抑制作用，而服务贸易开放可能对通货膨胀具有促进作用。

表 4.10　进口强度、出口强度与居民消费价格指数的关系

解释变量	被解释变量（lnCPI）		被解释变量（lnCPI）		被解释变量（lnCPI）		被解释变量（lnCPI）	
	系数	t统计量	系数	t统计量	系数	t统计量	系数	t统计量
常数项	2.496 2***	13.824 2	2.687 3***	11.656 7	3.820 6***	13.219 5	3.179 6***	22.120 0
lnM0	0.608 2***	11.147 1	0.612 4***	9.696 0	0.508 4***	8.041 2	0.467 3***	6.829 2
lnW	0.016 6	0.154 4	0.052 6	0.424 0	0.087 3	0.853 6	0.157 5	1.472 2
lnGDP	−0.195 5**	−2.299 5	−0.255 5**	−2.607 2	−0.312 1***	−4.023 8	−0.278 1***	−3.595 0
lnCTI1$_{im}$	−0.106 2***	−3.569 2						
lnCTI1$_{ex}$			−0.055 8*	−1.807 7				
lnCTI2$_{im}$					0.091 1***	3.181 1		
lnCTI2$_{ex}$							0.044 3***	2.832 6

注：*、**、*** 分别表示在10%、5%、1%的显著性水平下显著。

表 4.11　进口强度、出口强度与 GDP 平减指数的关系

解释变量	被解释变量（lnGDPD）		被解释变量（lnGDPD）		被解释变量（lnGDPD）		被解释变量（lnGDPD）	
	系数	t统计量	系数	t统计量	系数	t统计量	系数	t统计量
常数项	2.336 3***	15.246 8	2.499 0***	15.022 0	3.135 1***	15.406 2	2.624 0***	24.887 3
lnM0	0.379 9***	8.205 6	0.390 6***	8.570 2	0.289 6***	6.505 5	0.292 2***	5.822 7
lnW	0.194 7**	2.137 3	0.199 6**	2.227 9	0.243 3***	3.379 6	0.261 5***	3.332 3
lnGDP	−0.157 4**	−2.181 7	−0.191 8**	−2.712 8	−0.204 0***	−3.735 1	−0.175 0***	−3.083 8
lnCTI1$_{im}$	−0.045 2*	−1.788 9						
lnCTI1$_{ex}$			−0.009 8	−0.441 2				
lnCTI2$_{im}$					0.066 3***	3.289 8		
lnCTI2$_{ex}$							0.022 5*	1.962 8

注：*、**、*** 分别表示在10%、5%、1%的显著性水平下显著。

　　综合上述稳健性检验的结果可知，综合货物贸易强度与综合服务贸易强度对一般物价水平具有不同的影响。综合货物贸易强度、综合货物贸易进口强度以及综合货物贸易出口强度对一般物价水平具有负向影响，而综合服务贸易强度、综合服务贸易进口强度以及综合服务贸易出口强度对一般物价水平具有正向影响。不同的协整方程估计方法得出的各种贸易强度与一般物价水平的关系是基本一致的。在不同时期，各种贸易强度与一般物价水平的关系也是基本相同的。

4.2.5　结果分析

基准模型和稳健性检验的结果表明：在中国贸易开放的过程中，对外贸易总体开放度与一般物价水平之间存在负向的关系；货物贸易开放度与一般物价水平之间存在负向的关系；服务贸易开放度与一般物价水平之间存在正向的关系。由此，我们可以推导出中国贸易开放与通货膨胀水平的关系。从总体来看，贸易开放（包括货物贸易开放和服务贸易开放）对中国的通货膨胀水平产生了一定的负向影响；货物贸易开放和服务贸易开放对通货膨胀水平的影响是不同的，货物贸易开放对通货膨胀具有负向的影响，而服务贸易开放对通货膨胀具有正向的影响；贸易开放对通货膨胀的负向影响主要是货物贸易开放的结果。那么，为什么货物贸易开放会对通货膨胀具有负向的影响，而服务贸易开放却对通货膨胀具有正向的影响呢？

从前文的理论分析中可知，我们可以从两个角度思考贸易开放对通货膨胀的影响，即贸易开放对政策行为因素的影响和贸易开放对经济环境因素的影响。从贸易开放对政府政策行为因素的影响角度思考中国贸易开放与通货膨胀水平的关系可能有助于解释总体贸易开放与通货膨胀水平之间的负向关系。这是因为中国对外贸易的比较优势主要在于低成本、低价格，通货膨胀将对生产成本及价格产生较大的向上的压力，从而降低中国产品在国际市场上的竞争力。随着贸易开放度的提高，出口贸易在中国经济和社会生活中越来越重要。因此，政府采取通货膨胀政策的动机会随着贸易开放度的提高而降低。这会导致贸易开放与通货膨胀水平之间存在负向关系。然而，从这个角度进行的分析，不能够解释货物贸易开放与服务贸易开放对通货膨胀的不同影响。我们没有证据支持货物贸易开放会导致政府通货膨胀的动机减小，而服务贸易开放会导致政府通货膨胀的动机增大。相反，我们应该认为货物贸易和服务贸易开放对政府政策行为的影响是相同的。不管是货物贸易还是服务贸易，中国的比较优势都是相同的。因此，为了解释货物贸易和服务贸易开放对通货膨胀的不同影响，我们只能从贸易开放对经济环境因素的影响中寻找答案。

（1）进口价格渠道。

中国的经济现实和技术水平决定了我国的对外贸易在很长的时期内都是以出口劳动力密集、低技术含量的商品和服务，进口资本密集、高技术含量的商品和服务为主要特点。随着经济发展水平和技术水平的提高，进出口商品和服务的结构发生了一定的变化，但到目前为止，中国商品和服务在国际市场上的最大竞争优势仍是价格优势，而不是技术优势或其他优势。中国对外贸易的这一特点决定了进口商品和服务的价格相对于国内价格更高，因此从国外进口的商品和服务占国内支出的比重上升很可能导致物价水平的上升，进而对通货膨胀产生正向的作用。然而，贸易开放不仅表现为从国外进口的商品和服务占国内支出的比重上升，而且表现为关税税率的降低。进口关税税率的大幅降低可以显著降低进口价格。不过，进口关税的征收基本上都是针对货物商品的，因此，关税降低的效应主要表现在货物商品上。这样，进口货物商品所占比重上升对物价水平的正向作用，就有可能被关税水平降低的效应所抵消。还有一种可能是，关税税率降低的效应会超过进口货物商品所占比重上升的效应，进而导致货物贸易开放对物价水平和通货膨胀产生负向的影响。由于没有关税降低的抵消效应，服务贸易开放对物价水平的影响主要通过进口比重上升产生作用，从而对物价水平和通货膨胀产生正向的影响。

（2）竞争效应渠道。

货物贸易开放和服务贸易开放都会带来国内企业竞争的加剧，从而有利于抑制物价水平的上涨。但是，货物贸易开放和服务贸易开放对竞争的影响程度是不同的，造成这种结果的原因是货物商品和服务商品性质的不同。货物商品的跨国流动相对容易，特别是随着运输成本的降低和运输时间的缩短，各种货物商品原则上都可以以较低的成本进行跨国流动。这样，货物贸易开放将明显加剧国内市场的竞争。由于很多服务商品都是由提供者面对面直接提供的，所以服务贸易受地域限制的影响较大。另外，不同国家和地区的人有不同的习惯和偏好，所以当地的服务提供者更能提供适合当地居民的服务。这样，服务贸易开放对于许多服务行业并不能产生明显的竞争压力。对于那些国外服务提供者能够比较容易的进入服务领域，其竞争优势也在于技术含量和服务水平比较高。一般来说，高技术、高水平的服务的价格水平也会相应较高。因此，服务贸易开放虽然导致中国服务行业竞争有所加剧，但是加剧的程度是有限的，还不能对中国服务价格产生明显的影响。

接下来将分析货物贸易开放和服务贸易开放对劳动生产率影响的差异。货物贸易开放带来了大量生产要素的流动，从国外进口的各种机器设备显著地提高了中国的技术水平和劳动生产率。与此同时，隐含在进口商品中的先进技术和工艺能够比较容易地被国内同行模仿、学习、吸收和广泛运用。这样，货物贸易开放对中国劳动生产率的提高发挥了非常重要的作用。然而，服务贸易开放对劳动生产率的影响远远不如货物贸易开放来得直接和明显。虽然有些进口服务商品，如专利使用、咨询、金融保险服务等，能够在一定程度上提高中国的劳动生产率。但是，受到知识产权保护、文化差异、劳动力素质、服务业发展水平等各种因素的影响，国内的企业很难通过模仿和复制将国外的先进技术和经验广泛地应用到生产经营当中。因此，服务贸易开放只能在较小的范围内提高劳动生产率。劳动生产率的提高，能够降低单位成本，从而有利于抑制价格的上涨。货物贸易开放和服务贸易开放对中国劳动生产率影响的差异性，决定了它们对物价水平的影响也是不同的。具体来说，货物贸易开放对物价水平上涨的抑制作用要明显大于服务贸易开放。

（3）劳动力市场渠道。

由于中国劳动力资源从总量上来看是非常充裕的，所以，不管是货物贸易开放还是服务贸易开放，带来的劳动力需求增加都不会改变中国劳动力市场供大于求的基本局面。但是，货物贸易和服务贸易开放增加的劳动力需求的结构是不相同的，这会导致某些类型的劳动力出现短缺。中国货物贸易开放增加的劳动力需求主要是制造业工人的需求，这类劳动力需求可以比较容易地通过对普通劳动力进行各种短期培训得到满足。中国充裕的劳动力资源决定了货物贸易开放对劳动力的供求关系影响不大。然而，服务贸易开放增加的很多劳动力需求都是对知识、技能要求较高的劳动力，这类劳动力需求只能通过长期的教育、不断积累经验来满足，在短期内很难适应需求的变化。因此，服务贸易开放可能导致某些类型的劳动力出现暂时性的短缺。如果教育没有进行相应的调整，这种短缺的状况将会持续下去。劳动力短缺会导致劳动力成本增加，进而导致物价水平上涨。由此可知，中国货物贸易开放没有造成明显的劳动力短缺，对劳动力成本和物价水平没有显著的影响。相反，服务贸易的开放却在一定程度上造成某些类型劳动力的短缺，对劳动力成本的增加产生了一定的影响，进而可能对物价水平的上涨也产生了影响。

（4）供求关系渠道。

虽然中国从国外进口了大量的货物和服务，但是由于大多数进口商品都是作为投入品的生产要素，所以进口额的增加并没有对中国货物商品和服务市场的供给状况产生很大的直接影响。出口额的快速增长使国外对中国货物和服务的需求大幅增加，有可能造成某些商品供不应求的状况。但是，国内的生产能力增长得更为迅速，所以这种情况在现实中发生的可能性是很低的。即使这种情形确实发生过，持续的时间也是非常短的。由此可知，贸易开放带来的进出口贸易额的快速增长并没有显著改变中国国内市场的供求状况，因此供求关系渠道不会对中国的物价水平和通货膨胀产生明显的影响。

（5）货币供应渠道。

贸易开放通过货币供应渠道影响通货膨胀的前提条件是存在持续、大量的贸易顺差。从中国对外贸易的发展情况来看，贸易顺差主要源于货物贸易，服务贸易长期处于逆差状态。因此，货物贸易开放可能会通过货币供应渠道对中国的通货膨胀产生一定的正向影响，而服务贸易开放基本上不会通过货币供应渠道对通货膨胀产生影响。

（6）结构效应渠道。

货物贸易开放极大地促进了中国制造业的发展，然而，服务贸易开放对中国服务业的促进作用远不如货物贸易开放对制造业的影响。因此，制造业与服务业发展不平衡的状况有所加剧，对中国通货膨胀的形成产生了结构性压力。

从上述的分析中可以发现，我们可以从进口价格渠道、竞争效应渠道、劳动力市场渠道以及结构效应渠道中找到一些解释货物贸易和服务贸易开放对中国通货膨胀具有不同影响的理由。概括地说，由于进口货物和服务商品的价格一般较国内商品更高，进口比重的上升将导致中国一般物价水平的上升，进而对通货膨胀产生正向的影响。但是，货物贸易开放带来的关税税率的大幅度降低，能够抵消进口比重上升的影响，而服务贸易开放则没有这种效应。货物贸易开放和服务贸易开放对国内竞争程度的影响也是不同的，货物贸易开放导致中国制造业部门竞争程度显著增强，而服务贸易开放对中国服务业部门的竞争程度的影响是相对有限的。同时，货物贸易开放对制造业部门劳动生产率具有显著的促进作用，而服务贸易开放对服务业部门劳动生产率的提高没有太大的作用。这样，货物贸易开放则可能对中国通货膨胀产生显著的负向影响，而服务贸易开放的影响却并不显著。由于中国劳动力的供给结构更加有利于制造业的发展，因此，货物贸易开放并不会造成劳动力短缺，而服务贸易开放会在一定时期和一定程度上造成局部的劳动力短缺。这样，货物贸易开放不会对劳动成本产生显著的影响，而服务贸易开放却会导致劳动力成本的增加，进而对通货膨胀产生正向的影响。制造业和服务业发展的不平衡也是影响中国通货膨胀的重要因素之一，货物贸易开放和服务贸易开放对制造业和服务业的不同作用也加剧了中国制造业和服务业发展不平衡的局面，从而对通货膨胀构成了一定的压力。各方面力量综合作用的结果导致货物贸易开放对通货膨胀水平具有负向的作用，而服务贸易开放对通货膨胀具有正向的作用。

4.3　中国贸易开放与政府政策行为关系的数量研究

通过上一节的研究，我们知道：中国的贸易开放从总体来看对通货膨胀产生了一定的负向作用。同时，我们推测贸易开放对政府政策行为的影响可能在一定程度上能够解释中国贸易开放与通货膨胀水平之间的负向关系。那么，贸易开放是否真的对中国政府的政策行为产生了显著影响呢？贸易开放是增强了还是减弱了中国政府政策行为的纪律性呢？对于这些问题，前文的研究并没有给出经验的证据。本节就对这些问题进行实证的检验，我们希望可以对中国贸易开放与通货膨胀水平的关系有更为深入和准确的理解。

4.3.1　理论基础和假设

在本书的理论部分中，我们证明了在多重目标的约束下，对于政府当局而言的最优通货膨胀率为

$$\pi^{\text{optim}} = \frac{\lambda \theta (y^* - y_n)}{1 + \lambda \theta^2} > 0$$

其中，λ 为损失函数中产出缺口的相对权重，θ 为产出通货膨胀替代关系，y^* 和 y_n 分别为政策制定者的产出目标和自然的产出水平。

根据最优通货膨胀率公式可得：$\dfrac{\partial \pi^{\text{optim}}}{\partial \lambda} = \dfrac{\theta (y^* - y_n)}{(1 + \lambda \theta^2)^2} > 0$，$\dfrac{\partial \pi^{\text{optim}}}{\partial (y^* - y_n)} = \dfrac{\lambda \theta}{1 + \lambda \theta^2} > 0$，而 $\dfrac{\partial \pi^{\text{optim}}}{\partial \theta} = \dfrac{\lambda (1 - \lambda \theta^2)(y^* - y_n)}{(1 + \lambda \theta^2)^2}$ 的符号不确定。由此可知，政策制定者损失函数中产出缺口的相对权重 λ 越大，政策制定者的产出目标与自然的产出水平的差距越大，最优的通货膨胀率越高，政府制造通货膨胀的动机就越大。然而，产出通货膨胀替代关系 θ 与最优通货膨胀率之间的关系并不是简单直接的，还取决于其他参数的大小。于是，我们可以通过考察贸易开放对产出缺口的相对权重 λ 和目标产出缺口（$y^* - y_n$）的影响来考察贸易开放对政府通货膨胀动机的影响，但是我们不能够简单地通过考察贸易开放对产出通货膨胀替代关系 θ 的影响来考察贸易开放对政府通货膨胀动机的影响。因此，本节的检验是基于贸易开放对产出缺口的相对权重 λ 和目标产出缺口（$y^* - y_n$）的影响的。

在现实的经济活动中，人们对政府的政策行为目标并没有完全、充分的信

息。实际上，人们并不知道损失函数中产出缺口的相对权重 λ 以及目标产出缺口 $|\,|$ ($y^* - y_n$) 的大小，人们只能从各种具体的政策及其结果中推测它们的大小。在各种可以观察的政策行为中，货币供应量的变化可能是最为直观和影响最为广泛的。这样，从货币供应量的角度推测政府的政策行为目标可能是最为直接、有效的。一般来说，产出缺口的相对权重 λ 越大，货币供应量越大；目标产出缺口越大，货币供应量越大。但是，货币供应量的变化本身并不能够准确反映政府政策行为目标的变化，因为货币供应量的变化很可能是货币需求变化引起的。因此，超过货币需求的货币供应量的变化更能准确反映政府政策行为目标的变化。现有的文献通常将超过货币需求的货币供应量称为"超额货币"。并且，大多数文献都认为，中国改革开放以来长期存在大量的超额货币。从理论上来说，产出缺口的相对权重 λ 和目标产出缺口 ($y^* - y_n$) 越大，超额货币越多。于是，我们可以通过考察中国超额货币的变化来间接考察政府政策行为目标的变化。

为了检验贸易开放对政府政策行为的影响，我们首先做出以下三个假设，这些假设在理论上是具有合理性的。

假设 1：政府通货膨胀动机的大小取决于最优通货膨胀率的高低；最优通货膨胀率越高，政府的通货膨胀动机就越大。

假设 2：产出缺口的相对权重 λ 和目标产出缺口 ($y^* - y_n$) 越大，最优通货膨胀率越高。

假设 3：超额货币越多，产出缺口的相对权重 λ 和目标产出缺口 ($y^* - y_n$) 越大。

根据假设 1、2、3 可知，超额货币越多，最优通货膨胀率越高，政府的通货膨胀动机越大。于是，我们可以通过检验贸易开放与超额货币的关系来间接考察贸易开放对政府政策行为的影响。如果贸易开放导致超额货币增加，那么贸易开放就会导致政府通货膨胀动机增大；反之则反是。于是，我们可以建立下面的检验模型：

$$\ln em_t = c + \alpha \ln open_t + \beta X_t + \varepsilon_t \tag{4.14}$$

其中，em_t 表示超额货币，$open_t$ 表示贸易开放度，X_t 为控制变量集，ε_t 为随机扰动项，$\ln$ 表示取自然对数。c、α、β 为回归系数（或向量）。如果 $\alpha > 0$，则表明贸易开放度越高，超额货币越多。这说明贸易开放将导致政府通货膨胀动机增大。反之，如果 $\alpha < 0$，则表明贸易开放度越高，超额货币越少。这说明贸易开放将导致政府通货膨胀动机减小。

4.3.2 超额货币的内涵及其度量

现有的文献一般将"超额货币"定义为货币供应量的增长率超过货币需求量的增长率（通常是根据各种理论估计得到的）的部分（注意：这里的超额货币不是从绝对量角度度量货币供应量的充裕程度，而是从增长率的角度度量货币供应量的充裕程度）。如果实际的货币供应量的增长率超过了货币需求量的增长率，则表示出现了"超额货币"现象。

在实际度量超额货币的过程中，度量方法主要有两类。第一类方法认为超额货币等于货币供应量的增长率与经济增长率和通货膨胀率之和的差。第一类方法的理论基础是费雪的交易方程式。根据交易方程式 $MV = PY$ 可得：

$$\frac{dM}{M} = \frac{dP}{P} + \frac{dY}{Y} - \frac{dV}{V}$$

其中，M 表示货币供应量，V 表示货币流通速度，P 表示价格水平，Y 表示实际产出水平（或收入水平）。

传统的货币数量论认为货币流通速度主要由交易制度和支付习惯决定，在短期内是稳定的，可以认为 $\frac{dV}{V} = 0$，则有

$$\frac{dM}{M} = \frac{dP}{P} + \frac{dY}{Y}$$

式（4.17）表明：货币供给量的增长率应该等于经济增长率与通货膨胀率之和。但是，在实际经济运行过程中，货币供给量的增长率往往不等于经济增长率与通货膨胀率之和。因此，学者们就将货币供给量的增长率与经济增长率与通货膨胀率之和的差定义为超额货币，用公式表示如下：

$$em = \frac{dM}{M} - \frac{dP}{P} - \frac{dY}{Y} \tag{4.15}$$

其中，em 表示超额货币。

第一类方法在估计中国超额货币程度的实证研究中得到了广泛应用，如McKinnon（1993）、易纲（1996）、赵东（2000）、伍志文（2003）、江春（2004）、杨召举和张振国（2006）、张文（2008）等均采用第一类方法进行分析。利用第一类方法的估计结果均表明，中国存在比较严重的超额货币供给。令人意外的是，大量的超额货币供给并没有带来严重的通货膨胀。国外学者将其称为"中国之谜"（McKinnon，1993）。学者们提出了各种理论假说来解释中国的"超额货币"现象。比较有名的理论假设包括：价格指数偏低假说、被迫储蓄假说（Feltenstein，1990；Feltenstein & Ha，1991）、货币化假说（易

纲，1996）、虚拟经济货币积聚假说（伍志文，2003）、边际消费倾向递减假说（刘骏，2003）、货币流通速度降低假说等。这些假说都能够在一定程度上解释中国的超额货币现象，但是各种假说都存在明显的局限性。比如，价格指数偏低假说在市场化程度较低的条件下具有合理性，但是，随着市场化程度的提高，官方的价格指数与市场的价格指数差别已经很小。在这种条件下，中国仍然存在大量的超额货币，价格指数偏低假说就不能对此做出合理的解释。货币化假说在经济货币化程度较低的条件下具有合理性，但是，在经济货币化已经较高的时候，该假说的有效性就会显著下降。虽然上述的各种假说都存在这样或那样的缺陷，但是，根据各种假说，我们可以推测中国出现的大量超额货币并非完全都是真正意义上的超额货币，其中一部分已经被货币需求的增长所吸收。

第一类方法最为显著的缺陷是过分强调货币作为商品交易媒介的职能，而忽视货币的其他职能（如财富贮藏）。随着经济金融的发展和金融创新的出现，货币的职能已经大大扩大，居民对货币的需求不再局限于商品交易的需求。根据凯恩斯的理论，人们持有货币的动机主要有三种：交易动机、预防性储蓄动机、投机动机。从中国经济发展和改革开放的实践来看，人们持有货币的各种动机都在增强。首先，随着市场化程度的不断提高，越来越多的商品进入市场交易，这就需要更多的货币来扩大商品交易规模。另外，随着金融市场（特别是股票市场）的发展以及金融产品的创新，市场需要越来越多的货币来支持各种金融交易。其次，随着改革的推进，人们面临的不确定性显著增加，并且许多原来由国家支付的项目费用转为居民个人支付。因此，人们出于预防性储蓄动机的货币需求不断扩大。再次，随着资本市场的发展和扩大，人们可以选择投资的金融产品越来越多。因此，出于投机动机的货币需求也会不断扩大。当然，还有许多其他因素导致货币需求不断扩大，如人民币国际化程度提高等。正是因为第一类方法忽视了经济发展和金融创新对货币需求的影响，利用第一类方法计算的超额货币通常会高估中国的"超额货币"问题。

针对第一类方法存在的缺陷，学者们提出第二类方法来度量超额货币。该类方法可以简单表述为：用更为复杂的货币需求函数来估计理论上的货币需求量，进而计算实际的货币供应量增长率与理论上的货币需求量增长率之差。第二类方法与第一类方法的主要区别在于：这类方法不仅考虑了货币的商品交易需求，而且考虑了货币的其他需求（预防性储蓄需求和投机需求）。王昭祥和高永伟（2006）在考虑国内生产总值之外，还考虑了金融资产量对货币需求的影响。研究表明：1984—2004 年，M1 层次的货币不存在"超额货币"，M2

层次的货币存在不明显的"超额货币"现象。宋健（2010）除了考虑实际产出和价格水平外，还引入了利率变量来反映金融资产投资对货币需求的影响。研究表明：1979—2007年，在货币供给量M2中，中国的确存在着较大规模的超额货币。第二类方法的优点是考虑了货币需求的其他方面，估计结果可能更为准确。第二类方法的缺点是：虽然使用了更为复杂的货币需求函数，但是仍不可能将所有影响货币需求的因素都考虑进去。因此，选择不同形式的货币需求函数可能会得出不同、甚至完全相反的结论。

这里同时选取两类方法估计的中国超额货币，将利用第一类方法估计的超额货币设定为 $em1_t$，计算公式为

$$em1_t = g_t^m - g_t^y - \pi_t \qquad (4.16)$$

其中，g_t^m 表示货币供应量的增长率，g_t^y 表示实际GDP的增长率，π_t 表示通货膨胀率。

我们将利用第二类方法估计的超额货币设定为 $em2_t$，本书使用宋健（2010）的方法来估计超额货币。利用第二类方法来计算超额货币的基础是估计货币需求函数。然而，随着经济和金融的发展，影响货币需求的主要因素很可能不断发生变化。因此，货币需求函数形式的选择应该随着经济和金融的发展水平而有所变化，即使选择相同的货币需求函数形式，回归系数的稳定性也值得怀疑。宋健（2010）的研究在一定程度上克服了货币需求函数的参数稳定性的问题。参照宋健（2010）的方法，我们首先利用AO方法检验M2的货币流通速度（M2/GDP）的结构突变点，并在此基础上对中国的货币需求函数进行分段回归，估计出不同时期的货币需求函数，进而计算出超额货币的程度。

利用AO方法对1980—2020年M2的货币流通速度的结构突变性进行检验，结果见图4.4。由图4.4可知，货币流通速度在2008年发生了结构突变。因此，下面分别利用1980—2008年以及2009—2020年的数据估计如下的货币需求函数。

$$\ln M2_t - \ln CPI_t = \alpha + \alpha_0 \, Dum_t + \beta_1 \ln RGDP_t + \gamma_1 \, RI_t +$$
$$\beta_2 \, Dum_t \ln RGDP_t + \gamma_2 \, Dum_t RI_t + \varepsilon_t \qquad (4.17)$$

利用ADF方法对模型（4.17）中的各变量进行平稳性检验，结果见表4.12。检验结果表明部分变量是一阶单整的，而部分变量是平稳的。利用Johansen方法对模型（4.17）中各变量协整进行检验，结果表明，各变量间存在协整关系。协整方程的估计结果如下。（注：括号内的数字为t统计量）

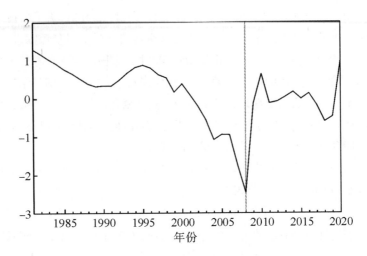

图 4.4　货币流通速度 AO 检验结果

$$\ln \widehat{M2}_t = -4.519\,0 + 4.898\,6\,\mathrm{Dum}_t + 0.911\,4\ln \mathrm{RGDP}_t - 0.000\,2\,\mathrm{RI}_t$$
$$\qquad\qquad (-17.819\,6)\qquad\quad (2.686\,0)\qquad\quad (37.990\,1)$$
$$-\,0.337\,0\,\mathrm{Dum}_t\ln \mathrm{RGDP}_t - 0.017\,8\,\mathrm{Dum}_t\mathrm{RI}_t + \ln \mathrm{CPI}_t \qquad\qquad (4.18)$$
$$\quad (-0.023\,4)\qquad\qquad (-2.449\,9)\qquad (-0.780\,8)$$

利用上述的协整方程可以估计出均衡状态下的货币需求。在此基础上，我们可以计算出相应的超额货币，计算公式如下。

$$\mathrm{em2}_t = g_t^{\mathrm{rm}} - g_t^{\mathrm{em}} \qquad\qquad (4.19)$$

其中，$\mathrm{em2}_t$ 为超额货币，g_t^{rm} 为 M2 的实际增长率，g_t^{em} 为 M2 的均衡增长率。g_t^{rm} 根据 1982—2020 年实际的 M2 计算得到，g_t^{em} 根据式（4.19）估计的 M2 计算得到。

为了直观地观察中国超额货币的变化情况，这里将两种方法估计的超额货币变化情况绘图如下（图 4.5）。由图 4.5 可知，两类方法估计的超额货币及其变动情况非常相似。

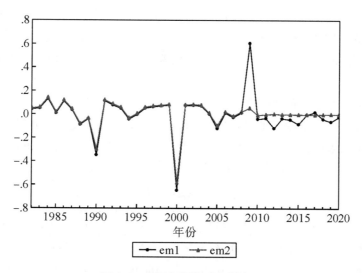

图 4.5　中国超额货币变化情况

4.3.3　贸易开放与超额货币关系的定量检验

（1）模型与变量。

为检验贸易开放与超额货币的关系，我们设定如下的模型。

$$em1_t = \alpha_0 + \alpha_1 \Delta lnopen_t + \beta_1 X_t + \beta_2 lnopen_t X_t + \varepsilon_t \tag{4.20}$$

$$em2_t = \alpha_0 + \alpha_1 \Delta lnopen_t + \beta_1 X_t + \beta_2 lnopen_t X_t + \varepsilon_t \tag{4.21}$$

为了使研究结论更为可靠，这里分别选取两类方法估计的超额货币作为被解释变量进行回归。$open_t$ 为贸易开放度，我们选取三种贸易开放度指标：总体综合贸易强度（CTI）、综合货物贸易强度（CTI1）和综合服务贸易强度（CTI2）。X_t 为控制变量。由于超额货币与经济形势通常存在密切的联系，经济过度扩张往往伴随着货币的过度扩张。因此，在经济周期的不同阶段，超额货币也可能呈现周期性波动。在经济繁荣时期，超额货币通常较多；在经济萧条时期，超额货币通常较少。为了控制经济周期对超额货币的影响，本书使用实际 GDP 缺口（实际 GDP 减去其趋势值/实际 GDP 的趋势值）作为经济周期的代理变量，设为 cy。另外，由于经济周期对超额货币的影响存在一定滞后效应，所以这里在模型（4.20）和模型（4.21）中增加经济周期的滞后变量，构建如下模型。

$$em1_t = \alpha_0 + \alpha_1 \Delta lnopen_{t-1} + \beta_1 cy_t + \beta_2 cy_{t-1} +$$
$$\beta_3 lnopen_{t-1} cy_{t-1} + \varepsilon_t \tag{4.22}$$

$$em2_t = \alpha_0 + \alpha_1 \Delta lnopen_{t-1} + \beta_1 cy_t + \beta_2 cy_{t-1}$$

$$+ \beta_3 \text{lnopen}_{t-1} \, cy_{t-1} + \varepsilon_t \qquad (4.23)$$

模型（4.22）和模型（4.23）既可以考察贸易丌放度对超额货币的直接影响（通过系数 α_1 反映），又可以考察贸易开放度对超额货币的间接影响（通过系数 β_3 反映）。

（2）变量的平稳性检验。

利用 ADF 方法对模型（4.22）和模型（4.23）中各变量序列的平稳性进行检验的结果见表4.12。由表4.12以及前文的检验结果可知，在1%的显著性水平下，模型中各变量序列均为平稳。

表 4.12　变量的平稳性检验

变量	ADF 统计量	P 值	变量	ADF 统计量	P 值
lnM2	−1.830 4	0.360 8	ΔlnM2	−3.393 2	0.017 3
lnCPI	−2.354 5	0.161 1	ΔlnCPI	−3.452 1	0.015 1
lnRGDP	−0.694 6	0.836 6	ΔlnRGDP	−7.016 8	0.000 0
RI	−3.749 1	0.006 9	ΔlnCTI1	−4.861 5	0.000 3
em1	−6.445 9	0.000 0	ΔlnCTI2	−6.713 6	0.000 0
em2	−6.702 7	0.000 0	lnCTI $*$ cy	−3.970 7	0.003 9
cy	−3.945 9	0.004 2	lnCTI1 $*$ cy	−3.897 4	0.004 8
ΔlnCTI	−4.773 4	0.000 4	lnCTI2 $*$ cy	−4.780 6	0.000 4

注：表中给出的是有常数项、无趋势项的检验结果。

（3）模型估计结果分析。

利用 OLS 方法对模型（4.22）进行估计，结果见表4.13。表4.13 中的估计结果表明，当被解释变量为 em1 时，无论选择哪种贸易开放度指标，$\Delta\text{lnopen}_{t-1}$ 的系数均为负，但是在统计上并不显著。这意味着贸易开放度的提高可能对超额货币 em1 具有统计上不显著的负向影响。$\text{lnopen}_{t-1} \, cy_{t-1}$ 系数估计值均为负，也不会因为贸易开放度指标选择而有所不同，只是显著性水平略有不同。当选择总体综合贸易强度和综合货物贸易强度作为贸易开放度指标时，$\text{lnopen}_{t-1} \, cy_{t-1}$ 的系数在5%的水平下显著，而当选择综合服务贸易强度作为贸易开放度指标时，$\text{lnopen}_{t-1} \, cy_{t-1}$ 的系数在统计上并不显著。另外，cy_t 的系数显著为负，cy_{t-1} 的系数显著为正，这表明当期的产出缺口对超额货币 em1 具有显著的负向影响，而滞后一期的产出缺口对超额货币 em1 具有显著的正向影响。综合 $\text{lnopen}_{t-1} \, cy_{t-1}$ 和 cy_{t-1} 的系数估计值可知，贸易开放度越高，滞后一期的产出缺口对超额货币的正向影响越小。在产出缺口相同的情况下，贸易开放度越高，超额货币越少，通货膨胀率越低。由此可以认为，贸易开放度对超额货币可能没有显著的直接影响，但是具有显著的间接影响。总体来看，贸易开放可能通过超额货币对通货膨胀水平产生负向影响。

表 4.13　模型 (4.22) 的估计结果 (被解释变量: em1)

模型	(1)	(2)	(3)
常数项	−0.024 7* (−1.736 3)	−0.022 3 (−1.576 6)	−0.018 0 (−0.828 6)
$\Delta \ln open_{t-1}$	−0.024 2 (−0.451 3)	−0.005 7 (−0.179 7)	−0.009 5 (−0.298 5)
cy_t	−0.939 7*** (−6.957 8)	−0.927 4*** (−7.165 1)	−0.929 4*** (−5.876 2)
cy_{t-1}	2.094 1*** (3.791 8)	2.138 5*** (4.162 2)	1.025 0*** (9.142 4)
$\ln open_{t-1} \, cy_{t-1}$	−0.577 6** (−2.094 4)	−0.576 7** (−2.302 7)	−0.117 8 (−1.087 3)

注：(1) 列中贸易开放度指标选取综合贸易强度 (CTI)，(2) 列中贸易开放度指标选取综合货物贸易强度 (CTI1)，(3) 列中贸易开放度指标选取综合服务贸易强度 (CTI2)；括号内为 t 统计量，t 统计量是根据 Newey-West HAC 方法修正的标准差计算的；*、**、*** 分别表示在 10%、5%、1% 的显著性水平下显著。

利用 OLS 方法对模型 (4.23) 进行估计，结果见表 4.14。表 4.14 的结果与表 4.13 的结果类似。当被解释变量为 em2 时，无论选择哪种贸易开放度指标，$\Delta \ln open_{t-1}$ 的系数均为负，但是在统计上并不显著。这意味着贸易开放度的提高对超额货币可能具有统计上不显著的负向影响。$\ln open_{t-1} \, cy_{t-1}$ 系数估计值均为负，也不会因为贸易开放度指标选择而有所不同，只是显著性水平略有不同。当选择总体综合贸易强度和综合货物贸易强度作为贸易开放度指标时，$\ln open_{t-1} \, cy_{t-1}$ 的系数在 5% 的水平下显著，而当选择综合服务贸易强度作为贸易开放度指标时，$\ln open_{t-1} \, cy_{t-1}$ 的系数在统计上并不显著。另外，cy_t 的系数显著为负，cy_{t-1} 的系数显著为正，这同样表明当期的产出缺口对超额货币 em1 具有显著的负向影响，而滞后一期的产出缺口对超额货币 em1 具有显著的正向影响。综合 $\ln open_{t-1} \, cy_{t-1}$ 和 cy_{t-1} 的系数估计值可知，贸易开放度越高，滞后一期的产出缺口对超额货币的正向影响越小。在产出缺口相同的情况下，贸易开放度越高，超额货币越少，通货膨胀率越低。由此同样可以认为，贸易开放度对超额货币可能没有显著的直接影响，但是具有显著的间接影响。总体来看，贸易开放可能通过超额货币对通货膨胀水平产生负向影响。

表 4.14　模型（4.23）的估计结果（被解释变量：em2）

模型	（1）	（2）	（3）
常数项	−0.014 9 ** (−2.204 8)	−0.013 3 * (−1.914 2)	−0.010 9 (−1.211 0)
$\Delta \ln open_{t-1}$	0.014 1 (0.525 5)	0.012 6 (0.648 9)	0.011 2 (0.559 4)
cy_t	−0.706 5 *** (−6.914 3)	−0.698 7 *** (−7.003 3)	−0.695 3 *** (−6.840 4)
cy_{t-1}	1.389 0 *** (6.259 4)	1.425 4 *** (7.080 3)	0.902 3 *** (7.813 3)
$\ln open_{t-1}\ cy_{t-1}$	−0.259 5 ** (−2.614 8)	−0.266 2 *** (−2.999 5)	−0.048 2 (−1.018 1)

注：（1）列中贸易开放度指标选取综合贸易强度（CTI），（2）列中贸易开放度指标选取综合货物贸易强度（CTI1），（3）列中贸易开放度指标选取综合服务贸易强度（CTI2）；括号内为 t 统计量，t 统计量是根据 Newey−West HAC 方法修正的标准差计算的；*、**、*** 分别表示在 10%、5%、1%的显著性水平下显著。

　　综上可知，贸易开放对超额货币的影响，既不取决于超额货币的计算方法，也不取决于贸易开放度指标的选择。估计结果表明，从总体来看，贸易开放对中国的超额货币具有显著的负向影响，并且这种负向影响主要表现为：超额货币对产出缺口的敏感程度随贸易开放度的提高而降低，贸易开放度的变化对超额货币的直接影响并不显著。对比综合货物贸易强度和综合服务贸易强度的估计可知，综合货物贸易强度对超额货币具有显著的负向影响，而综合服务贸易强度对超额货币的负向影响并不显著。由此可以推测，贸易开放对超额货币的负向影响主要是由货物贸易开放引起的，服务贸易对超额货币的影响较为有限。由此可知，贸易开放可能导致中国货币政策的纪律性增强，进而对通货膨胀产生负向的影响。上述的研究还表明，货物贸易开放和服务贸易开放对超额货币的影响方向是相同的。这一结论证实了上一节中的猜测，即不能从货物贸易和服务贸易开放对政府政策行为的影响角度解释货物贸易开放和服务贸易开放对通货膨胀水平的不同影响。本节的研究结论仅仅有助于解释对外贸易总体开放和货物贸易开放对通货膨胀水平的负向作用。

4.4 中国贸易开放竞争效应对通货膨胀影响的数量研究

贸易开放可以通过多种渠道影响通货膨胀，本节主要研究贸易开放的竞争效应渠道。贸易开放一般会导致市场竞争的加剧，日益加剧的竞争会对企业行为产生重大的影响，企业不再简单地通过提高产品价格来维持其利润水平。面对激烈的市场竞争，企业采取的应对措施通常有两种：提高生产率和降低成本加成率。因此，贸易开放通过竞争效应渠道对通货膨胀的影响主要有两种。一种影响是通过生产率的增长实现的。贸易开放带来的竞争通常会促进生产率的提高，生产率的提高会降低产出的单位成本，从而在给定成本加成率的条件下，降低产出的价格。另一种影响是通过弱化各市场主体的定价能力实现的。贸易开放通常也会减弱劳动力的垄断供应者和商品市场上垄断竞争者的市场力量，使其定价能力减弱。这样，日益加剧的市场竞争往往会导致工资增长率和成本加成率的降低，进而对通货膨胀产生抑制的作用。那么，中国的贸易开放是否会对企业的生产率和成本加成率产生显著的影响呢？如果答案是肯定的，那么贸易开放是否真的会促使企业生产率的提高和成本加成比率的降低呢？回答这些问题，对于正确认识贸易开放对中国通货膨胀水平的影响具有重要的意义。

4.4.1 理论模型

假设企业采用最简单的加成定价法则，即在平均成本（或边际成本）的基础上加上一个固定的比率，其用公式表示如下。

$$P = (1 + \mu)\mathrm{UC} \tag{4.24}$$

其中，P 为产出的价格，UC 为产出的单位成本，μ 为成本加成比率。

假定企业的生产函数满足柯布-道格拉斯函数，即

$$Y = A K^{\alpha} L^{\beta} \tag{4.25}$$

其中，Y 表示产出的增加值，K 表示资本投入，L 表示劳动力投入，A 表示技术水平。

由生产函数（4.20）可以求出劳动生产率（单位劳动的产出水平）为

$$\frac{Y}{L} = A \left(\frac{K}{L}\right)^{\alpha} (L)^{\alpha+\beta-1} \tag{4.26}$$

假设劳动力价格（即工资）为 wage ，则产出的单位劳动力成本为

$$\frac{wage}{Y/L} = \frac{wage}{A \ (K/L)^\alpha \ (L)^{\ \alpha+\beta-1}} \qquad (4.27)$$

由于这里 Y 表示的是产出的增加值，没有考虑中间投入品的成本，所以单位劳动成本可以看作产出增加值的单位成本，于是有

$$UC = \frac{wage}{Y/L} = \frac{wage}{A \ (K/L)^\alpha \ (L)^{\ \alpha+\beta-1}} \qquad (4.28)$$

根据式（4.24）和式（4.28）可知：

$$P = (1 + \mu) \frac{wage}{Y/L} \qquad (4.29)$$

式（4.29）表明产出的价格水平主要由三种因素决定：成本加成比率、工资水平和劳动生产率[①]。在保持其他因素不变的情况下，成本加成比率和工资水平越高，产出的价格水平越高；劳动生产率越高，产出的价格水平越低。因此，贸易开放可能通过三种途径（成本加成比率、工资水平和劳动生产率）对价格产生影响。由于中国劳动力市场的发展滞后于商品市场的发展，工资的市场化程度相对较低，受贸易开放的影响较小，所以，这里暂不考虑贸易开放对工资水平的影响，仅仅考虑其他两种途径。如果贸易开放导致成本加成比率增大，那么，在保持其他条件不变的情况下，贸易开放就会对物价水平和通货膨胀产生正向的作用；反之，则产生负向的作用。如果贸易开放导致劳动生产率提高，那么，在保持其他条件不变的情况下，贸易开放就会对物价水平和通货膨胀具有负向的作用；反之，则具有正向的作用。

为了检验贸易开放对成本加成比率和劳动生产率的影响，我们需要对成本加成比率和劳动生产率的决定模型进行设定。

首先，假设成本加成比率的决定模型为

$$u = a_0 + b open + \gamma X \qquad (4.30)$$

其中，$u = 1 + \mu$ 反映成本加成比率，open 为贸易开放度，X 为影响成本加成比率的其他因素。a_0、b、γ 为回归系数。系数 b 的符号和大小决定了贸易开放度对成本加成比率的作用方向和影响程度。

不幸的是，在现实的经济中，我们并不清楚成本加成比率到底是多少，只能通过估计获得。如果成本加成比率的估计出现了偏差，那么，最终得出的关于贸易开放与成本加成比率关系的结论可能就不可靠。因此，这里并不直接估

---

① 需要特别指出的一点是，本节的分析均未考虑中间投入品的价格。

计成本加成率，而是利用成本加成率决定模型与生产函数推导出一个可以估计成本加成比率决定模型系数的方程，并通过估计这一方程来判断贸易开放与成本加成比率之间的关系。

根据生产函数（4.25）可知：

$$\frac{\mathrm{d}Y}{Y} = \frac{\mathrm{d}A}{A} + \alpha \frac{\mathrm{d}K}{K} + \beta \frac{\mathrm{d}L}{L} \qquad (4.31)$$

如果用 θ^L 表示劳动的收入份额，那么，在非完全竞争状态下，可知：

$$\beta = (1 + \mu)\ \theta^L = u\ \theta^L \qquad (4.32)$$

将式（4.32）代入式（4.31）可得：

$$\frac{\mathrm{d}Y}{Y} = \frac{\mathrm{d}A}{A} + \alpha \frac{\mathrm{d}K}{K} + u\ \theta^L \frac{\mathrm{d}L}{L} \qquad (4.33)$$

进一步将式（4.30）代入式（4.33）可得：

$$\frac{\mathrm{d}Y}{Y} = \frac{\mathrm{d}A}{A} + \alpha \frac{\mathrm{d}K}{K} + (a_0 + b\mathrm{open} + \gamma X)\ \theta^L \frac{\mathrm{d}L}{L} \qquad (4.34)$$

利用式（4.34）可以估计出贸易开放度的系数 b。然而，由于我们不能直接观察到技术进步率（$\frac{\mathrm{d}A}{A}$），如果直接对式（4.34）进行回归处理，将面临内生性的问题，因为技术水平很有可能与要素投入 L、K 有相关性。因此，如果不控制技术进步率，将会对参数产生有偏的估计。为了纠正可能发生的有偏估计，这里通过引入由 Malmquist 指数计算得来的技术进步率来控制不可观察的技术进步率，这样可以解决内生性的问题。于是，式（4.34）可以变化为

$$\frac{\mathrm{d}Y}{Y} = c + \mathrm{TP} + \alpha \frac{\mathrm{d}K}{K} + (a_0 + b\mathrm{open} + \gamma X)\ \theta^L \frac{\mathrm{d}L}{L} \qquad (4.35)$$

其中，TP 是以数据包络分析为基础的由 Malmquist 指数计算得来的技术进步率。通过估计方程式，我们可以得到成本加成比率模型中的系数。于是，我们可以根据估计结果得出贸易开放与成本加成比率的关系。

其次，为了获得可以估计的贸易开放与劳动生产率关系模型，我们假定技术水平决定公式为

$$\ln A = c + \alpha \ln \mathrm{open} + \delta \ln X \qquad (4.36)$$

其中，A 表示技术水平，open 表示贸易开放度，X 为影响技术水平的其他因素。

对式（4.26）取对数可得：

$$\ln\left(\frac{Y}{L}\right) = \ln A + \alpha \ln\left(\frac{K}{L}\right) + (\alpha + \beta - 1)\ln L \qquad (4.37)$$

由式（4.36）和式（4.37）可得：

$$\ln\left(\frac{Y}{L}\right) = c + \alpha \text{lnopen} + \delta \ln X + \alpha \ln\left(\frac{K}{L}\right) + (\alpha + \beta - 1)\ln L \qquad (4.38)$$

通过估计式（4.38）可以得出贸易开放度与劳动生产率的关系。如果 lnopen 的系数 α 大于零，则表明贸易开放度越高，劳动生产率越高。因此，贸易易开放将导致劳动生产率的提高；反之，贸易开放将导致劳动生产率的降低。

4.4.2 中国贸易开放与成本加成率关系的实证检验

利用式（4.35）检验贸易开放与成本加成率关系的前提条件是估计出技术进步率，因此，本部分首先利用数据包络分析（DEA）中 Malmquist 指数方法来估计中国改革开放以来的技术进步率；然后，在此基础上检验贸易开放与成本加成比率的关系。

（1）技术进步率的估计——基于 Malmquist 指数。

Malmquist 指数是在距离函数的基础上定义出来的，反映了生产决策单位与生产前沿之间的距离，是目前广泛采用的生产率变化的测度方法。Malmquist 指数最初由 Malmquist（1953）提出，Caves 等（1982）首次将 Malmquist 指数应用于生产率变化的测算。此后，Malmquist 与 Charnes 等（1978）建立的 DEA 理论相结合，在生产率测算中的应用日益广泛。在实证分析中，研究者普遍采用 Fare 等（1994）构建的基于 DEA 的 Malmquist 指数。

以 t 时期技术水平 $T(t)$ 为参照，基于产出的 Malmquist 生产率指数可以表示为

$$M_0^t = D_0^t(x^{t+1},\ y^{t+1}) / D_0^t(x^t,\ y^t) \qquad (4.39)$$

以 $t+1$ 时期技术水平 $T(t+1)$ 为参照，基于产出的 Malmquist 生产率指数可以表示为

$$M_0^{t+1} = D_0^{t+1}(x^{t+1},\ y^{t+1}) / D_0^{t+1}(x^t,\ y^t) \qquad (4.40)$$

其中，D_0 表示基于产出的距离函数。$(x^{t+1},\ y^{t+1})$、$(x^t,\ y^t)$ 分别表示时期 $t+1$ 和时期 t 的投入和产出向量。

为了避免时期选择的随意性可能导致的差异，Caves 等（1982）提出用上述两式的几何平均数值作为从时期 t 到时期 $t+1$ 生产率变化的 Malmquist 指数，即

$$\text{MI} = \left[\frac{D_0^t(x^{t+1},\ y^{t+1})}{D_0^t(x^t,\ y^t)} \times \frac{D_0^{t+1}(x^{t+1},\ y^{t+1})}{D_0^{t+1}(x^t,\ y^t)} \right]^{1/2} \qquad (4.41)$$

这里采用两种投入、一种产出的模型来估计中国的技术进步率。两种投入分别是资本和劳动力，一种产出是总产出。其中，总产出用实际 GDP 反映。劳动力投入用年末从业人员数度量，资本投入用资本存量反映。章祥荪、贵斌威（2008）利用 Malmquist 指数法对中国 30 个省份的 1979—2005 年全要素生产率变动进行了测算，并在此基础上计算出了全国的全要素生产率的变化。计算的方法是：将各省的 Malmquist 指数以 GDP 为权重通过几何平均方法得到全国的 Malmquist 指数。为了节省工作量，本书直接利用章祥荪、贵斌威（2008）对全国 1979—2005 年的 Malmquist 指数估计结果，这里仅仅利用与章祥荪、贵斌威（2008）相同的方法估计中国 2006—2020 年的 Malmquist 指数。

①数据处理及来源。

本书用各省从业人员作为劳动力投入指标，用固定资本存量作为资本投入指标，用实际 GDP 作为总产出指标。从业人员和实际 GDP 的数据都从历年的《中国统计年鉴》中得到或通过简单的计算得到。固定资本存量的数据的获得相对比较困难，这里采用郭庆旺、贾俊雪（2005）的计算方法，其计算公式为

$$K_t = \frac{I_t}{P_t} + (1 - \delta) K_{t-1} \tag{4.42}$$

其中，K_t 为 t 年的实际资本存量，K_{t-1} 为 $t-1$ 年的实际资本存量，P_t 为价格指数，δ 为固定资产的折旧率，I_t 为 t 年名义固定资产投资。本书利用张军等（2004）估计的各省 2000 年的物质资本存量作为计算各年份资本存量的基础，固定资产的折旧率 δ 假定为 5%。与王小鲁、樊刚（2000）的假定相同，本书利用固定资产投资价格指数将名义固定资产投资折算为以 2000 年的价格水平表示的实际固定资产投资。固定资产投资及其价格指数的数据源于历年《中国统计年鉴》。

②估计结果。

本书利用 deap 软件对中国 30 个省份 2006—2017 年的技术进步率（Malmquist 指数）进行估计，估计结果见附表四。根据估计结果，我们可以计算出全国的技术进步率，计算方法包括两步：第一步将各省指数以 GDP 为权重通过几何平均方法得到全国指数；第二步将全国指数减去 1 然后乘以 100 得到技术进步率。由于数据量较大，技术进步率的估计结果未给出，如有需要可联系作者索取。

（2）贸易开放与成本加成率关系的定量检验。

①计量模型。

本书利用如下的模型检验贸易开放与成本加成率的关系。

$$\frac{\mathrm{d}Y_t}{Y_{t-1}} = c + \beta \mathrm{TP}_t + \alpha \frac{\mathrm{d}K_t}{K_{t-1}} + (\alpha_0 + b\,\mathrm{open}_t + \gamma X_t)\,\theta^L \frac{\mathrm{d}L_t}{L_{t-1}} + \varepsilon_t \quad (4.43)$$

其中，$\dfrac{\mathrm{d}Y_t}{Y_{t-1}}$ 表示实际 GDP 的增长率，TP_t 表示根据 Malmquist 指数计算的技术进步率，$\dfrac{\mathrm{d}K_t}{K_{t-1}}$ 表示资本存量的增长率，$\dfrac{\mathrm{d}L_t}{L_{t-1}}$ 表示劳动力投入的增长率，open_t 表示贸易开放度，θ^L 表示劳动的收入份额，X_t 为影响成本加成率的控制变量。

②变量说明与数据来源。

本书利用 GDP 缩减指数将各年份的名义 GDP 折算为以 1978 年价格水平计价的 GDP 来表示实际 GDP。劳动力投入用各年份年底的从业人员来表示。贸易开放度用上文中计算的综合货物贸易强度、综合服务贸易强度以及对外贸易总体综合贸易强度来表示。劳动的收入份额等于职工工资总额除以 GDP 再乘以 100。实际 GDP、年末从业人员数以及劳动的收入份额的相关数据来源于中国经济信息网统计数据库，具体数据见表 4.15。

资本存量的增长率用固定资本存量的增长率表示。其中，1982—2004 年的资本存量数据源于郭庆旺、贾俊雪（2005）《中国全要素生产率的估算：1979—2004》，2005—2019 年的资本存量数据根据公式（4.42）计算得到，固定资产投资及其价格指数数据源于中国经济信息网统计数据库影响成本加成率的因素很多，比如市场的垄断程度、供求关系等。由于数据的可获得性的限制，许多因素都不能引入模型。这里仅仅利用市场化程度作为成本加成率影响因素的代理变量。之所以选择市场化程度，是因为该变量能够综合反映影响成本加成率的各种因素。目前已经有了多种衡量市场化程度的方法，本书参考樊纲和王小鲁（2003）的研究方法。樊纲和王小鲁认为，所谓"市场化"是我们正在进行的从计划经济向市场经济进行体制转轨的过程。他们采用了 5 个方面 25 项细化指标衡量中国各省市的市场化程度。因为本书的目的不是精确计算中国的市场化程度，所以本书仅仅选用其中的一个方面，即非国有经济的发展。衡量非国有经济的发展程度包括 3 个指标：（a）非国有经济在工业总产值中的比重（$x1$）；（b）非国有经济在全社会固定资产投资中所占的比重（$x2$）；（c）非国有经济就业人数占城镇总就业人数的比例（$x3$）。各指标的权重分别是：0.288、0.377 和 0.335。相关数据见表 4.16。

表 4.15 贸易开放度与成本加成率关系模型的相关数据

年份	实际 GDP /亿元	GDP 增长率 /%	资本存量 /亿元	资本 增长率 /%	从业 人员数 /万人	从业 人员数 增长率 /%	劳动的 收入 份额 /%	技术 进步率 /%
1982	4 890.83	9.02	6 700.4	14.82	45 295	3.59	16.41	5.07
1983	5 417.62	10.77	7 794.1	16.32	46 436	2.52	15.52	4
1984	6 240.55	15.19	9 123.9	17.06	48 197	3.79	15.57	4.4
1985	7 078.55	13.43	10 893.4	19.39	49 873	3.48	15.20	−1.9
1986	7 712.39	8.95	12 877.9	18.22	51 282	2.83	16.00	4.24
1987	8 611.10	11.65	14 889.5	15.62	52 783	2.93	15.45	0.83
1988	9 577.50	11.22	16 957.5	13.89	54 334	2.94	15.26	1.63
1989	9 980.68	4.21	18 431.3	8.69	55 329	1.83	15.24	−0.76
1990	10 371.73	3.92	19 783.6	7.34	64 749	17.03	15.64	2.79
1991	11 332.60	9.26	21 428.6	8.31	65 491	1.15	15.10	1.7
1992	12 944.61	14.22	23 813.8	11.13	66 152	1.01	14.49	5.71
1993	14 741.65	13.88	27 064.5	13.65	66 808	0.99	13.78	5.3
1994	16 663.41	13.04	30 770.9	13.69	67 455	0.97	13.69	−0.18
1995	18 488.78	10.95	34 712.5	12.81	68 065	0.90	13.13	1.6
1996	20 323.35	9.92	38 966.8	12.26	68 950	1.30	12.48	1.71
1997	22 200.59	9.24	43 547.6	11.76	69 820	1.26	12.05	1.72
1998	23 942.45	7.85	48 916.7	12.33	70 637	1.17	11.20	0.95
1999	25 777.02	7.66	54 518.2	11.45	71 394	1.07	11.21	−0.13
2000	27 965.48	8.49	60 400.8	10.79	72 085	0.97	10.92	0.57
2001	30 296.67	8.34	67 044.9	11.00	72 797	0.99	11.01	0.53
2002	33 063.79	9.13	74 964.9	11.81	73 280	0.66	11.20	−0.54
2003	36 382.71	10.04	84 902.1	13.26	73 736	0.62	11.16	−1.04
2004	40 062.15	10.11	95 584.3	12.58	74 264	0.72	10.88	−1.93
2005	44 627.05	11.39	108 771.06	13.80	74 647	0.52	11.01	−2.27
2006	50 304.02	12.72	124 658.48	14.61	74 978	0.44	11.06	0
2007	57 462.77	14.23	143 313.47	14.96	75 321	0.46	10.91	0.1
2008	63 008.41	9.65	164 074.47	14.49	75 564	0.32	11.05	0
2009	68 930.38	9.40	191 840.73	16.92	75 828	0.35	11.56	−0.4

表4.15(续)

年份	实际GDP/亿元	GDP增长率/%	资本存量/亿元	资本增长率/%	从业人员数/万人	从业人员数增长率/%	劳动的收入份额/%	技术进步率/%
2010	76 261.66	10.64	224 050.58	16.79	76 105	0.37	11.47	12
2011	83 545.48	9.55	255 636.41	14.10	76 196	0.12	12.29	0.1
2012	90 115.27	7.86	292 781.50	14.53	76 254	0.08	13.17	−0.8
2013	97 113.63	7.77	336 337.69	14.88	76 301	0.06	15.69	−1.3
2014	104 324.99	7.43	385 219.32	14.53	76 349	0.06	15.98	−0.1
2015	111 670.99	7.04	438 643.04	13.87	76 320	−0.04	16.26	0
2016	119 319.00	6.85	494 956.72	12.84	76 245	−0.10	16.09	0.4
2017	127 608.22	6.95	548 748.78	10.87	76 058	−0.25	15.61	0.9
2018	136 221.53	6.75	600 223.82	9.38	75 782	−0.36	15.39	1
2019	144 327.54	5.95	651 078.69	8.47	75 447	−0.44	15.64	0.4

数据来源：实际GDP、年末从业人员数以及劳动的收入份额数据源于中国经济信息网统计数据库；1982—2004年的资本存量数据源于郭庆旺、贾俊雪（2005）《中国全要素生产率的估算：1979—2004》，2005年及以后的资本存量数据利用公式计算得到；1979—2005年的技术进步率数据源于章祥荪、贵斌威（2008）《中国全要素生产率分析：Malmquist指数法评述与应用》，2005年以后的技术进步率数据是作者采用章祥荪、贵斌威（2008）的方法计算得到的；劳动的收入份额等于职工工资总额除以GDP。

表4.16 市场化程度相关数据

年份	$x1$	$x2$	$x3$	市场化程度/%	年份	$x1$	$x2$	$x3$	市场化程度/%
1982	25.55	31.30	23.50	27.03	2000	52.66	49.86	65.00	55.74
1983	26.65	33.43	23.83	28.26	2001	55.57	52.69	68.09	58.68
1984	30.91	35.34	18.95	28.57	2002	59.22	56.60	71.09	62.21
1985	35.14	33.92	27.25	32.04	2003	62.46	59.77	73.18	65.04
1986	37.72	33.37	27.14	32.54	2004	64.76	62.21	74.66	67.12
1987	40.27	35.42	26.94	33.98	2005	62.33	63.37	76.26	67.39
1988	43.20	36.47	26.63	35.11	2006	68.76	66.22	77.29	70.66
1989	43.94	36.33	26.44	35.21	2007	70.46	67.29	78.11	71.83

表4.16(续)

年份	x1	x2	x3	市场化程度/%	年份	x1	x2	x3	市场化程度/%
1990	45.39	33.89	39.29	39.01	2008	71.63	66.31	78.66	71.98
1991	43.83	33.62	38.94	38.34	2009	75.32	61.66	80.73	71.98
1992	48.48	31.95	39.03	39.08	2010	74.37	61.93	81.21	71.97
1993	53.05	39.37	40.20	43.59	2011	73.80	65.45	81.38	73.19
1994	62.66	43.58	39.88	47.84	2012	74.90	65.84	81.66	73.75
1995	66.03	45.56	40.86	49.88	2013	75.51	66.64	83.48	74.84
1996	63.68	47.74	43.56	50.93	2014	75.81	66.54	84.10	75.09
1997	68.38	47.51	46.86	53.30	2015	76.89	65.58	84.83	75.29
1998	50.37	45.89	58.10	51.27	2016	77.02	70.29	85.33	77.27
1999	51.08	46.58	61.75	52.96	2017	77.11	69.85	85.97	77.34

数据来源：根据中国经济信息网统计数据计算所得。

③模型估计。

平稳性检验。由于 ADF 检验方法的原假设是变量序列存在单位根，变量序列的结构变化容易导致接受原假设的概率比实际的大，从而导致检验效率变低。考虑到模型中各变量序列均表现出一定的结构变化，因此，这里首先考察序列是否存在明显的结构变化，如果不存在，就直接利用原始的 ADF 方法检验变量的平稳性，否则利用带结构突变的 ADF 方法检验变量的平稳性。检验的结果见表4.17。从检验结果可知，在10%的水平下，各变量序列均为平稳。

表4.17 模型（4.43）中变量的平稳性检验

检验方式	变量	ADF 统计量
有常数项、有趋势项	$\dfrac{\mathrm{d}Y_t}{Y_{t-1}}$	−3.947 6***
有常数项、无趋势项	TP_t	−5.320 8***
有常数项、无趋势项	$\dfrac{\mathrm{d}K_t}{K_{t-1}}$	−3.085 3**
有常数项、有趋势项	$\theta^L \dfrac{\mathrm{d}L_t}{L_{t-1}}$	−36.726 5***

表4.17(续)

检验方式	变量	ADF 统计量
有常数项、无趋势项	$X_t \theta^L \dfrac{\mathrm{d}\,L_t}{L_{t-1}}$	$-33.167\,8^{***}$
有常数项、无趋势项	$\mathrm{CTI}_t \theta^L \dfrac{\mathrm{d}\,L_t}{L_{t-1}}$	$-8.730\,3^{***}$
有常数项、无趋势项	$\mathrm{CTI1}_t \theta^L \dfrac{\mathrm{d}\,L_t}{L_{t-1}}$	$-8.700\,0^{***}$
有常数项、无趋势项	$\mathrm{CTI2}_t \theta^L \dfrac{\mathrm{d}\,L_t}{L_{t-1}}$	$-1.854\,2^{*}$

注：*、**、***和分别表示在10%、5%、1%的显著性水平下拒绝原假设。

模型（4.43）的估计结果见表4.18至表4.20。在表4.18中，我们用总体综合贸易强度（CTI）作为贸易开放度的代理变量。其中，列（1）为引入控制变量的估计结果。估计结果显示，$\mathrm{CTI}_t \theta^L \dfrac{\mathrm{d}\,L_t}{L_{t-1}}$ 的系数显著为正，而其他解释变量系数的符号与理论预期一致，但是在统计上并不显著。这可能是由多重共线性造成的。为减弱多重共线性的影响，列（2）给出了不含控制变量的结果，列（3）中去掉其中的一个变量（$\theta^L \dfrac{\mathrm{d}\,L_t}{L_{t-1}}$）。列（2）和列（3）的结果同样显示，$\mathrm{CTI}_t \theta^L \dfrac{\mathrm{d}\,L_t}{L_{t-1}}$ 的系数显著为正，并且其他解释变量的系数也变得显著（TP_t 除外）。综合表4.18的估计结果可知，无论模型的具体形式如何，综合贸易强度对成本加成率都具有显著的正向影响。

表4.18　模型（4.43）估计结果（1）

模型	（1）	（2）	（3）
常数项	$6.178\,7^{**}$ $(2.038\,5)$	$3.488\,2$ $(1.452\,7)$	$4.271\,8^{*}$ $(1.727\,0)$
TP_t	$0.197\,1$ $(0.824\,5)$	$0.908\,8$	$0.222\,8^{***}$ $(0.933\,4)$
$\dfrac{\mathrm{d}\,K_t}{K_{t-1}}$	$0.203\,0$ $(0.883\,6)$	$0.420\,6^{**}$ $(2.377\,7)$	$0.355\,1^{*}$ $(1.918\,6)$

表4.18(续)

模型	(1)	(2)	(3)
$\theta^L \dfrac{\mathrm{d}L_t}{L_{t-1}}$	0.111 1 (1.000 8)	−0.036 7* (−1.816 1)	
$X_t \theta^L \dfrac{\mathrm{d}L_t}{L_{t-1}}$	−0.004 6 (−1.465 3)		−0.001 2** (−2.271 3)
$\mathrm{CTI}_t \theta^L \dfrac{\mathrm{d}L_t}{L_{t-1}}$	0.012 4*** (3.197 1)	0.006 7* (1.901 3)	0.008 8** (2.382 2)

注：括号内为 t 统计量，标准差是 HAC 稳健标准差，*、** 和 *** 分别表示在 10%、5% 和 1% 的水平下显著。

表 4.19 用综合货物贸易强度（CTI1）作为贸易开放度的代理变量。其中，列（1）为引入控制变量的估计结果。估计结果显示，$\mathrm{CTI1}_t \theta^L \dfrac{\mathrm{d}L_t}{L_{t-1}}$ 的系数显著为正，而其他解释变量系数的符号与理论预期一致，但是在统计上并不显著。这可能是由多重共线性造成的。为减弱多重共线性的影响，列（2）给出了不含控制变量的结果，列（3）中去掉其中的一个变量（$\theta^L \dfrac{\mathrm{d}L_t}{L_{t-1}}$）。列（2）和列（3）的结果同样显示，$\mathrm{CTI1}_t \theta^L \dfrac{\mathrm{d}L_t}{L_{t-1}}$ 的系数显著为正，并且其他解释变量的系数变得显著（TP_t 除外）。综合表 4.19 的估计结果可知，无论模型的具体形式如何变化，综合货物贸易强度对成本加成率都具有显著的正向影响。

表 4.20 用综合服务贸易强度（CTI2）作为贸易开放度的代理变量。其中，列（1）为引入控制变量的估计结果。估计结果显示，$\mathrm{CTI2}_t \theta^L \dfrac{\mathrm{d}L_t}{L_{t-1}}$ 的系数为正，并且其他解释变量系数的符号与理论预期一致，但是在统计上并不显著。这也可能是由多重共线性造成的。为减弱多重共线性的影响，列（2）给出了不含控制变量的结果，列（3）中去掉其中的一个变量（$\theta^L \dfrac{\mathrm{d}L_t}{L_{t-1}}$）。列（2）和列（3）的结果同样显示，$\mathrm{CTI2}_t \theta^L \dfrac{\mathrm{d}L_t}{L_{t-1}}$ 的系数为正，但是在统计上并不显著。综合表 4.20 的估计结果可知，无论模型的具体形式如何变化，综合服务贸易强度对成本加成率的正向影响在统计上并不显著。

表 4.19　模型（4.43）估计结果（2）

模型	（1）	（2）	（3）
常数项	6.181 1* (2.026 3)	3.632 1 (1.520 3)	4.449 8* (1.793 5)
TP_t	0.197 1 (0.832 2)	0.221 9 (0.910 7)	0.221 0 (0.936 7)
$\dfrac{dK_t}{K_{t-1}}$	0.211 0 (0.916 0)	0.413 1** (2.321 9)	0.346 6* (1.853 0)
$\theta^L \dfrac{dL_t}{L_{t-1}}$	0.097 6 (0.913 4)	−0.036 8* (−1.791 2)	
$X_t\theta^L \dfrac{dL_t}{L_{t-1}}$	−0.004 2 (−1.391 3)		−0.001 2** (−2.236 6)
$CTI1_t\theta^L \dfrac{dL_t}{L_{t-1}}$	0.009 4*** (3.128 2)	0.005 4* (1.893 5)	0.007 0** (2.360 7)

注：括号内为 t 统计量，标准差是 HAC 稳健标准差，*、** 和 *** 分别表示在 10%、5% 和 1% 的水平下显著。

表 4.20　模型（4.43）估计结果（3）

模型	（1）	（2）	（3）
常数项	2.928 4 (1.009 1)	3.012 6 (1.043 7)	3.101 6 (1.070 1)
TP_t	0.187 2 (0.808 8)	0.184 3 (0.864 1)	0.180 1 (0.861 0)
$\dfrac{dK_t}{K_{t-1}}$	0.492 4** (2.559 2)	0.485 5** (2.705 8)	0.478 1** (2.651 4)
$\theta^L \dfrac{dL_t}{L_{t-1}}$	−0.020 2 (−0.185 5)	−0.011 0 (−1.363 5)	
$X_t\theta^L \dfrac{dL_t}{L_{t-1}}$	0.000 3 (0.088 6)		−0.000 3 (−1.466 6)
$CTI2_t\theta^L \dfrac{dL_t}{L_{t-1}}$	0.005 4 (0.369 9)	0.006 1 (0.551 9)	0.006 8 (0.613 4)

注：括号内为 t 统计量，标准差是 HAC 稳健标准差，*、** 和 *** 分别表示在 10%、5% 和 1% 的水平下显著。

根据上述的估计结果，我们可以认为，不管是货物贸易开放还是服务贸易开放，都会导致中国成本加成率提高，在成本不变的情况下，这会导致价格水平上涨。因此，贸易开放对成本加成率的影响不能解释贸易总体开放和货物贸易开放对通货膨胀水平的负向影响，但是，估计结果在一定程度上有助于解释服务贸易开放对通货膨胀水平的正向影响。需要指出的是，上述的结论是在成本不变的条件下得出的。贸易开放在导致成本加成率提高的同时还可能使成本降低（或提高），因此，贸易开放对通货膨胀的最终影响是两方面力量综合作用的结果。另外，我们的估计结果还表明市场化程度对成本加成率具有负向的作用，这与一般的理论预测是一致的。因为市场化程度越高，往往意味着竞争更加激烈，厂商的定价能力减弱，进而导致成本加成率降低。

4.4.3 中国贸易开放与劳动生产率关系的实证检验

（1）计量模型。

根据前文的分析可知，我们可以利用如下的模型考察贸易开放与劳动生产率的关系。

$$\ln\left(\frac{Y}{L}\right)_t = c + a\ln open_t + b\ln X_t + \alpha\ln\left(\frac{K}{L}\right)_t + (\alpha + \beta - 1)\ln L_t + \varepsilon_t$$

$$(4.44)$$

假定生产函数满足规模报酬不变，即 $\alpha + \beta = 1$，并令 $\ln y = \ln(Y/L)$，$\ln k = \ln(K/L)$，那么式（4.44）可以变换为

$$\ln y_t = c + a\ln open_t + b\ln X_t + \alpha\ln k_t + \varepsilon_t \qquad (4.45)$$

其中，y_t，k_t 分别表示人均 GDP 和人均资本存量，$open_t$ 表示贸易开放度，X_t 为控制变量集。

（2）变量和数据来源说明。

人均 GDP（y_t）等于实际 GDP 除以从业人员数，人均资本存量（k_t）等于资本存量除以从业人员数。这里同样选取三种贸易开放度指标作为贸易开放度（$open_t$）的代理变量，它们分别是：总体综合贸易强度（CTI）、综合货物贸易强度（CTI1）和综合服务贸易强度（CTI2）。关于控制变量的选择，这里用累积的 Malmquist 指数反映全要素生产率水平，记为 CMI。模型（4.45）的相关数据见表 4.15。

（3）模型估计与结果分析。

变量的平稳性检验。由于 ADF 检验方法的原假设是变量序列存在单位根，变量序列的结构变化容易导致接受原假设的概率比实际的大，从而导致检验效率变低。考虑到模型中各变量序列均表现出一定的结构变化，因而，这里并不

使用 ADF 方法检验变量的平稳性，而选用 KPSS 检验方法。KPSS 检验方法的原假设是变量序列是平稳的，从而可以避免接受存在单位根假设概率偏人的问题。KPSS 方法检验变量的平稳性的结果见表 4.21。由检验结果可知，在 5% 的显著性水平下，各变量序列均为一阶单整序列。它们之间可能存在协整关系，利用 Johansen 方法检验各变量间是否存在协整关系的检验结果见表 4.22。检验结果表明，变量间确实存在协整关系。这里利用向量误差修正模型（VECM）估计协整方程，估计结果见表 4.23。

表 4.21 KPSS 平稳性检验结果

检验方式	变量	LM 统计量	变量	LM 统计量	临界值（5%）
有常数项、无趋势项	$\ln y_t$	0.742 8	$\Delta \ln y_t$	0.113 1	0.463 0
有常数项、无趋势项	$\ln k_t$	0.743 7	$\Delta \ln k_t$	0.231 4	0.463 0
有常数项、无趋势项	$\ln CMI_t$	0.644 1	$\Delta \ln CMI_t$	0.309 4	0.463 0
有常数项、无趋势项	$\ln CTI_t$	0.687 4	$\Delta \ln CTI_t$	0.114 9	0.463 0
有常数项、无趋势项	$\ln CTI1_t$	0.672 9	$\Delta \ln CTI1_t$	0.089 4	0.463 0
有常数项、无趋势项	$\ln CTI1_t$	0.621 6	$\Delta \ln CTI1_t$	0.267 3	0.463 0

表 4.22 Johansen 协整关系检验结果

变量	原假设	特征根	迹统计量（P 值）	最大特征根统计量（P 值）
$\ln y$ $\ln k$ $\ln CTI$ $\ln CMI$	0 个协整向量	0.582 6	54.918 3 (0.009 4)	27.959 3 (0.044 8)
	最多 1 个协整向量	0.404 9	26.959 1 (0.102 6)	16.608 7 (0.191 3)
	最多 2 个协整向量	0.247 8	10.350 4 (0.254 7)	9.110 7 (0.277 0)
	最多 3 个协整向量	0.038 0	1.239 7 (0.265 5)	1.239 7 (0.265 5)

表4.22(续)

变量	原假设	特征根	迹统计量 （P 值）	最大特征根 统计量（P 值）
lny lnk lnCTI1 lnCMI	0 个协整向量	0.584 6	54.425 6 (0.010 7)	28.109 8 (0.042 8)
	最多 1 个协整向量	0.384 1	26.315 9 (0.119 5)	15.511 2 (0.254 7)
	最多 2 个协整向量	0.258 9	10.804 7 (0.223 8)	9.589 1 (0.240 3)
	最多 3 个协整向量	0.037 3	1.215 6 (0.270 2)	1.215 6 (0.270 2)
lny lnk lnCTI2 lnCMI	0 个协整向量	0.611 6	60.160 8 (0.002 3)	30.264 2 (0.022 1)
	最多 1 个协整向量	0.387 2	29.896 6 (0.048 7)	15.670 3 (0.244 7)
	最多 2 个协整向量	0.323 6	14.226 3 (0.076 9)	12.512 0 (0.092 9)
	最多 3 个协整向量	0.052 2	1.714 3 (0.190 4)	1.714 3 (0.190 4)

注：表中给出的是协整方程含有截距项、不含趋势项的检验结果。

表 4.23 中的列（1）、（2）和（3）分别利用总体综合贸易强度、综合货物贸易强度和综合服务贸易强度作为贸易开放度的代理变量。估计结果表明，无论选择哪种指标反映贸易开放度，估计结果均类似。贸易开放度指标的系数均显著为正，表明贸易开放度对劳动生产率（以人均 GDP 表示）具有显著的正向影响。无论是货物贸易开放还是服务贸易开放，都对劳动生产率具有显著的促进作用。从具体的数量关系来看，在其他条件保持不变的情况下，综合贸易强度每提高 1 个百分点，大约可以使劳动生产率平均提高 0.14 个百分点；综合货物贸易强度每提高 1 个百分点，大约可以使劳动生产率平均提高 0.14 个百分点；综合服务贸易强度每提高 1 个百分点，大约可以使劳动生产率平均提高 0.19 个百分点。

表 4.23　模型（4.45）的估计结果

解释变量	（1）	（2）	（3）
常数项	-6.929 6*** (-6.016 1)	-8.752 1*** (-5.402 6)	12.727 7*** (3.803 2)

表4.23(续)

解释变量	(1)	(2)	(3)
$\ln k_t$	0.499 5 *** (9.649 3)	0.463 0 *** (7.088 3)	0.788 5 *** (22.902 1)
lnopen$_t$	0.139 4 *** (4.052 3)	0.142 3 *** (3.639 2)	0.187 7 *** (3.826 2)
$\ln CMI_t$	1.070 7 *** (5.078 4)	1.412 4 *** (4.736 9)	-2.652 5 *** (-3.993 6)

注：列（1）用综合贸易强度反映贸易开放度，列（2）用综合货物贸易强度反映贸易开放度，列（3）用综合服务贸易强度反映贸易开放度；括号内为 t 统计量，*、** 和 *** 分别表示在 10%、5% 和 1% 的水平下显著。

综合上述结果可知，货物贸易开放和服务贸易开放均对劳动生产率具有促进作用。因此，在其他条件保持不变的情况下，贸易开放将对价格水平及通货膨胀水平产生负向的影响。因此，贸易开放对劳动生产率的影响有助于解释对外贸易总体开放以及货物贸易开放对通货膨胀的负向影响，而不能解释服务贸易开放对通货膨胀的正向影响。

4.5 本章小结

通货膨胀是政府和普通民众都十分关注的问题，如何有效地控制通货膨胀是各国货币当局的主要任务。然而，通货膨胀是一种非常复杂的宏观经济现象，是各种因素综合作用的结果。贸易开放导致中国通货膨胀水平的影响因素变得更加错综复杂。理解贸易开放与通货膨胀水平的关系对于如何有效控制通货膨胀具有重要的意义。

本书从定性和定量两个方面考察了中国贸易开放与通货膨胀水平的关系。定性分析表明：随着贸易开放的不断推进和深化，中国通货膨胀的形成因素和形成机制与国际因素的关系越来越密切，中国通货膨胀水平的变化在一定程度上是由贸易开放引起的。本章的定量研究不仅考察了贸易开放对通货膨胀水平的影响，而且考察了贸易开放作用于通货膨胀的两条主要途径：对政府政策行为的影响和竞争效应途径（成本加成和劳动生产率）。

关于贸易开放对通货膨胀水平的影响的定量研究结果表明：贸易开放从总体来看，对中国的通货膨胀水平具有显著的负向影响；货物贸易开放和服务贸易开放对通货膨胀水平的影响是不同的；货物贸易开放对通货膨胀水平具有显著的负向影响，而服务贸易开放对通货膨胀水平具有一定程度的正向影响。

关于贸易开放与政策行为关系的定量研究结果表明：贸易开放（包括货物贸易开放和服务贸易开放）对超额货币具有显著的负向影响。这样的结论有助于解释贸易总体开放和货物贸易开放对通货膨胀水平的负向影响，而不能解释服务贸易开放对通货膨胀水平的正向影响。

关于贸易开放与成本加成比率关系的定量研究结果表明：贸易开放（包括货物贸易开放和服务贸易开放）对成本加成率具有正向的影响。这样的结论有助于解释服务贸易开放对通货膨胀水平的正向影响，而不利于解释贸易总体开放和货物贸易开放对通货膨胀水平的负向影响。

关于贸易开放与劳动生产率关系的定量研究结果表明：贸易开放（包括货物贸易开放和服务贸易开放）对劳动生产率具有显著的正向影响。这样的结论有助于解释贸易总体开放和货物贸易开放对通货膨胀水平的负向影响，而不能解释服务贸易开放对通货膨胀水平的正向影响。

从上述的定量研究的结果来看，货物贸易开放对通货膨胀水平的负向影响的原因可能是：货物贸易开放导致劳动生产率提高，进而对通货膨胀水平的负向影响大于货物贸易开放通过成本加成途径对通货膨胀水平的正向影响。服务贸易开放对通货膨胀水平具有正向影响的原因可能正好相反。当然，还有其他原因可以解释货物贸易开放和服务贸易开放对通货膨胀水平的不同影响。本书认为关税降低效应、国内外价格水平的差异以及中国服务业发展的相对滞后是其中的重要原因。由于数据的限制，我们未能对其进行定量的检验。

根据本章的研究结果，贸易开放有助于降低中国的通货膨胀水平主要有两个方面的原因。一方面，随着贸易的不断开放，政府当局越来越重视通货膨胀，进而导致政策的纪律性增强。具体体现在，超额货币随贸易开放度的提高而降低；另一方面，贸易开放可能导致中国国内企业的单位生产成本降低。单位生产成本降低的原因可能是：关税税率降低导致进口原材料和生产设备价格降低，或者竞争加剧引起了劳动生产率的提高。同时，贸易开放仍然存在提高中国通货膨胀水平的可能性。服务贸易开放对通货膨胀水平的正向影响证实了这一观点。贸易开放提高通货膨胀水平的可能机制是：国外价格水平相对较高，进口份额的上升会导致一般价格水平的上涨。服务业发展的相对滞后，也是造成服务贸易开放对通货膨胀水平具有正向影响的可能原因之一。

随着中国贸易开放的深入和扩大，贸易开放对通货膨胀水平的降低效应可能会变得越来越有限。例如，当关税税率已经降到比较低的水平时，进一步降低关税的可能性变小。这时候如果进口商品价格上涨，则会对中国国内的通货膨胀产生较大的压力。我们只能通过提高劳动生产率的方式降低单位生产成本来缓解通货膨胀压力。随着中国技术水平的提高，通过从国外引进先进技术的方式来提高劳动生产率变得更加困难。因此，我们不能够指望贸易开放能够永远对通货膨胀水平具有负向的作用。过去，贸易开放确实有助于降低中国的通货膨胀水平，但是，从当前的世界经济形势和中国贸易状况来看，输入性通货膨胀因素对中国通货膨胀的影响越来越大。输入性通货膨胀因素主要表现在以下几个方面：①持续、大量的贸易顺差导致中国货币供应量增加。②进口能源、矿产品价格的大幅度上涨导致国内相关企业生产成本的上升。③在全球流动性过剩和存在人民币升值预期的条件下，大量国际资本流入国内，造成各类资产价格快速上涨。各种输入性通货膨胀因素会对中国的通货膨胀产生重大的影响，归根结底是由中国的经济发展模式决定的。中国的经济增长过度依赖出口的增长，进出口贸易发展不平衡的累积效应就是贸易顺差不断积累的结果。在国内能源、矿产资源有限的条件下，通过扩大进口的方式来满足不断增长的需求，只会导致进口依存度不断提高。长期的贸易顺差和巨额的外汇储备又对人民币构成了较大的升值压力，导致大量国际资本的流入。④受全球新冠肺炎疫情和部分国家"逆全球化"浪潮的冲击，全球产业链、供应链变得越来越不稳定，这显著地增大了世界各国的通货膨胀压力，通货膨胀开始呈现出全球蔓延的趋势。

基于本章的研究结论，为了应对输入性通货膨胀因素对中国国内通货膨胀的影响，本书提出以下的政策建议。

首先，实施相对紧缩的货币政策，将货币供应量的增长率和信贷总量控制在适度的范围内，避免通货膨胀因货币供应量的过快增长而大幅上升。同时，加强对国际资本流动的管制，严格控制没有真实交易背景的国际资本的流入。

其次，控制企业成本的过快上涨。在进口能源和原材料涨价、国内劳动力成本上升的双重压力下，最直接、有效的控制企业成本的方法可能是降低企业的税收负担。另外，要充分利用国内外的各种技术提高劳动生产率和资源的利用效率，降低企业的单位生产成本。

再次，平衡进出口贸易，降低贸易顺差规模，降低人民币升值压力。一方面，要采取有效措施鼓励进口满足国内经济发展和人们生活需要的各种物美价廉的国外产品，如降低进口关税等；另一方面，要采取措施限制各种高耗能、高污染、资源密集型产品的出口。

最后，要从根本上转变中国的经济发展模式，加快构建以国内大循环为主、国内国际双循环相互促进的新发展格局，减弱经济增长对出口的依赖性，提高国内消费需求对经济增长的贡献率。要充分认识到各种能源、矿产品等各种初级产品价格长期上涨的趋势，结合国内的资源优势，调整产业结构和进出口结构，使进出口商品能够真正体现中国的比较优势。要减少对出口的各种不合理的补贴，使出口价格能够有效反映商品的真实成本，避免国民财富的流失。要加快服务业的发展，缩小制造业与服务业发展水平之间的差距。调整国民收入的分配结构，增加劳动者报酬所占的比重，进而增加消费者的可支配收入。完善各种社会保障制度，稳定消费者的预期，降低消费者的预防性储蓄需求。

5 中国贸易开放与通货膨胀不确定性关系研究

通货膨胀不确定性是经济运行中面临的各种不确定性因素综合作用的结果。贸易的开放不断改变着中国经济的运行环境，影响通货膨胀不确定性的因素变得更加错综复杂。一方面，贸易的开放意味着世界经济的波动对国内经济发展，包括通货膨胀的影响越来越大；另一方面，贸易的开放也意味着中国能够更加容易地利用世界市场上的各种资源来减弱经济运行中可能遇到的各种冲击对通货膨胀的影响。由此可知，贸易开放既可能提高中国通货膨胀的不确定性，也可能降低中国通货膨胀的不确定性。那么，贸易开放究竟对中国通货膨胀不确定性产生了怎样的影响呢？影响的机制又是什么呢？本章将对这些问题进行相应的研究。

5.1 贸易开放与通货膨胀不确定性关系的理论分析

5.1.1 通货膨胀不确定性的影响因素及其对经济活动的影响

通货膨胀不确定性实际上是指通货膨胀预期的不确定性。当经济中发生通货膨胀或存在通货膨胀压力时，经济行为主体会根据经济形势对未来的通货膨胀率进行相应的预期。由于通货膨胀是各种复杂因素综合作用的结果，预期的通货膨胀率往往与实际发生的通货膨胀率不一致，于是就产生了通货膨胀预期的不确定性。

根据已有的研究，通货膨胀不确定性是经济运行中面临的各种不确定性综合作用的结果。这些不确定性主要包括：政策的不确定性、潜在外生冲击的不确定性、通货膨胀对各种冲击反应的不确定性。政策的不确定性包括两个方面：政策选择的不确定性和政策调控力度和效果的不确定性。当发生通货膨胀或存在通货膨胀压力时，由于政策目标的多重性，政府不得不权衡控制通货膨胀的收益和成本。在缺乏明确的政策规则和存在不完全信息的条件下，公众可能并不清楚政府是否会出台控制通货膨胀的政策。即便是通货膨胀压力足够大以至于政府不得不采取控制通货膨胀措施的时候，由于通货膨胀发展的复杂性以及公众认识能力的限制，公众依然不能完全把握政策调控的力度和效果。因此，政策的不确定性是通货膨胀不确定性的重要影响因素。潜在外生冲击是除政策变化外其他影响通货膨胀的各种冲击的总称，如自然灾害、气候变化、战争以及能源价格突变等。潜在外生冲击往往很难进行事先预测，经济主体一般不能够完全准确预测未来的通货膨胀。这样，潜在冲击的不确定性成为通货膨胀不确定性的重要影响因素之一。另外，通货膨胀与各种冲击的关系并非简单的、确定不变的。在不同的条件下，同样的冲击可能会对通货膨胀产生明显不同的影响。比如，在封闭经济的条件下，气候变化导致国内粮食产量下降，这会促使国内通货膨胀水平的提高。但是，在开放经济的条件下，国内粮食产量的下降可以通过从国外进口来弥补，国内的通货膨胀不会受到显著影响。再比如，货币供给量的增长，既可能导致产出的增长，又可能导致物价水平的上涨，还有可能退出流通领域作为价值贮藏的手段。因此，货币供应量的冲击到底在多大程度上体现为通货膨胀是不确定的。因此，当各种冲击发生的时候，经济主体在理解各种冲击对通货膨胀的影响时存在不确定性，进而不能够准确预测未来的通货膨胀。因此，通货膨胀对各种冲击反应的不确定性也是通货膨胀不确定性的重要影响因素之一。

通货膨胀不确定性长期以来都受到经济学者和政府关注是因为：通货膨胀不确定性对经济活动具有重要的影响。并且，一些研究认为通货膨胀对经济活动的影响主要是通过通货膨胀不确定性实现的。根据理性预期理论的观点，经济主体会依据对未来的预期充分调整自身的经济行为（消费、投资等）。因此，完全预期的通货膨胀并不会对经济活动产生实质性的影响。然而，未预期到的通货膨胀却具有实质性的影响。通货膨胀不确定性衡量的就是通货膨胀的不可预测性，因此，通货膨胀不确定性越高，未预期到的通货膨胀就会越多，这样通货膨胀对经济的实质性影响就会越大。现有的文献对通货膨胀不确定性的经济影响已经进行了广泛而深入的研究，不过，不论是理论研究还是经验研究仍未得出一致的结论。一种广为接受的观点是：通货膨胀不确定性将使得价格信号失真，扭曲微观主体投资和跨期消费决策，从而造成整个经济系统价格信号的紊乱和资源配置效率的下降，进一步成为通货膨胀或者紧缩新的诱因，社会财富将遭受重大损失。比如，平狄克（Pindyck）和里根（Reagan）等人认为，通货膨胀的不确定性会通过阻碍长期合约的执行，或者提高不可逆转投资的期权价值来降低投资水平。弗里德曼（Friedman）认为，通货膨胀不确定性会减少市场价格的信息内涵，削弱价格机制的资源配置效率，使价格不能有效地发挥引导市场交易活动的功能，并引起产出的下降。通货膨胀不确定性对经济的负面影响也得到了一些实证研究的证实。如 Steven 等（1997）发现通货膨胀不确定性与失业率之间存在显著的正向关系，但是这种关系会受到样本时段、样本产业和经济周期的影响。Hayford（2000）发现通货膨胀不确定性会暂时减缓实际 GDP 的增长。Grier 等（2006）发现通货膨胀不确定性对美国和墨西哥的实际产出有显著的负面影响。Wilson（2006）发现通货膨胀不确定性对日本真实 GDP 具有负向的作用。另外，Wu 等（2003）发现不同来源的通货膨胀不确定性对美国真实 GDP 具有不同的影响，源于回归系数变化的不确定性对真实 GDP 有负向的影响，而扰动项的异方差性引起的不确定性对真实 GDP 的影响不显著。关于中国通货膨胀不确定性的经济影响，陈太明（2007）发现通货膨胀不确定性与产出增长负相关。王凯等（2008）证实通货膨胀不确定性是宏观经济波动的格兰杰原因。李成等（2010）发现通货膨胀不确定性对中国消费波动有显著影响。然而，一些研究者却认为通货膨胀不确定性对经济活动具有一定的正面影响。如 Dotsey 和 Sarte（2000）的研究显示，通货膨胀不确定性会促使居民提高预防性储蓄，从而增加总体投资。Jorda 和 Salyer（2003）指出，通货膨胀不确定性能够降低名义利率，有助于经济扩张。

虽然有的研究表明通货膨胀不确定性可能对于某些经济活动具有一定的正面影响，但是，从总体来看，通货膨胀不确定性对宏观经济的影响很可能是负面的。通货膨胀不确定性不仅可能在事前扭曲经济主体的经济决策，而且可能在事后通过财富分配效应造成社会矛盾的激化，影响社会的稳定。由此，我们可以认为，高通货膨胀不确定性的危害是很大的，降低通货膨胀不确定性的程度具有重要的意义。然而，在现实的经济运行中，影响通货膨胀不确定性的各种因素是客观存在的，通货膨胀不确定性是不可避免的。公众和政府可以做的只有尽量降低通货膨胀不确定性的程度。贸易开放会对一个国家的经济结构和经济运行环境产生重大的影响，通货膨胀不确定性的影响因素很可能随着贸易开放的不断推进而发生变化。这样，研究贸易开放对通货膨胀不确定性的影响就具有重要的理论意义和现实意义。

5.1.2　贸易开放与通货膨胀不确定性关系的理论分析

根据上文的分析，通货膨胀不确定性主要受到三个方面的不确定性的影响。因此，我们可以从这三个方面分别讨论贸易开放对通货膨胀不确定性的影响。

（1）贸易开放与政策的不确定性。

政策的不确定性是通货膨胀不确定性的重要来源，所以贸易开放对政府政策行为的影响可能对于理解贸易开放与通货膨胀不确定性的关系具有重要的意义。如果贸易开放导致政策行为随意性增大、透明性降低，那么贸易开放就会导致政策的不确定性增大，进而导致通货膨胀不确定性增大；反之，如果贸易开放导致政策行为更具纪律性、透明性提高，那么贸易开放就会导致政策的不确定性降低，进而导致通货膨胀不确定性降低。

现有的研究一般认为，贸易开放度越高，通货膨胀的成本越高。因此，随着贸易开放程度的提高，政府利用通货膨胀来刺激经济的动机越来越小，而抑制通货膨胀的意愿越来越强。基于这样的观点，政府政策的纪律性和透明性会随着贸易开放度的提高而增强，通货膨胀不确定性也会因此而降低。同时，政策效果的不确定性可能会随贸易开放度的提高而增大。贸易的不断开放将导致政府政策效果的影响因素更加复杂，给定政策对通货膨胀的影响程度会变得更加不确定。这样，通货膨胀不确定性会相应地增大。

（2）贸易开放与潜在冲击的不确定性。

随着贸易开放度的提高，国际因素对国内经济的影响越来越大。国内的通货膨胀不仅会受到国内的各种冲击的影响，而且还会受到国外的各种冲击的影响。比如，在贸易开放的条件下，汇率的变化、出口需求的变化、贸易顺差的增加、资本流动以及进口商品价格的变化都可能影响国内的通货膨胀形势。由于预测国际因素的变化更加困难，贸易开放可能导致影响通货膨胀不确定性的潜在冲击增多。但是，这并不意味着贸易开放一定会导致通货膨胀不确定性增大。因为，贸易开放在增加潜在冲击的同时，也增加了应对各种冲击的手段，进而减弱冲击对通货膨胀的影响。贸易伙伴的多元化可以减弱某一国家冲击对国内通货膨胀的影响。进出口贸易商品结构的合理化也可以减弱国外冲击对国内通货膨胀的影响。

（3）贸易开放与通货膨胀对冲击反应的不确定性。

贸易开放必然会对一国经济发展的方式和经济运行的环境产生重大的影响，通货膨胀形成和发展的影响因素和传导机制会变得更加复杂和多变。各种经济冲击与通货膨胀的关系可能会因此变得不再稳定，因此根据以往的经验来预测经济冲击对通货膨胀的影响就可能会出现错误。一方面，贸易开放使得国内的消费者能够更加容易在国内商品和国外商品之间进行选择，这样当国内商品出现价格上涨的时候，消费者可以用国外的商品替代国内的商品，进而减弱冲击对消费者生活成本和其他经济活动的影响。因此，贸易开放可能导致国内通货膨胀对各种冲击的反应更不敏感。另一方面，贸易开放带来的生产专业化和对进出口的过度依赖，可能导致特定冲击对通货膨胀的影响增大。例如，如果某一国家专业化生产某类产品，相关投入品价格的突然变化势必会对企业的生产成本和利润水平产生显著的影响，进而对企业的投资行为和劳动力需求产生影响，国内的价格水平和通货膨胀也会受到明显的影响。此外，进出口商品的结构也会影响通货膨胀对各种国外冲击的敏感性。如果一个国家进出口的商品主要是那些容易受到冲击影响的商品，那么通货膨胀对冲击的反应可能会相对比较敏感；反之则反是。

综上所述，贸易开放既可能导致通货膨胀不确定性增加，也可能导致通货膨胀不确定性降低。因此，贸易开放与通货膨胀不确定性的关系可能不完全是一个理论问题，更可能是一个实证问题。不同国家由于政策体制、经济发展模式以及贸易商品结构等的不同，贸易开放与通货膨胀不确定性的关系可能在不同国家会有不同的表现。那么，贸易开放究竟对中国的通货膨胀不确定性产生了怎样的影响呢？后文将对这一问题进行研究。

5.2　中国通货膨胀不确定性的估计

5.2.1　通货膨胀不确定性测度方法的回顾

自从人们开始关注通货膨胀不确定性以来，学者们就开始了对通货膨胀不确定性的测度研究。各种测度通货膨胀不确定性的方法出现在关于通货膨胀不确定性与实体经济活动关系、通货膨胀与通货膨胀不确定性关系的研究文献中。已有的测度通货膨胀不确定性的方法主要有以下三类。

第一类方法是以实际观察到的通货膨胀率的波动性来测度通货膨胀的不确定性。Okun（1971）利用一段时期的通货膨胀的方差来测度通货膨胀的不确定性。Logue 和 Willett（1976）利用一段时期内跨部门的通货膨胀的离差平均值来测度通货膨胀不确定性。Klein（1977）利用通货膨胀率的移动标准差来计算通货膨胀不确定性。

第二类方法是使用调查所得的预测通货膨胀率的方差或标准差来测度通货膨胀不确定性。采用这类方法的研究大多基于 Livingston 调查数据或者密歇根大学 SRC 调查数据中通货膨胀率预测的标准差来衡量通货膨胀不确定性。这两类数据都是对美国未来 CPI 的预测，因此这类方法也主要用于美国通货膨胀不确定性的研究，如 Cukierman 和 Wachtel（1979）。

第三类方法是用 GARCH 类模型估计的条件方差或标准差来测度通货膨胀不确定性。随着 ARCH 模型的提出和发展，GARCH 类模型已经成为测度通货膨胀不确定性的主流方法，这不仅是因为此种方法可以估计出不同时期的通货膨胀不确定性，而且此种方法估计的条件方差与通货膨胀不确定性的本意非常接近。根据 Ball（1992）、Cukierman 和 Meltzer（1986）的理论，通货膨胀不确定性是通货膨胀预测中不可预测部分的方差。GARCH 类模型中的条件方差是基于过去的信息对通货膨胀均值方程中扰动项方差的估计，这与通货膨胀不可预测部分的方差的含义非常接近。Engle（1983）利用自回归条件异方差（ARCH）模型估计了美国的通货膨胀不确定性。Bollerslev（1986）利用 GARCH 模型估计了通货膨胀不确定性。Daal 等（2005）利用幂 GARCH（Power GARCH）模型、Zakoian（1994）利用门限 GARCH（TGARCH）模型、Fountas 等（2004）以及 Wilson（2006）利用指数 GARCH（EGARCH）模型估计了通货膨胀不确定性。上述的 GARCH 类模型都假定均值方程中回归系数是不变的，这样的假定意味着在考察时期内，通货膨胀的动态过程不发生变化。因此这种方法提供的是在给定结构条件下通货膨胀的条件方差如何随时间变化的估计，忽略了由制度变化引起结构变化的可能性。然而，在现实的经济中，通货膨胀的动态过程往往会不断变化，比如货币政策的变化会导致通货膨胀过程的变化。在现有的文献中，处理通货膨胀过程变化的方法通常有两种：一种是利用马尔可夫机制转换模型考虑通货膨胀在不同状态之间转换的可能性（Evans and Wachtel，1993）；另一种方法是利用时变系数模型估计通货膨胀模型（Evans，1991）。

除了上述的三种方法外，一些学者还提出一些估计通货膨胀不确定性的模型。Kim 和 Nelson（1999）应用马尔可夫机制转换-不可观测成分模型（Markov Regime Switching-Unobserved Components）估计通货膨胀不确定性。Wu、Chen 和 Lee（2003）利用具有马尔可夫转换异方差的时变参数模型来估计通货膨胀不确定性。

关于中国通货膨胀不确定性的估计，全林（1999）利用 ARCH 模型估计了中国的通货膨胀不确定性。赵留彦、王一鸣和蔡婧（2005）利用马尔可夫域变模型估计了中国的通货膨胀不确定性。许志宏和赵昕东（2008）、苏梽芳和胡日东（2009）利用 GARCH 模型估计了中国的通货膨胀不确定性。苏芳和赵昕东（2009）利用马尔可夫机制转换-不可观测成分模型估计了中国的通货膨胀不确定性。李成、马文涛和王彬（2010）利用二阶自回归的两状态马尔科夫范式转换模型估计了中国的通货膨胀不确定性。刘金全、郑挺国和隋建利（2010）利用 ARFIMA-FIGARCH 模型估计了中国的通货膨胀不确定性。苏梽芳（2010）利用对称的 GARCH 模型、GARCH-M 模型、TGARCH 模型、EGARCH 模型以及 PARCH 模型估计了中国的通货膨胀不确定性。各种估计方法都能够对中国的通货膨胀不确定性进行相应的测度。各种方法的研究视角不同，因此各种方法估计的结果能够揭示出通货膨胀不确定性的不同特点。传统的 ARCH 模型和 GARCH 模型只能估计出通货膨胀的条件方差，并且假定条件方差对正负冲击的反应是相同的。非对称 GARCH 模型能够揭示出条件方差对正负冲击反应的非对称性。上述两类方法的缺点主要表现在：两类方法都没有考虑均值方程的不确定性，因此不能区分通货膨胀不确定性的不同来源。利用马尔可夫机制转换模型来刻画通货膨胀的均值方程和随机扰动项可以同时测度出均值方程的不确定性和条件方差，因此可以区分通货膨胀不确定性的来源。马尔可夫机制转换-不可观测成分模型也可以估计出长期和短期的通货膨胀不确定性。上述两种估计方法虽然都能够区分通货膨胀不确定性的不同来源，但是马尔可夫机制转换模型存在一定的缺陷，需要事先假定不同的状态。在实际估计中，我们通常都假定存在两个状态，这样的假定是否合理还有待检验。因此，为了能够更加准确地测度不同来源的通货膨胀不确定性，我们需要采用其他方法进行测度。

5.2.2　中国通货膨胀不确定性的估计

（1）模型。

GARCH 类模型在刻画通货膨胀不确定性时具有独特的优点，所以本书的估计模型也是基于 GARCH 类模型的。传统的 GARCH 类模型没有考虑到均值方程回归系数变化的可能性，估计结果不仅可能存在误差，而且不能弄清楚不确定性的不同来源。前文已经指出了，处理均值方程回归系数变化的方法有两种：马尔可夫机制转换模型方法和变系数模型方法。马尔可夫机制转换模型方法需要事先设定通货膨胀存在的不同状态。我们往往对通货膨胀的不同状态缺乏准确的认识，因此马尔可夫机制转换模型方法存在设定错误的可能性，而时变系数模型方法不存在这一问题。因此，本书采用变系数 GARCH 模型估计中国的通货膨胀不确定性。

本书的模型可表示为

$$\pi_t = x_t \beta_t + \varepsilon_t \quad \varepsilon_t \sim N(0, h_t) \quad x_t = [1, \pi_{t-1}, \cdots, \pi_{t-k}] \tag{5.1}$$

$$h_t = \alpha_0 + \alpha_1 h_{t-1} + \gamma_1 \varepsilon_{t-1}^2 \tag{5.2}$$

$$\beta_t = \beta_{t-1} + u_t \ , \ u_t \sim iidN(0, \ \Omega) \tag{5.3}$$

其中，π_t 为通货膨胀率，h_t 为条件方差。通货膨胀均值方程回归系数变化对不确定性的影响可以用 Kalman 滤波方法来分析。对于这一模型，滤波方程为

$$\pi_t = x_t E_{t-1} \beta_t + \xi_t \tag{5.4}$$

$$H_t = x_t V_{t|t-1} x_t' + h_t \tag{5.5}$$

$$E_t \beta_{t+1} = E_{t-1} \beta_t + \left[V_{t|t-1} x_t' H_t^{-1} \right] \xi_t \tag{5.6}$$

$$V_{t+1|t} = \left[I - V_{t|t-1} x_t' H_t^{-1} x_t \right] V_{t|t-1} + \Omega \tag{5.7}$$

其中，$V_{t|t-1}$ 是给定 $t-1$ 时期可以获得的信息条件下 β_t 的条件方差矩阵。π_t 中的信息（ξ_t）既可能源于通货膨胀冲击 ε_t，也可能源于通货膨胀均值方程回归系数未预期的变化 u_t，因此，总的通货膨胀不确定性（H_t）取决于 h_t 和 $x_t \beta_t$ 的条件方差（$x_t V_{t|t-1} x_t'$）。当 β_t 没有不确定性时（即 $V_{t|t-1}$ 等于零矩阵），h_t 的动态过程决定了通货膨胀不确定性。传统的 GARCH 模型是该模型的特例。在其他情况下，h_t 会低估真实的通货膨胀不确定性 H_t，因为 $x_t V_{t|t-1} x_t' > 0$。为了叙述方便，本书将 H_t 称为总的通货膨胀不确定性，将源于通货膨胀均值方程回归系数变化的不确定性（$x_t V_{t|t-1} x_t'$）称为通货膨胀过程的不确定性，并用 V_t 表示，而将源于通货膨胀冲击的不确定性（h_t）称为经济冲击的不确定性。

（2）数据及变量的平稳性检验。

本书利用同比居民消费价格指数（CPI）的月度数据来反映通货膨胀水平，通货膨胀率 $\pi_t = CPI - 100$。样本区间为 1985 年 1 月到 2021 年 12 月，数据源于中国经济信息网统计数据库和《中国统计月报》。

本书利用不带结构突变与具有结构突变的 ADF 方法来检验通货膨胀率序列的平稳性，检验结果见表 5.1。由检验结果可知，在 5% 的显著性水平下，我们可以认为中国通货膨胀率序列是平稳的。

表 5.1　通货膨胀率序列的平稳性检验结果

是否考虑结构突变	检验方式	变量	ADF 统计量	P 值
否	有常数项、有趋势项	π_t	−3.860 0	0.014 5
是	有常数项、有趋势项	π_t	−5.430 0	< 0.01

（3）模型设定检验。

在估计模型之前，我们必须检验一下设定的模型是否正确。

首先，利用自相关函数和偏自相关函数来检验 AR 模型的设定是否正确。自相关函数和偏自相关函数如图 5.1 和图 5.2 所示。由图 5.1 和图 5.2 可知，

通货膨胀率序列的自相关函数呈现出拖尾衰减特征，而偏自相关函数呈现出截尾特征。由上述的分析可知，用 AR 模型来刻画通货膨胀率序列是合适的。根据 AIC 信息准则和变量的显著性，我们将模型的滞后长度确定为 3。经过初步的检验，常数项在统计上并不显著，所以模型不包含常数项。

其次，利用 ARCH-LM 检验来检验模型是否存在条件异方差。本书利用最小二乘法估计如下的模型。

$$\pi_t = \sum_{i=1}^{3} \pi_{t-i} \beta_i + \varepsilon_t \tag{5.8}$$

估计结果如表 5.2 所示。从模型的估计结果可知，这个方程整体显著性很高，各系数的显著性也较高，拟合程度也很好。那么，这个模型是否准确地刻画了中国通货膨胀率的变化过程呢？回归方程的残差如图 5.3 所示。由图 5.3 可以发现：残差序列存在自相关现象；波动在一些时期比较小，而在其他一些时期相对较大。这说明模型可能存在条件异方差性。

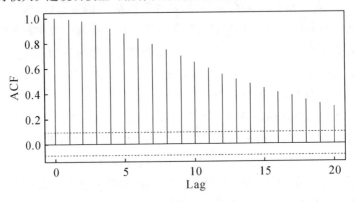

图 5.1　通货膨胀率自相关图

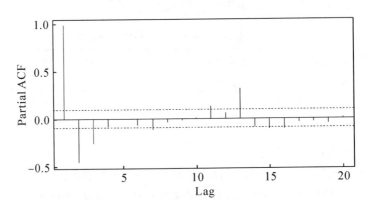

图 5.2　通货膨胀率偏相关图

表 5.2　模型（5.8）估计结果

变量	系数估计值	t 统计量	P 值
π_{t-1}	1.350 5	29.072 2	0.000 0
π_{t-2}	-0.117 5	-1.477 6	0.140 2
π_{t-3}	-0.244 3	-5.265 2	0.000 0
$R^2 = 0.986\ 2,\ \bar{R}^2 = 0.986\ 2$			

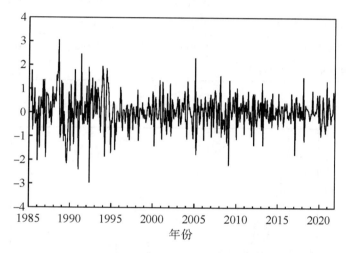

图 5.3　模型（5.8）残差序列

为了从统计上检验是否存在条件异方差性，本书利用 ARCH-LM 进行检验（滞后阶数设定为 1）。检验结果见表 5.3。由检验结果可知，在 5% 的显著性水平下，我们可以拒绝不存在条件异方差性的原假设。因此，利用具有 ARCH 结构的模型来刻画通货膨胀率的动态过程可能更为恰当。

表 5.3　ARCH LM 检验结果

F 统计量	20.172 9	P 值	0.000 0
$T \times R^2$	19.372 8	P 值	0.000 0

利用 AR（3）-GARCH（1，1）模型估计中国的通货膨胀率序列的结果见表 5.4。由估计结果可知，条件方差方程中各系数在 5% 的显著性水平下均为显著。由此可知，AR（3）-GARCH（1，1）模型相对于 AR（3）模型更为合适。

表 5.4　AR（3）-GARCH（1，1）模型估计结果

均值方程			
变量	系数	Z 统计量	P 值
π_{t-1}	1.202 6	24.426 4	0.000 0
π_{t-2}	0.013 4	0.155 9	0.876 1
π_{t-3}	-0.232 9	-4.180 5	0.000 0
方差方程			
C	0.015 4	2.473 5	0.013 4
RESID（-1）^2	0.086 7	3.649 9	0.000 3
GARCH（-1）	0.884 5	30.176 0	0.000 0
$R^2 = 0.985\ 8, \bar{R}^2 = 0.985\ 7$			

AR（3）-GARCH（1，1）模型估计的条件方差如图 5.4 所示。

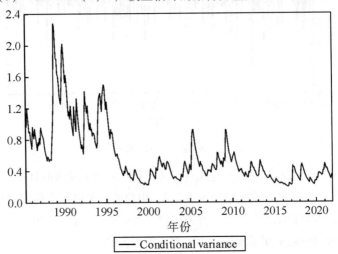

图 5.4　AR（3）-GARCH（1，1）模型的条件方差

　　最后，我们还需要检验是否需要变系数的设定。由于直接检验 AR（3）-GARCH（1，1）模型的系数是否随时间变化比较困难，所以这里的检验是建立在 AR（3）模型的基础上。本书利用 Chow 检验来检验系数的稳定性。由于 Chow 检验要求事先确定系数变化的可能位置，但是我们并不清楚系数变化的位置，只能通过试探的方法确定。经过试探，无论将系数变化的位置设定在什么位置，在 5% 的显著性水平下都可以拒绝不存在系数变化的原假设。由于篇幅的限制，我们不可能给出所有的检验结果。作为参考，下面给出了假定存在

两个可能间断点（1998年1月和2003年1月）的检验结果（见表5.5）。由Chow检验的结果可知，AR（3）模型的系数是随着时间变化而不断发生变化的。因此，变系数的模型设定是合理的。

表 5.5   Chow 间断点检验

间断点位置：1998M01			
F 统计量	9. 171 2	P 值	0. 000 0
对数似然比统计量（LR）	27. 046 4	P 值	0. 000 0
间断点位置：2003M01			
F 统计量	6. 013 5	P 值	0. 000 5
对数似然比统计量（LR）	17. 920 4	P 值	0. 000 5
间断点位置：1998M01 和 2003M01			
F 统计量	5. 205 8	P 值	0. 000 0
对数似然比统计量（LR）	30. 785 5	P 值	0. 000 0

（4）模型估计及结果分析。

我们利用 R 软件编程对模型（5.1）至模型（5.3）进行估计，条件方差方程的估计结果如下：

$$h_t = 0.013\ 0 + 0.046\ 9\ \varepsilon_{t-1}^2 + 0.926\ 2\ h_{t-1} \qquad (5.9)$$

回归系数的估计结果如图 5.5 所示。从估计结果中可以发现，各变量的回归系数确实是不断变化的。

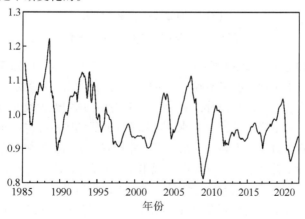

（1）β_1 的估计值的变化情况

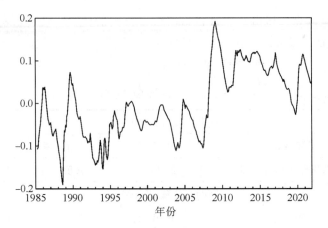

（2）β_2 的估计值的变化情况

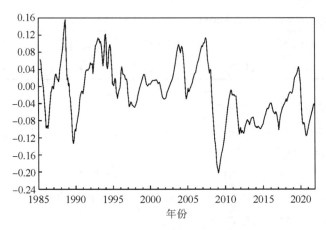

（3）β_3 的估计值的变化情况

图 5.5　模型回归系数的估计结果

　　中国各种通货膨胀不确定性的估计结果如图 5.6 所示。由图 5.6 可知，在大多数时期，中国通货膨胀不确定性主要源于经济冲击的不确定性。从总的通货膨胀不确定性变化趋势来看，中国的通货膨胀不确定性大致经历了一个先下降、后上升、再下降的过程。各种不同来源的通货膨胀不确定性变化情况略有不同。通货膨胀过程的不确定性在下降后并没有表现出明显的上升趋势，而经济冲击的不确定性在经历了下降后表现出了一定的上升趋势，然后逐渐下降。由中国通货膨胀不确定性的变化情况，我们可以得出以下一些推论：①经济冲击不确定性的降低在总的通货膨胀不确定性降低过程中发挥了重要作用。当然，通货膨胀过程的不确定性的降低也发挥了一定的作用。②总的通货膨胀不确定性的上升主要是由经济冲击的不确定性增加而引起的。

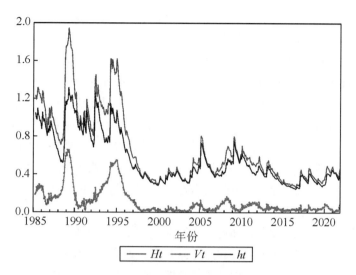

图 5.6　中国通货膨胀不确定性的估计值

5.3　中国贸易开放与通货膨胀不确定性关系的实证研究

从上一节的研究中，我们知道：中国总的通货膨胀不确定性经历了一个先下降、后上升、再下降的过程。造成这一变化过程的原因是错综复杂的，本书认为贸易开放在其中起到了不可忽略的作用。本节就贸易开放对中国通货膨胀不确定性的影响进行实证检验。中国贸易开放带来的结果不仅仅是贸易开放度大幅度提高，而且贸易商品结构也发生了显著的变化。因此，研究贸易开放对通货膨胀不确定性的影响，一方面要考虑到贸易开放度提高对通货膨胀不确定性的影响，另一方面还要考虑到贸易商品结构变化对通货膨胀不确定性的影响。

5.3.1　贸易开放度与通货膨胀不确定性的协整关系检验

（1）模型。

为了考察贸易开放度与中国通货膨胀不确定性的关系，我们建立以下的模型。

$$U_t = \beta_0 + \beta_1 \pi_t + \beta_2 \, \text{open}_t + u_t \tag{5.10}$$

其中，U_t 为通货膨胀不确定性，π_t 为通货膨胀率，open_t 为贸易开放度，u_t 为随机扰动项。在模型中引入通货膨胀率的原因是：现有的大多数研究都证实了通货膨胀水平与通货膨胀不确定性之间存在密切的关系，通货膨胀率越高，通货膨胀不确定性也会越高。为了控制通货膨胀水平对通货膨胀不确定性的影响，我们在模型中引入了通货膨胀率。

（2）变量与数据。

本书利用上文中计算的对外贸易总体综合贸易强度指标 CTI 作为贸易开放度的代理变量。由于数据的限制，贸易开放度变量只能获得年度数据。为了估计模型（5.10），其他变量也应该是年度数据，但是上文中估计的通货膨胀不确定性是月度数据，因此需要将其折算为年度数据。这里采用的方法是用各年份月度通货膨胀不确定性的平均值作为该年度通货膨胀不确定性的估计值，由此可以估计出中国历年的通货膨胀不确定性。本书用年度同比 CPI 通货膨胀率反映平均通货膨胀水平。

从上一节的研究中我们知道：总的通货膨胀不确定性按照来源不同可以分解为通货膨胀过程的不确定性和经济冲击的不确定性。为了考察贸易开放对总的通货膨胀不确定性以及不同来源的通货膨胀不确定性的影响，我们将各种通货膨胀不确定性分别代入模型（5.10）。本书用 uncertain、uncertain1 和 uncertain2 分别表示总的通货膨胀不确定性、通货膨胀过程的不确定性和经济冲击的不确定性的年度估计值，利用前文中估计的月度数据计算出的结果如图 5.7 所示。由图 5.7 可知，中国历年总的通货膨胀不确定性处于不断变化的过程中，其变化趋势与月度通货膨胀不确定性的变化趋势基本一致，即表现出先下降、后上升、再下降的走势。

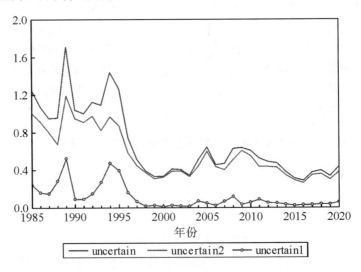

图 5.7　中国年度通货膨胀不确定性的估计值

（3）模型估计与结果分析。

变量的平稳性检验。本书利用 ADF 检验方法对变量的平稳性进行检验，检验结果见表 5.6。根据表 5.6 中的平稳性检验结果可知，在 5% 的显著性水平下，各种通货膨胀不确定性和通货膨胀率序列均为一阶单整的，各种贸易开放度序列也是一阶单整的。所以，它们之间可能存在协整关系。下面就利用 Johansen 方法检验变量间的协整关系。各种通货膨胀不确定性与通货膨胀水平、对外贸易的总体贸易强度的协整关系检验的结果见表 5.7 至表 5.9。

表 5.6　通货膨胀不确定性序列的平稳性检验结果

检验方式	变量	ADF 统计量（P 值）	变量	ADF 统计量（P 值）
有常数项、无趋势项	uncertain	−1.252 8（0.000 5）	Δuncertain	−4.305 2（0.002 0）
有常数项、无趋势项	uncertain1	−2.788 2（0.070 6）	Δuncertain1	−5.540 5（0.000 1）
有常数项、无趋势项	uncertain2	−1.044 9（0.724 8）	Δuncertain2	−3.762 2（0.007 6）
有常数项、无趋势项	π	−2.603 2（0.102 8）	$\Delta\pi$	−4.751 6（0.000 5）
有常数项、无趋势项	CTI	−0.647 9（0.846 8）	ΔCTI	−4.235 4（0.002 1）
有常数项、无趋势项	CTI1	−0.604 0（0.857 1）	ΔCTI1	−4.220 6（0.002 2）
有常数项、无趋势项	CTI2	−1.703 1（0.421 0）	ΔCTI2	−6.795 9（0.000 0）

表 5.7　uncertain、π 和 CTI 协整关系检验结果

原假设	特征根	迹统计量（P 值）	最大特征根统计量（P 值）
0 个协整向量	0.624 5	44.884 3（0.003 4）	32.319 1（0.001 4）
最多 1 个协整向量	0.248 6	12.565 2（0.399 5）	9.430 3（0.389 0）
最多 2 个协整向量	0.090 6	3.134 9（0.555 8）	3.134 9（0.555 8）

表 5.7 给出了总的通货膨胀不确定性（uncertain）、通货膨胀水平（π）和对外贸易总体综合贸易强度（CTI）之间协整关系检验的结果。由检验结果

可知：总的通货膨胀不确定性、通货膨胀水平和对外贸易总体综合贸易强度之间存在协整关系，并且在 1% 的显著性水平下存在 1 个协整向量，基于向量误差修正（VEC）模型估计的协整方程为

$$\widehat{uncertain}_t = 0.301\ 7 + 0.077\ 4\ \pi_t - 0.000\ 6\ CTI_t \qquad (5.11)$$

标准差 = （0.054 2）（0.005 1）（0.000 9）

由协整方程（5.11）可知，总的通货膨胀不确定性与通货膨胀水平之间存在长期稳定的正相关关系，而与对外贸易总体综合贸易强度之间存在长期稳定的负相关关系。通货膨胀水平越高，总的通货膨胀不确定性越高；对外贸易总体综合贸易强度越高，总的通货膨胀不确定性越低。

表 5.8 uncertain1、π 和 CTI 协整关系检验结果

原假设	特征根	迹统计量（P 值）	最大特征根统计量（P 值）
0 个协整向量	0.550 2	49.052 1 (0.010 9)	26.365 3 (0.042 4)
最多 1 个协整向量	0.373 7	22.686 8 (0.118 5)	15.439 8 (0.170 9)
最多 2 个协整向量	0.197 2	7.247 0 (0.319 4)	7.247 0 (0.319 4)

表 5.8 给出了通货膨胀过程的不确定性（uncertain1）、通货膨胀水平（π）和对外贸易总体综合贸易强度（CTI）之间协整关系检验的结果。由检验结果可知，通货膨胀过程的不确定性、通货膨胀水平和对外贸易总体综合贸易强度之间存在协整关系，在 5% 的水平下存在 1 个协整向量，基于向量误差修正（VEC）模型估计的协整方程为

$$\widehat{uncertain1}_t = 0.013\ 5 + 0.021\ 2\ \pi_t - 0.000\ 4\ CTI_t \qquad (5.12)$$

标准差 = （0.006 8）（0.000 6）（0.000 1）

由协整方程（5.12）可知，通货膨胀过程的不确定性与通货膨胀水平之间存在长期稳定的正相关关系；通货膨胀过程的不确定性与对外贸易总体综合贸易强度之间存在长期稳定的负相关关系。通货膨胀水平越高，通货膨胀过程的不确定性就越高；对外贸易总体综合贸易强度越高，通货膨胀过程的不确定性就越低。

表 5.9　uncertain2、π 和 CTI 协整关系检验结果

原假设	特征根	迹统计量 （P 值）	最大特征根统计量 （P 值）
0 个协整向量	0.642 6	47.112 9 （0.001 7）	33.949 1 （0.000 8）
最多 1 个协整向量	0.259 0	13.163 9 （0.350 9）	9.892 4 （0.344 3）
最多 2 个协整向量	0.094 4	3.271 5 （0.531 2）	3.271 5 （0.531 2）

表 5.9 给出了经济冲击的不确定性（uncertain2）、通货膨胀水平（π）和对外贸易总体综合贸易强度（CTI）之间协整关系检验的结果。由检验结果可知，经济冲击的不确定性、通货膨胀水平和对外贸易总体开放度之间存在协整关系，在 1% 的水平下存在 1 个协整向量，基于向量误差修正（VEC）模型估计的协整方程为

$$\widehat{uncertain2}_t = 0.288\ 8 + 0.056\ 3\ \pi_t - 0.000\ 3\ CTI_t \qquad (5.13)$$
$$标准差 = （0.048\ 3）（0.004\ 5）（0.000\ 8）$$

由协整方程（5.13）可知，经济冲击的不确定性与通货膨胀水平之间存在长期稳定的正相关关系，而与对外贸易总体综合贸易强度之间存在长期稳定的负相关关系。通货膨胀水平越高，经济冲击的不确定性越高；对外贸易总体综合贸易强度越高，经济冲击的不确定性越低。

比较协整方程（5.12）和（5.13）可以发现，对外贸易总体综合贸易强度与不同来源的通货膨胀不确定性之间的长期关系是相同的。对外贸易总体贸易强度越高，通货膨胀过程的不确定性以及经济冲击的不确定性越低。本书认为造成上述结果的原因主要在于以下两个方面。首先，贸易开放意味着中国经济与世界经济一体化程度不断提高，中国利用国际市场与国际资源应对国内外各种冲击的能力逐渐增强，因此，经济冲击引发的不确定性可能会随着对外贸易总体开放度的提高而降低。其次，随着对外贸易总体开放度的提高，政府在制定政策过程中会越来越多地考虑到政策对进出口贸易和外商直接投资的影响。政策的稳定性通常被认为是政局稳定和政府执政能力的标志，政策稳定性高的国家往往具有更强的国际竞争力和吸引力。同时，不稳定的政策环境会造成国内企业成本和收益变化频繁，不利于企业的长期投资决策，可能会扭曲企业的投资行为。成本的变化通常会引起产出价格的变化，产品价格的频繁波动会削弱产品的竞争力，不利于出口贸易的增长。因此，随着对外贸易总体开放

度的提高，为了增强中国在全球商业布局中的吸引力和出口商品的竞争力，中国政府可能会制定和实施更加稳定的政策，进而导致政策的不确定性和通货膨胀过程的不确定性降低。对外贸易总体贸易强度与不同来源的通货膨胀不确定性均存在负相关关系，由此可以推论，对外贸易总体贸易强度与总的通货膨胀不确定性之间也具有负相关关系，这与协整方程（5.11）的结果是一致的。协整方程（5.11）表明，对外贸易总体综合贸易强度与总的通货膨胀不确定性之间存在长期的负向关系。

（4）稳健性检验。

在上面的研究中，我们使用的是对外贸易总体综合贸易强度指标作为贸易开放度的代理变量，得出的结论可能仅仅适用于反映贸易总体开放与通货膨胀不确定性之间的关系，可能并不能准确反映货物贸易开放以及服务贸易开放与通货膨胀不确定性的关系。为此，本部分考察贸易开放度指标的选取是否会对研究结论产生明显的影响。本部分的研究分别选取综合货物贸易强度和综合服务贸易强度作为贸易开放度的代理变量，利用与上文相同的方法进行研究。

表 5.10 至表 5.12 分别给出了各种通货膨胀不确定性与通货膨胀水平、综合货物贸易强度之间协整关系的检验结果。由检验的结果可知，各种通货膨胀不确定性与通货膨胀水平和综合货物贸易强度之间均存在协整关系。基于向量误差修正模型估计的协整方程见表 5.13。由表 5.13 中的（1）、（3）和（5）列的协整方程可知，通货膨胀水平越高，各种通货膨胀不确定性越高；综合货物贸易强度越高，总的通货膨胀不确定性、通货膨胀过程的不确定性以及经济冲击的不确定性越低。由此可知，货物贸易开放将导致总的通货膨胀不确定性以及不同来源的通货膨胀不确定性降低。

表 5.10　uncertain、π 和 CTI1 协整关系检验结果

原假设	特征根	迹统计量 （P 值）	最大特征根统计量 （P 值）
0 个协整向量	0.623 3	44.978 8 （0.003 3）	32.214 5 （0.001 5）
最多 1 个协整向量	0.252 9	12.764 3 （0.382 9）	9.620 3 （0.370 2）
最多 2 个协整向量	0.090 9	3.144 0 （0.554 2）	3.144 0 （0.554 2）

表 5.11 uncertain1、π 和 CTI1 协整关系检验结果

原假设	特征根	迹统计量 （P 值）	最大特征根统计量 （P 值）
0 个协整向量	0.511 0	38.974 5 （0.018 6）	22.894 1 （0.041 3）
最多 1 个协整向量	0.340 2	16.080 4 （0.170 7）	13.308 4 （0.122 1）
最多 2 个协整向量	0.083 0	2.772 0 （0.624 1）	2.772 0 （0.624 1）

表 5.12 uncertain2、π 和 CTI1 协整关系检验结果

原假设	特征根	迹统计量 （P 值）	最大特征根统计量 （P 值）
0 个协整向量	0.639 7	47.030 2 （0.001 7）	33.685 3 （0.000 9）
最多 1 个协整向量	0.262 6	13.344 9 （0.336 9）	10.053 5 （0.329 5）
最多 2 个协整向量	0.094 9	3.291 4 （0.527 7）	3.291 4 （0.527 7）

表 5.13 综合货物贸易强度、综合服务强度与各种通货膨胀不确定性的协整方程

变量	uncertain		uncertain1		uncertain2	
	（1）	（2）	（3）	（4）	（5）	（6）
常数项	0.299 4 （0.054 1）	−0.087 8 0.176 5	0.012 1 （0.006 6）	0.108 4 （0.015 3）	0.286 2 （0.048 4）	0.071 9 （0.132 5）
π	0.077 6 （0.005 1）	0.111 1 （0.014 0）	0.021 3 （0.000 6）	0.012 8 （0.001 2）	0.056 5 （0.004 5）	0.075 5 （0.010 6）
CTI1	−0.000 5 （0.000 8）		−0.000 3 （0.000 1）		−0.000 2 （0.000 7）	
CTI2		0.030 5 （0.015 8）		−0.009 6 （0.001 4）		0.017 3 （0.011 9）

注：括号内为标准差。

表 5.14 至表 5.16 分别给出了各种通货膨胀不确定性与通货膨胀水平、综合服务贸易强度之间协整关系的检验结果。由检验结果可知，各种通货膨胀不确定性与通货膨胀水平和综合服务贸易强度之间均存在协整关系，基于向量误差修正模型估计的协整方程见表 5.13。由表 5.13 中的（2）、（4）和（6）列的协整方程可知，通货膨胀水平越高，各种通货膨胀不确定性越高；综合服务

贸易强度越高，总的通货膨胀不确定性、经济冲击的不确定性越高；综合服务贸易强度越高，通货膨胀过程的不确定性越低。由此可知，服务贸易开放将导致总的通货膨胀不确定性和经济冲击的不确定性提高，导致通货膨胀过程的不确定性降低。

表 5.14 总的通货膨胀不确定性、通货膨胀水平
和综合服务贸易强度协整关系检验结果

原假设	特征根	迹统计量 （P 值）	最大特征根统计量 （P 值）
0 个协整向量	0.599 4	48.360 1 （0.001 1）	30.189 3 （0.003 2）
最多 1 个协整向量	0.347 2	18.170 9 （0.094 6）	14.075 2 （0.094 4）
最多 2 个协整向量	0.116 7	4.095 7 （0.398 1）	4.095 7 （0.398 1）

表 5.15 通货膨胀过程的不确定性、通货膨胀水平
和综合服务贸易强度协整关系检验结果

原假设	特征根	迹统计量 （P 值）	最大特征根统计量 （P 值）
0 个协整向量	0.553 0	44.714 6 （0.003 5）	26.572 8 （0.011 9）
最多 1 个协整向量	0.342 4	18.141 8 （0.095 4）	13.834 5 （0.102 4）
最多 2 个协整向量	0.122 4	4.307 3 （0.368 3）	4.307 3 （0.368 3）

表 5.16 经济冲击的不确定性、通货膨胀水平
和综合服务贸易强度协整关系检验结果

原假设	特征根	迹统计量 （P 值）	最大特征根统计量 （P 值）
0 个协整向量	0.623 2	48.982 3 （0.000 9）	32.211 9 （0.001 5）
最多 1 个协整向量	0.318 8	16.770 4 （0.141 3）	12.668 6 （0.150 4）
最多 2 个协整向量	0.116 9	4.101 8 （0.397 2）	4.101 8 （0.397 2）

由上述的稳健性检验结果可知，贸易开放度指标的选择会在一定程度上对通货膨胀不确定性与贸易开放度之间的长期关系产生实质性的影响。分别选取综合货物贸易强度和综合服务贸易强度的结果存在明显的差异。当选择综合货物贸易强度时，所得结论与选择总体综合贸易强度时的结论是一致的。当选择综合服务贸易强度时，所得结论与选择总体综合贸易强度时的结论是基本相反的（通货膨胀过程的不确定性除外）。由此可以认为，中国的货物贸易开放和服务贸易开放对各种通货膨胀不确定性的影响可能是不相同的，货物贸易开放总体上对通货膨胀不确定性具有负向影响，而服务贸易开放总体上对通货膨胀不确定性具有正向影响。相对来说，货物贸易开放的负向影响大于服务贸易开放的正向影响。因此，贸易开放总体上对通货膨胀不确定性具有负向影响。

5.3.2 贸易商品结构与通货膨胀不确定性的协整关系检验

本节考察贸易商品结构的变化是否会对中国的通货膨胀不确定性具有明显的影响。本书利用初级产品在进出口总额中所占的比重反映贸易商品结构。这里同时选用两种指标反映贸易商品结构：进出口贸易商品结构（S），用初级产品进出口总额占货物进出口总额的比重来反映；进口贸易商品结构（$S1$），用初级产品进口额占货物进口总额的比重来反映。为了考察贸易商品结构与中国通货膨胀不确定性的关系，本书建立以下的模型。

$$U_t = \omega + \alpha \pi_t + \beta \, \text{struc}_t + u_t \qquad (5.14)$$

其中，U_t 为通货膨胀不确定性，π_t 为通货膨胀率，struc_t 为贸易商品结构，u_t 为随机扰动项。

与前文中考察贸易开放度与通货膨胀不确定性关系的方法一样，这里利用 Johansen 方法检验通货膨胀不确定性、通货膨胀水平以及贸易商品结构之间是否存在协整关系。本书利用 ADF 方法检验变量的平稳性，贸易商品结构变量的平稳性检验结果见表 5.17。由表 5.17 中的检验结果可知，贸易商品结构变量 S 和 $S1$ 都是一阶单整序列。由表 5.6 中的检验结果可知，通货膨胀不确定性和通货膨胀率序列是一阶单整的。由此可知，各变量序列的单整阶数相同，因此，它们之间可能存在协整关系。

表 5.17　贸易商品结构变量的平稳性检验

检验方式	变量	ADF 统计量（P 值）	变量	ADF 统计量（P 值）
有常数项、无趋势项	S	−3.541 8（0.364 5）	ΔS	−4.024 0（0.003 8）

表5.17(续)

检验方式	变量	ADF 统计量 （P 值）	变量	ADF 统计量 （P 值）
有常数项、无趋势项	$S1$	−3.637 3 (0.313 0)	$\Delta S1$	−6.082 4 (< 0.01)

注：考虑到可能存在结构突变，表中给出的是具有结构突变的检验结果。

表 5.18 至表 5.20 分别给出了各种通货膨胀不确定性与通货膨胀水平、进出口贸易商品结构之间协整关系的检验结果。由检验结果可知，它们之间均存在协整关系，基于向量误差修正模型估计的协整方程见表 5.21。由表 5.21 的（1）、（3）和（5）列可知，总的通货膨胀不确定性、经济冲击的不确定性与进出口贸易商品结构之间存在长期稳定的负相关关系；通货膨胀过程的不确定性与进出口贸易商品结构之间存在长期稳定的正相关关系。初级产品进出口总额占货物进出口总额比重越大，总的通货膨胀不确定性、经济冲击的不确定性越低，通货膨胀过程的不确定性越高。

由于中国货物贸易进出口贸易商品结构存在显著的差异，初级产品进口额占进口总额的比重基本上表现出上升的趋势，而初级产品出口额占出口总额的比重则表现出下降的趋势，这样初级产品进出口总额占货物进出口总额的比重可能不能反映中国进出口贸易商品结构变化的特点，这可能会造成结果的可靠性降低。为此，下面我们利用进口贸易商品结构（$S1$）作为贸易商品结构指标重新考察通货膨胀不确定性与贸易商品结构的关系。

表 5.18　总的通货膨胀不确定性、通货膨胀水平
和进出口贸易商品结构（S）的协整关系

原假设	特征根	迹统计量 （P 值）	最大特征根统计量 （P 值）
0 个协整向量	0.669 8	47.331 9 (0.001 6)	36.566 0 (0.000 3)
最多 1 个协整向量	0.208 6	10.765 9 (0.564 8)	7.719 5 (0.581 5)
最多 2 个协整向量	0.088 2	3.046 4 (0.572 1)	3.046 4 (0.572 1)

表 5.19　通货膨胀过程的不确定性、通货膨胀水平

和进出口贸易商品结构（S）的协整关系

原假设	特征根	迹统计量 （P 值）	最大特征根统计量 （P 值）
0 个协整向量	0.613 5	56.923 2 （0.001 2）	31.368 3 （0.008 3）
最多 1 个协整向量	0.424 2	25.554 9 （0.054 7）	18.215 3 （0.073 3）
最多 2 个协整向量	0.199 4	7.339 5 （0.310 4）	7.339 5 （0.310 4）

表 5.20　经济冲击的不确定性、通货膨胀水平

和进出口贸易商品结构（S）的协整关系

原假设	特征根	迹统计量 （P 值）	最大特征根统计量 （P 值）
0 个协整向量	0.670 5	47.774 5 （0.001 4）	36.638 5 （0.000 3）
最多 1 个协整向量	0.212 7	11.135 9 （0.529 1）	7.892 9 （0.560 6）
最多 2 个协整向量	0.093 6	3.243 0 （0.536 3）	3.243 0 （0.536 3）

表 5.21　通货膨胀不确定性与贸易商品结构的协整方程

	uncertain		uncertain1		uncertain2	
	（1）	（2）	（3）	（4）	（5）	（6）
常数项	0.587 2 （0.130 8）	0.344 7 （0.093 5）	0.013 7 （0.053 0）	0.038 1 （0.013 1）	0.519 0 （0.112 7）	0.312 6 （0.082 9）
π	0.086 9 （0.006 0）	0.077 3 （0.004 9）	0.016 6 （0.000 6）	0.017 6 （0.000 6）	0.062 5 （0.005 2）	0.056 2 （0.004 3）
S	−0.020 4 （0.008 4）		0.002 8 （0.000 7）		−0.015 6 （0.007 2）	
$S1$		−0.001 9 （0.003 4）		0.001 4 （0.000 7）		−0.000 6 （0.003 0）

注：括号内为标准差。

表 5.22 至表 5.24 分别给出了各种通货膨胀不确定性与通货膨胀水平、进口贸易商品结构之间协整关系的检验结果。由检验结果可知，它们之间均存在协整关系，基于向量误差修正模型估计的协整方程见表 5.21。由表 5.21 的（2）、（4）和（6）列可知，总的通货膨胀不确定性、经济冲击的不确定性与进口贸易商品结构之间存在长期稳定的负相关关系；通货膨胀过程的不确定性与进口贸易商品结构之间存在长期稳定的正相关关系。初级产品进口额占货物进口总额的比重越大，总的通货膨胀不确定性、经济冲击的不确定性越低。初级产品进口额占货物进口总额的比重越大，通货膨胀过程的不确定性越高。

表 5.22 总的通货膨胀不确定性、通货膨胀水平
和进口贸易商品结构（S1）的协整关系

原假设	特征根	迹统计量 （P 值）	最大特征根统计量 （P 值）
0 个协整向量	0.638 0	43.090 3 （0.005 8）	33.532 0 （0.000 9）
最多 1 个协整向量	0.159 5	9.558 3 （0.683 0）	5.732 4 （0.817 2）
最多 2 个协整向量	0.109 5	3.825 9 （0.438 6）	3.825 9 （0.438 6）

表 5.23 通货膨胀过程的不确定性、通货膨胀水平
和贸易商品结构（S1）的协整关系

原假设	特征根	迹统计量 （P 值）	最大特征根统计量 （P 值）
0 个协整向量	0.580 4	47.175 5 （0.017 7）	29.530 1 （0.015 5）
最多 1 个协整向量	0.335 1	17.645 4 （0.368 2）	13.874 5 （0.262 7）
最多 2 个协整向量	0.105 0	3.770 9 （0.775 0）	3.770 9 （0.775 0）

表 5.24 经济冲击的不确定性、通货膨胀水平

和贸易商品结构（S1）的协整关系

原假设	特征根	迹统计量 （P 值）	最大特征根统计量 （P 值）
0 个协整向量	0.650 8	44.014 8 （0.004 4）	34.720 9 （0.000 6）
最多 1 个协整向量	0.155 6	9.293 9 （0.708 5）	5.581 4 （0.833 0）
最多 2 个协整向量	0.106 4	3.712 5 （0.456 6）	3.712 5 （0.456 6）

根据前面的协整分析结果可知，贸易商品结构指标的选择对通货膨胀不确定性与贸易商品结构的关系没有实质性的影响。货物贸易进出口商品结构、货物贸易进口商品结构与总的通货膨胀不确定性和经济冲击的不确定性之间存在长期稳定的负相关关系；货物贸易进出口商品结构、货物贸易进口商品结构与通货膨胀过程的不确定性之间存在长期稳定的正相关关系。

5.3.3 贸易开放度、贸易商品结构与通货膨胀不确定性的协整关系检验

在前面的研究中，我们分别讨论了贸易开放度与通货膨胀不确定性、贸易商品结构与通货膨胀不确定性的协整关系。前面的研究为认识贸易开放与通货膨胀不确定性的关系提供了重要的参考，然而，贸易开放往往会同时伴随着贸易开放度的提高和贸易商品结构的变化。贸易开放对通货膨胀不确定性的影响既会通过贸易开放度的变化发生作用，又会通过贸易商品结构的变化发生作用。因此，同时考察贸易开放度和贸易商品结构变化对通货膨胀不确定性的影响，能够深化我们对贸易开放与通货膨胀不确定性关系的认识。

为了考察贸易开放度、贸易商品结构与中国通货膨胀不确定性的关系，我们建立以下的模型。

$$U_t = \beta_0 + \beta_1 \pi_t + \beta_2 \text{open}_t + \beta_3 \text{struc}_t + u_t \qquad (5.15)$$

其中，U_t 为通货膨胀不确定性，π_t 为通货膨胀率，open_t 为贸易开放度，struc_t 为贸易商品结构，u_t 为随机扰动项。

这里同时选取三种通货膨胀不确定性指标、三种贸易开放度指标以及两种贸易商品结构指标变量进行实证研究。在基准模型中，我们选择对外贸易总体综合贸易强度作为贸易开放度的代理变量，选择进出口贸易商品结构（S）作为贸易商品结构的代理变量。而在稳健性检验中，我们考察选择其他的贸易开

放度和贸易商品结构指标是否对结论有显著的影响。

（1）基准模型。

由前面的平稳性检验结果可知，各变量序列均为一阶单整的。因而它们之间可能存在协整关系，这里同样使用 Johansen 方法检验变量间是否存在协整关系。基准模型的协整关系检验结果见表 5.25 至表 5.27。由检验结果可知，在 1% 的水平下，各变量间均存在协整关系，基于向量误差修正模型估计的协整方程见表 5.28。由表 5.28 的列（1）可知，总的通货膨胀不确定性与通货膨胀水平、对外贸易总体综合贸易强度之间存在长期稳定的正相关关系，而与进出口贸易商品结构之间存在长期稳定的负相关关系。通货膨胀水平越高，总的通货膨胀不确定性越高；对外贸易总体综合贸易强度越高，总的通货膨胀不确定性越高；初级产品进出口总额占进出口总额的比重越大，总的通货膨胀不确定性越低。由表 5.28 的列（3）可知，通货膨胀水平越高，通货膨胀过程的不确定性越高；对外贸易总体综合贸易强度越高，通货膨胀过程的不确定性越低；初级产品进出口总额占进出口总额的比重越大，通货膨胀过程的不确定性越高。由表 5.28 的列（5）可知，通货膨胀水平越高，经济冲击的不确定性越高；对外贸易总体综合贸易强度越高，经济冲击的不确定性越高；初级产品进出口总额占进出口总额的比重越大，经济冲击的不确定性越低。上述结果似乎表明，同时考虑贸易开放度和贸易商品结构会对贸易开放度、贸易商品结构与各种通货膨胀不确定性的关系产生一定的影响。然而，正如前文指出的那样，进出口贸易商品结构可能掩盖了中国进口贸易商品结构和出口贸易商品结构变化各自的特点，导致结论的可信度降低。因此，我们有必要选择其他的贸易商品结构指标进行进一步的检验。

表 5.25 uncertain、π、CTI 与 S 协整关系检验结果

原假设	特征根	迹统计量 （P 值）	最大特征根统计量 （P 值）
0 个协整向量	0.662 1	63.527 9 （0.005 7）	35.808 5 （0.005 0）
最多 1 个协整向量	0.379 2	27.719 4 （0.254 1）	15.731 8 （0.317 7）
最多 2 个协整向量	0.215 0	11.987 6 （0.449 9）	7.987 8 （0.549 2）
最多 3 个协整向量	0.114 1	3.999 8 （0.412 2）	3.999 8 （0.412 2）

表 5.26　uncertain1、π、CTI 与 S 协整关系检验结果

原假设	特征根	迹统计量 （P 值）	最大特征根统计量 （P 值）
0 个协整向量	0.695 1	78.284 0 (0.001 9)	39.199 6 (0.005 8)
最多 1 个协整向量	0.474 4	39.084 4 (0.114 7)	21.226 6 (0.180 3)
最多 2 个协整向量	0.279 5	17.857 9 (0.353 5)	10.819 2 (0.532 0)
最多 3 个协整向量	0.192 1	7.038 6 (0.340 5)	7.038 6 (0.340 5)

表 5.27　uncertain2、π、CTI 与 S 协整关系检验结果

原假设	特征根	迹统计量 （P 值）	最大特征根统计量 （P 值）
0 个协整向量	0.668 2	65.352 1 (0.003 6)	36.401 4 (0.004 1)
最多 1 个协整向量	0.391 2	28.950 8 (0.201 3)	16.379 4 (0.272 2)
最多 2 个协整向量	0.217 6	12.571 4 (0.399 0)	8.097 5 (0.536 1)
最多 3 个协整向量	0.126 8	4.473 9 (0.346 1)	4.473 9 (0.346 1)

表 5.28　通货膨胀不确定性、对外贸易总体开放度、贸易商品结构的协整方程

变量	uncertain		uncertain1		uncertain2	
	（1）	（2）	（3）	（4）	（5）	（6）
常数项	0.486 0 (0.155 6)	0.109 6 (0.133 8)	−0.013 5 (0.014 7)	0.056 0 (0.026 2)	0.430 3 (0.137 6)	0.134 6 (0.120 9)
π	0.089 0 (0.006 9)	0.079 6 (0.004 5)	0.017 1 (0.000 6)	0.021 1 (0.000 8)	0.066 0 (0.006 1)	0.058 4 (0.004 1)
CTI	0.001 0 (0.001 2)	−0.003 3 (0.002 1)	−0.000 8 (0.000 1)	0.000 6 (0.000 4)	0.001 3 (0.001 1)	−0.002 2 (0.001 9)
S	−0.017 9 (0.009 1)		0.003 6 (0.000 9)		−0.014 7 (0.008 0)	
S1		0.011 9 (0.007 9)		−0.003 3 (0.001 6)		0.009 3 (0.007 1)

注：括号内为标准差。

（2）稳健性检验。

①贸易商品结构指标选择的稳健性。

为了检验贸易商品结构指标的选择是否会对结果产生明显的影响，这里利用进口贸易商品结构（$S1$）反映贸易商品结构。各种通货膨胀不确定性与通货膨胀水平、对外贸易总体贸易强度与进口贸易商品结构协整关系检验的结果见表 5.29 至表 5.31。由检验结果可知，在 5% 的水平下，各变量间存在协整关系，基于向量误差修正模型估计的协整方程见表 5.28。由表 5.28 的列（2）可知，通货膨胀水平越高，总的通货膨胀不确定性越高；对外贸易总体综合贸易强度越高，总的通货膨胀不确定性越低；初级产品进口额占货物进口总额的比重越高，总的通货膨胀不确定性越高。由表 5.28 的列（4）可知，通货膨胀水平越高，通货膨胀过程的不确定性越高；对外贸易总体综合贸易强度越高，通货膨胀过程的不确定性越高；初级产品进口额占货物进口总额的比重越高，通货膨胀过程的不确定性越低。由表 5.28 的列（6）可知，通货膨胀水平越高，经济冲击的不确定性越高；对外贸易总体贸易强度越高，经济冲击的不确定性越低；初级产品进口额占货物进口总额的比重越高，经济冲击的不确定性越高。

表 5.29　uncertain、π、CTI 与 $S1$ 协整关系检验结果

原假设	特征根	迹统计量 （P 值）	最大特征根统计量 （P 值）
0 个协整向量	0.709 9	70.246 5 (0.001 0)	40.838 7 (0.000 9)
最多 1 个协整向量	0.366 5	29.407 8 (0.183 9)	15.066 9 (0.369 6)
最多 2 个协整向量	0.226 6	14.341 0 (0.266 6)	8.478 8 (0.491 7)
最多 3 个协整向量	0.162 8	5.862 2 (0.201 6)	5.862 2 (0.201 6)

表 5.30　uncertain1、π、CTI 与 $S1$ 协整关系检验结果

原假设	特征根	迹统计量 （P 值）	最大特征根统计量 （P 值）
0 个协整向量	0.477 3	54.963 9 (0.041 6)	0.477 3 (0.312 2)

表5.30(续)

原假设	特征根	迹统计量 （P 值）	最大特征根统计量 （P 值）
最多 1 个协整向量	0.399 5	33.556 8 (0.074 3)	0.399 5 (0.243 2)
最多 2 个协整向量	0.333 2	16.724 6 (0.143 1)	0.333 2 (0.119 5)
最多 3 个协整向量	0.096 5	3.350 1 (0.517 4)	0.096 5 (0.517 4)

表 5.31 uncertain2、π、CTI 与 $S1$ 协整关系检验结果

原假设	特征根	迹统计量 （P 值）	最大特征根统计量 （P 值）
0 个协整向量	0.718 0	71.077 1 (0.000 8)	41.769 7 (0.000 6)
最多 1 个协整向量	0.370 8	29.307 4 (0.187 7)	15.290 6 (0.351 6)
最多 2 个协整向量	0.228 2	14.016 8 (0.288 2)	8.546 0 (0.484 0)
最多 3 个协整向量	0.152 8	5.470 9 (0.235 7)	5.470 9 (0.235 7)

由上述的稳健性检验结果可知，贸易商品结构指标的选择不会对通货膨胀水平与通货膨胀不确定性的关系（协整关系）产生实质性的影响。无论选择哪种贸易商品结构指标，通货膨胀水平与各种通货膨胀不确定性之间均存在正向关系。然而，选择不同的贸易商品结构指标会对对外贸易总体综合贸易强度与通货膨胀不确定性的关系产生一定的影响。比较表 5.28 中的列（1）和列（2）可以发现，如果选用初级产品进出口额占货物进出口总额的比重作为贸易商品结构指标，对外贸易总体综合贸易强度与总的通货膨胀不确定性之间存在正相关关系，而如果选用初级产品进口额占货物进口总额的比重作为贸易商品结构指标，对外贸易总体综合贸易强度与总的通货膨胀不确定性之间却存在负向的关系。这样的差异暗示中国对外贸易总体开放度与总的通货膨胀不确定性之间之所以会表现出长期稳定的负相关关系，可能主要是因为进出口商品结构的变化。比较表 5.28 的列（3）和列（4）可以发现，如果选用初级产品进出口额占货物进出口总额的比重作为贸易商品结构指标，对外贸易总体综合贸

易强度与通货膨胀过程的不确定性之间存在负相关关系，而如果选用初级产品进口额占货物进口总额的比重作为贸易商品结构指标，对外贸易总体综合贸易强度与通货膨胀过程的不确定性之间却存在正向的关系。这样的差异暗示中国对外贸易总体开放度与通货膨胀过程的不确定性之间表现出长期稳定的负相关关系的可能原因是：进口商品结构的变化。比较表 5.28 的列（5）和列（6）可以发现，如果选用初级产品进出口额占货物进出口总额的比重作为贸易商品结构指标，对外贸易总体综合贸易强度与经济冲击的不确定性之间存在正相关关系，而如果选用初级产品进口额占货物进口总额的比重作为贸易商品结构指标，对外贸易总体开放度与经济冲击的不确定性之间却存在负相关关系。这样的差异同样暗示中国对外贸易总体综合贸易强度与经济冲击的不确定性之间表现出长期稳定的负向关系的可能原因是：进出口商品结构的变化。

②贸易开放度指标选择的稳健性。

为了检验贸易开放度指标的选择是否会对结果产生显著的影响，这里选用另外两种贸易开放度指标：综合货物贸易强度（CTI1）和综合服务贸易强度（CTI2）。因为进出口贸易商品结构指标不能很准确地反映中国贸易商品结构的变化特征，所以这部分的研究用进口贸易商品结构作为贸易商品结构的代理变量。

表 5.32 至表 5.34 给出了各种通货膨胀不确定性、通货膨胀水平、综合货物贸易强度与进口贸易商品结构的协整关系检验结果。由检验结果可知，在 5% 的水平下，各变量间存在协整关系，基于向量误差修正模型估计的协整方程见表 5.35。由表 5.35 的列（1）可知，通货膨胀水平越高、初级产品进口额占货物进口总额的比重越大，总的通货膨胀不确定性越高；综合货物贸易强度越高，总的通货膨胀不确定性越低。由表 5.35 的列（3）可知，通货膨胀水平越高、综合货物贸易强度越高，通货膨胀过程的不确定性越高；初级产品进口额占货物进口总额的比重越大，通货膨胀过程的不确定性越低。由表 5.35 的列（5）可知，通货膨胀水平越高，经济冲击的不确定性越高；综合货物贸易强度越高，经济冲击的不确定性越低；初级产品进口额占货物进口总额的比重越高，经济冲击的不确定性越高。

表 5.32　uncertain、π、CTI1 与 S1 协整关系检验结果

原假设	特征根	迹统计量 （P 值）	最大特征根统计量 （P 值）
0 个协整向量	0.702 9	70.124 2 （0.001 0）	40.056 7 （0.001 1）
最多 1 个协整向量	0.376 8	30.067 5 （0.160 8）	15.603 3 （0.327 3）
最多 2 个协整向量	0.227 9	14.464 3 （0.258 7）	8.537 0 （0.485 0）
最多 3 个协整向量	0.164 4	5.927 2 （0.196 4）	5.927 2 （0.196 4）

表 5.33　uncertain1、π、CTI1 与 S1 协整关系检验结果

原假设	特征根	迹统计量 （P 值）	最大特征根统计量 （P 值）
0 个协整向量	0.479 9	56.538 8 （0.029 7）	21.573 5 （0.301 5）
最多 1 个协整向量	0.422 6	34.965 2 （0.052 9）	18.124 9 （0.173 2）
最多 2 个协整向量	0.333 8	16.840 3 （0.138 6）	13.405 4 （0.118 3）
最多 3 个协整向量	0.098 9	3.434 9 （0.502 7）	3.434 9 （0.502 7）

表 5.34　uncertain2、π、CTI1 与 S1 协整关系检验结果

原假设	特征根	迹统计量 （P 值）	最大特征根统计量 （P 值）
0 个协整向量	0.709 5	70.729 4 （0.000 8）	40.796 1 （0.000 9）
最多 1 个协整向量	0.380 0	29.933 4 （0.165 3）	15.775 3 （0.314 5）
最多 2 个协整向量	0.230 5	14.158 1 （0.278 7）	8.648 4 （0.472 4）
最多 3 个协整向量	0.153 8	5.509 7 （0.232 1）	5.509 7 （0.232 1）

从上述的检验结果中可以发现，综合货物贸易强度与各种通货膨胀不确定性的关系类似于对外贸易总体综合贸易强度与各种通货膨胀不确定性的关系。因此，如果选择货物贸易开放度作为贸易开放度的代理变量，则不会影响贸易开放度与通货膨胀不确定性关系的基本结论。那么，如果选择服务贸易开放度作为贸易开放度的代理变量，结论会不会有所不同呢？下面就对各种通货膨胀不确定性与通货膨胀水平、综合服务贸易强度、进口贸易商品结构的关系进行检验。

表 5.35　通货膨胀不确定性、综合货物（服务）
贸易强度、进口贸易商品结构的协整方程

变量	uncertain		uncertain1		uncertain2	
	（1）	（2）	（3）	（4）	（5）	（6）
常数项	0.098 1 (0.141 3)	−1.093 1 (0.367 6)	0.079 1 (0.031 9)	0.144 5 (0.020 8)	0.128 6 (0.128 1)	−0.267 7 (0.196 9)
π	0.079 6 (0.004 6)	0.218 9 (0.028 3)	0.021 2 (0.001 0)	0.009 2 (0.001 5)	0.058 4 (0.004 2)	0.111 7 (0.015 3)
CTI1	−0.002 8 (0.001 7)		0.000 9 (0.000 4)		−0.001 9 (0.001 6)	
CTI2		0.157 2 (0.038 8)		−0.013 7 (0.002 2)		0.059 8 (0.020 8)
S1	0.012 6 (0.008 2)	−0.017 7 (0.014 0)	−0.004 9 (0.001 9)	0.000 6 (0.000 8)	0.009 6 (0.007 5)	−0.005 8 (0.007 4)

注：括号内为标准差。

表 5.36 至表 5.38 给出了各种通货膨胀不确定性与通货膨胀水平、综合服务贸易强度、进口贸易商品结构之间协整关系的检验结果。由检验结果可知，在5%的水平下，各变量间存在协整关系，基于向量误差修正模型估计的协整方程见表5.35。由表5.35的列（2）可知，通货膨胀水平越高、综合服务贸易强度越高，总的通货膨胀不确定性越高；初级产品进口额占货物进口总额的比重越大，总的通货膨胀不确定性越低。由表5.35的列（4）可知，通货膨胀水平越高、初级产品进口额占货物进口总额的比重越大，通货膨胀过程的不确定性越高；综合服务贸易强度越高，通货膨胀过程的不确定性越低。由表5.35的列（6）可知，通货膨胀水平越高，经济冲击的不确定性越高；综合服务贸易强度越高，经济冲击的不确定性越高；初级产品进口额占货物进出口总额的比重越高，经济冲击的不确定性越低。从上面的检验结果中可知，选择综合服务强度作为贸易开放度的代理变量会改变贸易开放度与各种通货膨胀不确定性的关系。

表 5.36 uncertain、π、CTI2 与 S1 协整关系检验结果

原假设	特征根	迹统计量 （P 值）	最大特征根统计量 （P 值）
0 个协整向量	0.667 8	61.268 8 （0.010 0）	36.363 0 （0.004 2）
最多 1 个协整向量	0.359 4	24.905 9 （0.406 0）	14.697 6 （0.400 3）
最多 2 个协整向量	0.166 4	10.208 3 （0.619 3）	6.004 3 （0.787 5）
最多 3 个协整向量	0.119 6	4.204 0 （0.382 6）	4.204 0 （0.382 6）

表 5.37 uncertain1、π、CTI2 与 S1 协整关系检验结果

原假设	特征根	迹统计量 （P 值）	最大特征根统计量 （P 值）
0 个协整向量	0.614 1	59.539 8 （0.015 1）	31.418 1 （0.021 1）
最多 1 个协整向量	0.425 3	28.121 7 （0.235 9）	18.281 5 （0.165 9）
最多 2 个协整向量	0.166 4	9.840 2 （0.655 5）	6.005 5 （0.787 3）
最多 3 个协整向量	0.109 7	3.834 6 （0.437 3）	3.834 6 （0.437 3）

表 5.38 uncertain2、π、CTI2 与 S1 协整关系检验结果

原假设	特征根	迹统计量 （P 值）	最大特征根统计量 （P 值）
0 个协整向量	0.671 7	61.254 7 （0.010 0）	36.758 8 （0.003 6）
最多 1 个协整向量	0.350 8	24.495 9 （0.431 2）	14.254 6 （0.439 0）
最多 2 个协整向量	0.168 5	10.241 3 （0.616 1）	6.087 3 （0.778 1）
最多 3 个协整向量	0.118 3	4.154 0 （0.389 7）	4.154 0 （0.389 7）

综合基准模型和稳健性检验的结果可知，贸易开放度与贸易商品结构指标的选择并不是完全稳健的。当选择对外贸易总体综合贸易强度或综合货物贸易强度作为贸易开放度的代理变量时，所得的结论基本一致。此时，贸易开放度与总的通货膨胀不确定性、经济冲击的不确定性之间存在负相关关系，而与通货膨胀过程的不确定性之间存在正相关关系；初级产品进口额占货物进口总额的比重与总的通货膨胀不确定性、经济冲击的不确定性之间存在正相关关系，而与通货膨胀过程的不确定性之间存在负相关关系。当选择综合服务贸易强度作为贸易开放度的代理变量时，结论正好相反。此时，贸易开放度与总的通货膨胀不确定性、经济冲击的不确定性之间存在正相关关系，而与通货膨胀过程的不确定性之间存在负相关关系；初级产品进口额占货物进口总额的比重与总的通货膨胀不确定性、经济冲击的不确定性之间存在负相关关系，而与通货膨胀过程的不确定性之间存在正相关关系。造成上述差异的原因可能包括以下两个方面。首先，在中国的贸易开放进程中，货物贸易开放与服务贸易开放的发展是不平衡的。相对来说，货物贸易开放的速度与程度明显大于服务贸易。这就导致中国总体综合贸易强度的变化主要决定于货物贸易开放的情况。因此，选择总体综合贸易强度或综合货物贸易强度作为贸易开放度的代理变量时，所得的结论基本一致。其次，当选择综合服务贸易强度作为贸易开放度的代理变量时，初级产品进口额占货物进口总额比重的变化实际上反映了货物贸易开放的情况，其系数实际反映的是货物贸易开放与各种通货膨胀不确定性的关系，所得结论与其他模型的结论也是一致的。在该模型中，综合服务贸易强度的系数实际上反映的是在控制了货物贸易开放的影响条件下，服务贸易开放对各种通货膨胀不确定性的净效应。虽然中国的货物贸易开放与服务贸易开放存在发展不平衡的状况，但总体来看，中国的货物贸易开放与服务贸易开放都处于不断扩大与深化的过程中，两者之间实际是相互交织、相互影响的。因此，综合服务贸易强度的系数并不能准确反映服务贸易开放对通货膨胀不确定性的整体影响。

5.4 本章小结

本章从理论上分析了贸易开放与通货膨胀不确定性之间的关系，分析表明：贸易开放既可能提高通货膨胀的不确定性，又可能降低通货膨胀的不确定性。提高通货膨胀不确定性的原因主要是贸易开放导致遭受各种国外冲击的可能性增大。降低通货膨胀不确定性原因主要是贸易开放可能导致应对各种冲击的能力提升以及政府政策的不确定性降低。

本章利用变系数 AR（3）–GARCH（1，1）模型估计了中国的通货膨胀不确定性，并将总的通货膨胀不确定性分解为通货膨胀过程的不确定性和经济冲击的不确定性。根据估计的结果，中国的总的通货膨胀不确定性和经济冲击的不确定性表现出了先下降、后上升、再下降的变化趋势，通货膨胀过程的不确定性表现出了下降的趋势，而没有明显的上升趋势。中国总的通货膨胀不确定性主要源于经济冲击的不确定性。

本章利用 Johansen 方法考察了贸易开放度、贸易商品结构与通货膨胀不确定性的协整关系。不考虑贸易商品结构的贸易开放度与通货膨胀不确定性间的协整关系的检验结果表明：各种贸易开放度指标与总的通货膨胀不确定性、通货膨胀过程的不确定性和经济冲击的不确定性之间都存在负相关关系。由此可知，中国的贸易开放很可能使中国总的通货膨胀不确定性、通货膨胀过程的不确定性和经济冲击的不确定性降低。其中的原因可能是贸易开放导致中国政策的纪律性、透明性增强，进而导致政策的不确定性降低。通货膨胀过程的不确定性主要由政策的不确定性决定，所以政策的不确定性降低会引起通货膨胀过程的不确定性降低。另外，贸易开放导致中国可以更有效地利用国际国内两种资源和两个市场应对通货膨胀的各种冲击，从而有利于降低经济冲击引发的通货膨胀不确定性。当然，贸易开放也可能使得遭遇外部冲击的风险增大。从中国的经验来看，贸易开放对经济冲击的不确定性的负向作用可能要大于正向作用，最终导致经济冲击的不确定性降低。考虑贸易商品结构的贸易开放度与通货膨胀不确定性间的协整关系的检验的结果表明：当同时考虑贸易开放度和贸易商品结构时，贸易开放度与通货膨胀不确定性的关系可能依赖于贸易商品结构指标的选择。具体来说，如果选择初级产品进出口额占货物进出口总额的比重（S）作为贸易商品结构的代理变量，那么对外贸易总体综合贸易强度与总的通货膨胀不确定性和经济冲击的不确定性之间存在正向的关系，而对外贸易总体综合贸易强度与通货膨胀过程的不确定性之间存在负向的关系。如果选择初级产品进口额占货物进口总额的比重（$S1$）作为贸易商品结构的代理变量，那么对外贸易总体综合贸易强度、综合货物贸易强度与总的通货膨胀不确定性、经济冲击的不确定性之间均存在负向的关系，而与通货膨胀过程的不确定性存在正向的关系；综合服务贸易强度与总的通货膨胀不确定性、经济冲击的不确定性之间均存在正向的关系，而与通货膨胀过程的不确定性存在负向的关系。因此，贸易开放与通货膨胀不确定性的关系既与贸易开放度变化有关，又与贸易商品结构的变化有关。

总体来看，贸易开放带来的贸易开放度的提高和进口贸易商品结构的变化能够有助于解释中国通货膨胀不确定性的变化过程。贸易开放可能对中国的通货膨胀不确定性产生了不可忽略的作用。从整体来看，贸易开放导致通货膨胀过程的不确定性降低，其中的原因可能是贸易开放导致中国政策的纪律性和透明性增强以及应对经济冲击的能力增强。因此，政府在政策制定的过程中必须考虑到贸易开放对通货膨胀不确定性的影响。

基于本章的研究结论，为了充分利用贸易开放对通货膨胀不确定性的有利影响、减弱其对通货膨胀不确定性的不利影响，我们至少可以从以下两个方面入手。

第一，利用贸易开放对政府政策行为的约束作用，进一步加强货币政策的透明性和纪律性，减小源于政府政策行为不确定引发的通货膨胀的不确定性。当前，中国的货币政策存在的问题主要表现在：中央银行相机抉择的货币政策导致了货币政策的动态不一致性；中央银行货币政策目标的多重性导致货币政策缺乏足够的独立性；货币政策整体上比较缺乏公开性和透明度；现行的货币供应量中介目标未能真正起到名义锚作用；货币政策没有规定一个明确的通货膨胀目标。货币政策存在的这些问题都是导致中国通货膨胀不确定性的重要因素。贸易开放导致通货膨胀政策的收益降低，减少了政府利用意外的通货膨胀来刺激经济的动机。这样，央行能够将注意力更多地放在维持物价的稳定上，从而降低通货膨胀不确定性。为了达到降低通货膨胀不确定性的目的，央行可以采取以下措施。

（1）重新定位货币政策目标，真正将维持物价稳定设定为货币政策的首要目标，增强货币政策的针对性和有效性。

（2）用货币政策规则来替代相机抉择的货币政策，解决货币政策的动态不一致性，增强货币政策的可信性和透明性。

（3）改变现行的以货币供应量为中介目标的货币政策体系，在推动利率市场化改革过程中逐步向以利率为中介目标的货币政策体系过渡，提高中介目标与最终目标的关联性，从而使中国的货币政策能够更加有效地达到其政策目标。

（4）在货币政策中明确设定一个通货膨胀目标范围，并承诺将采取各种措施实现这一目标。在有条件的情况下，可以考虑将中国的货币政策体制向通货膨胀目标制过渡，通货膨胀目标制的实现能够有效降低中国的通货膨胀不确定性。

第二，中国贸易商品结构的变化是由经济结构和经济增长模式所决定的。虽然我们不能够完全改变初级产品进口在进口总额中所占比重上升的这种趋势，但是可以通过各种措施减弱其对通货膨胀不确定性的影响。

（1）进一步加大对农业的投入，坚持基本农田保护制度，稳定和提高农产品产量，特别是粮食产量，减少对进口的依赖，减弱国际市场价格波动对中国国内农产品价格的影响。近年来，国际粮价出现了大幅度的上涨，而中国国内粮价相对稳定的原因在于中国粮食产量连续多年丰收，小麦、稻谷、玉米三大谷物能够基本实现自给自足。不过，大豆需求存在一定缺口，需要通过进口来满足，因此国际市场大豆价格的变化对国内食用油价格上涨产生了显著的影响。由此可见，稳定和提高粮食产量对于稳定价格、减弱国际市场价格波动对国内物价水平的影响具有重要的意义。

（2）转变投资和出口驱动的增长模式，放缓对能源、矿产品等初级产品和以初级产品为原料的相关产品的需求增长的速度，进而放缓初级产品进口在进口总额中所占比重上升的速度。投资和出口驱动的增长模式是一种高投入、低产出、低效率的增长模式，对能源、矿产品等初级产品的需求量非常大，这导致中国初级产品进口需求不断扩大，国际市场价格波动对国内通货膨胀的影响越来越大，通货膨胀不确定性不断增大。通过转变经济增长模式，我们可以改变产品的需求结构、提高资源的利用效率，从而放缓对初级产品需求的增长速度；还可以通过增加对外投资，将部分对初级产品需求量较大、主要用于出口的产品的生产转移至国外，从而减少对国外初级产品的进口。

（3）谋求国际贸易定价权，减小进口价格的波动程度。在国际大宗初级产品市场上中国定价权的缺失，导致中国进口价格不断上涨，其原因不是生产成本的增加和产出缺口的增大，而是上游企业和国际投资银行认定了中国经济发展对大宗初级产品的高度依赖，进而主动提高资源性产品的价格。中国贸易主体过多、平均规模较小，企业在谈判能力方面很难与国际大集团抗衡。这是中国在国际大宗初级产品市场定价权缺失的重要原因之一。因此，我们可以通过行业协会提高行业集中度，再辅以国家扶持，形成行业龙头，进而通过行业协会或行业龙头与国际大集团进行谈判，提高中国企业的谈判能力。此外，我们还可以利用中国的大市场地位，采取多种金融手段，通过在国内建立期货市场、与国外联合协作等方式，提高中国企业对国际市场价格的影响力。

6 中国贸易开放与通货膨胀持续性关系研究

所谓通货膨胀持续性是指通货膨胀在受到随机因素冲击后偏离其均衡状态的趋势所持续的时间。通货膨胀持续性并不是一成不变的，它会随着政府政策和经济环境的变化而变化。贸易开放导致中国经济与世界经济的一体化程度提高，中国经济运行的环境变得更加复杂。这必然会对中国政府的政策行为产生一定的影响，进而对中国的通货膨胀持续性产生影响。那么，贸易开放究竟对中国的通货膨胀持续性产生了怎样的影响呢？影响机制又是什么呢？本章就对这些问题进行深入的研究。

6.1 通货膨胀持续性影响因素分析

6.1.1 通货膨胀持续性产生的原因

虽然现有的研究已经广泛认同通货膨胀持续性的存在，但是对于通货膨胀持续性产生的具体原因，学者们提出了各种不同的理论和模型来解释。大多数研究都是从工资或价格的黏性角度解释通货膨胀持续性产生的原因。关于通货膨胀持续性的争议主要集中在通货膨胀是否存在内在的持续性，这用模型表述就是在通货膨胀模型（菲利普斯曲线）中是否应当包括滞后的通货膨胀。对于这一问题的回答产生了两种不同的菲利普斯曲线：新凯恩斯菲利普斯曲线（new keynesian phillips curve，NKPC）和混合的新凯恩斯菲利普斯曲线（hybrid new keynesian phillips curve，HNKPC）。

新凯恩斯菲利普斯曲线可以简单地表述为

$$\pi_t = \lambda\, x_t + E_t\, \pi_{t+1} + u_t \tag{6.1}$$

其中，π_t 为通货膨胀率，x_t 为通货膨胀的驱动变量（通常是真实边际成本或产出缺口），u_t 是随机扰动项，E_t 为期望算子。新凯恩斯菲利普斯曲线表明通货膨胀率取决于通货膨胀的驱动因素和预期的通货膨胀率。

混合的新凯恩斯菲利普斯曲线可以简单地表述为

$$\pi_t = \theta\,\pi_{t-1} + \lambda\,x_t + \beta\,E_t\,\pi_{t+1} + u_t \tag{6.2}$$

混合的新凯恩斯菲利普斯曲线表明通货膨胀率取决于通货膨胀的驱动因素、过去的通货膨胀率以及预期的通货膨胀率。

比较新凯恩斯菲利普斯曲线和混合的新凯恩斯菲利普斯曲线，我们可以很容易发现两者之间的差异。根据新凯恩斯菲利普斯曲线，通货膨胀持续性仅仅源于驱动因素的持续性，通货膨胀本身并不存在持续性。然而，根据混合的新凯恩斯菲利普斯曲线，模型包括滞后的通货膨胀，所以通货膨胀持续性不仅源于驱动因素的持续性，而且源于通货膨胀本身的持续性。Fuhrer（2006）将源于通货膨胀本身的持续性称为内在的持续性（intrinsic persistence），而将源于驱动因素的持续性称为继承的持续性（inherited persistence）。

在标准的 Taylor（1980）的交错工资合约模型或 Calvo（1983）的部分调整模型、理性预期假设、最优化的框架下，我们可以推导出新凯恩斯菲利普斯曲线。传统的观点认为，新凯恩斯曲线能够反映通货膨胀大多数的持续性。然而，在利用新凯恩斯菲利普斯曲线来拟合实际的通货膨胀数据时，我们遇到了很大的困难。新凯恩斯菲利普斯曲线不能准确地反映实际观察到的较高的通货膨胀持续性。根据估计的新凯恩斯菲利普斯曲线，通货膨胀仅具有较低的持续性，这与观察到的通货膨胀序列是不一致的。为了更好地拟合实际的通货膨胀数据，研究者在通货膨胀模型中引入了滞后的通货膨胀，也就是用混合的新凯恩斯菲利普斯曲线来拟合通货膨胀数据。经验研究表明，混合的新凯恩斯菲利普斯曲线能够更好地拟合通货膨胀数据，并且能够较好地反映通货膨胀持续性。虽然混合的新凯恩斯菲利普斯曲线在拟合通货膨胀数据的时候获得了巨大的成功，但是关于为什么要在通货膨胀模型中引入滞后的通货膨胀一直缺乏充分的理论支持。为了论证混合的新凯恩斯菲利普斯曲线的合理性，学者们进行了大量的研究，提出了各种各样的理由。相关的研究主要是从两个方面对传统的新凯恩斯菲利普斯曲线模型进行扩展。

一个方面是对价格或工资设定模型进行修正，以使模型能够解释通货膨胀内在的持续性。如 Fuhrer 和 Moore（1995）利用一个相对真实的工资合约模型来替代 Taylor（1980）的名义工资合约模型，通过这一简单的修改，通货膨胀就具有了内在的持续性。Blanchard 和 Katz（1999）利用保留工资来解释通货膨胀内在的持续性。他们认为"保留工资对过去工资的依赖是理解通货膨胀对其滞后值依赖的关键因素"。Cali 和 Gertler（1999）解释通货膨胀内在的持续性的理由是：一部分企业利用经验法则来设定价格。这些企业在选择价格时并不是追求最大化利润，而是简单地根据近期的通货膨胀对过去的最优价格进行一些修正。Christiano、Eichenbaum 和 Evans（2005）的解释是企业利用指数化规则来调整价格。价格会根据最近的通货膨胀进行自动调整。Sheedy（2010）证明了在不违背前瞻性、利润最大化的价格设定假设的条件下，通货膨胀内在的持续性仍然存在。即使是经济行为人的预期收敛到理性预期，通货膨胀内在的持续性也不一定会消失。Sheedy 模型的关键假设是企业更可能改变旧的价格而不是新的价格。

另一个方面是放松理性预期的假设，强调通货膨胀内在的持续性是由理性预期的偏离引起的。如 Roberts（1998）、Ball（2000）将不同类型的近理性预期模型运用到交错工资设定模型来解释通货膨胀内在的持续性。Milani（2005）认为经济行为人的适应性预期可以解释观察到的通货膨胀内在的持续性。Erceg 和 Levin（2003）、Niklas 和 Westelius（2005）认为在模型中引入学习过程能够说明通货膨胀内在的持续性。

从上述的说明中可以知道，通货膨胀内在的持续性主要源于两个方面：①潜在的工资或价格设定模型引起的持续性；②对理性预期偏离的持续性。在现实经济中，上述的两种来源都是很可能存在的，所以实际观察到的通货膨胀往往具有一定程度的内在持续性，这会导致新凯恩斯菲利普斯曲线不能够准确地刻画实际观察到的通货膨胀。

6.1.2　通货膨胀持续性影响因素的理论分析

根据现有的相关文献以及上文的分析可知，混合的新凯恩斯菲利普斯曲线能够更好地刻画通货膨胀的动态过程，所以本书的分析也是建立在混合的新凯恩斯菲利普斯曲线的基础之上的。根据混合的新凯恩斯菲利普斯曲线，总的通货膨胀持续性既包括内在的持续性，也包括继承的持续性。内在的持续性在很大程度上取决于整个经济系统的结构，而继承的持续性则主要取决于政府的政策态度。那么，内在的持续性和继承的持续性（即政府的政策态度）会对总的通货膨胀持续性产生怎样的影响呢？我们在中央银行最优货币政策的框架下讨论这一问题。

假设中央银行的目标函数是最小化如下的跨期损失函数：

$$\frac{1}{2}E_t\Big(\sum_{k=0}^{\infty}\beta^k\big[(\pi_{t+k})^2 + \alpha x_{t+k}^2\big]\Big) \tag{6.3}$$

约束条件如下：

$$\pi_{t+k} = \theta \pi_{t+k-1} + \lambda x_{t+k} + \beta E_{t+k} \pi_{t+k+1} + u_{t+k} \qquad (6.4)$$

其中，π_t、x_t 分别表示时期 t 的通货膨胀率和产出缺口，E_t 为基于时期 t 信息的条件期望，β 为时间贴现率，α 为产出缺口的相对权重。

Clarida 等（1999）证明了求解上述的最优化问题后，可得如下的表达式：

$$\pi_t = \rho_\pi \pi_{t-1} + a_\pi u_t \qquad (6.5)$$

其中，ρ_π、a_π 是参数 θ、λ、β 及 α 的函数，且满足

$$\frac{\partial \rho_\pi}{\partial \theta} > 0, \ \frac{\partial \rho_\pi}{\partial \alpha} > 0 \qquad (6.6)$$

ρ_π 可以看作总的通货膨胀持续性的代理变量，θ 可以看作通货膨胀内在的持续性的代理变量，而产出缺口的相对权重 α 则可以看作政府政策态度的代理变量。式（6.6）表明通货膨胀内在的持续性越高，总的通货膨胀持续性越高；损失函数中产出缺口的相对权重越大，总的通货膨胀持续性越高。这一结果可以比较容易地从理论上进行解释。内在的持续性是总的通货膨胀持续性的组成部分，因此，内在的持续性越高，总的持续性也会越高。损失函数中产出缺口的相对权重越大，意味着中央银行对通货膨胀的厌恶程度越低。当通货膨胀受到外生冲击影响而偏离长期均衡的通货膨胀时，中央银行使通货膨胀返回其长期均衡值的动机就相对较小，因此通货膨胀返回其长期均衡值所需的时间就会越长，即通货膨胀持续性越强。综上所述，通货膨胀内在的持续性越低，政府对通货膨胀的厌恶程度越高，总的通货膨胀持续性越低；反之则越高。

6.2 贸易开放与通货膨胀持续性关系的理论分析

通货膨胀持续性既源于通货膨胀内在的持续性，又源于驱动因素的持续性（即继承的持续性）。因此，研究贸易开放与通货膨胀持续性之间的关系，既要考虑贸易开放与通货膨胀内在的持续性的关系，又要考虑贸易开放与通货膨胀继承的持续性的关系。

6.2.1 贸易开放与通货膨胀内在的持续性

通货膨胀内在的持续性主要是由经济系统的经济结构决定的。贸易的开放必然会改变一个国家的经济结构，现有的大多数模型都是在封闭经济条件下考察通货膨胀内在的持续性，没有考虑到贸易开放对通货膨胀内在持续性的影

响。那么，贸易开放对通货膨胀的内在持续性究竟会产生怎样的影响呢？这里将 Fuhrer 和 Moore（1995）的模型扩展到开放经济条件下，以便考察贸易开放与通货膨胀的内在持续性的关系。

假定国内的价格总水平为

$$p_t^c = (1 - \delta) p_t + \delta(e_t + p_t^*) , \quad 0 < \delta \leq 1 \qquad (6.7)$$

其中，p_t^c 为国内的价格总水平，p_t 为国内产品的价格水平，e_t 为汇率，p_t^* 为进口商品的价格水平，δ 为购买进口商品的支出占总支出的比重。δ 可以看作贸易开放度的代理变量。

假定工资设定方式为

$$w_t - p_t^c = \frac{1}{2} \left[(w_{t-1} - p_{t-1}^c) + E_t(w_{t+1} - p_{t+1}^c) \right] + \gamma\, y_t , \quad \gamma > 0 \qquad (6.8)$$

其中，w_t 为名义工资，y_t 为过度需求。

假设国内产品的价格水平为

$$p_t = \frac{1}{2}(w_t + w_{t-1}) \qquad (6.9)$$

由式（6.8）可得：

$$\Delta w_t - \Delta p_t^c = E_t(\Delta w_{t+1} - \Delta p_{t+1}^c) + 2\gamma\, y_t \qquad (6.10)$$

根据式（6.9）和式（6.10）可得：

$$(\Delta w_t - \Delta p_t^c) - (\Delta w_{t-1} - \Delta p_{t-1}^c) =$$
$$E_t \left[(\Delta w_{t+1} - \Delta p_{t+1}^c) + (\Delta w_t - \Delta p_t^c) \right] + 2\gamma(y_t + y_{t-1}) \qquad (6.11)$$

由式（6.9）可得：

$$\Delta p_t = \frac{1}{2}(\Delta w_t + \Delta w_{t-1}) \qquad (6.12)$$

将式（6.12）代入式（6.11）可得：

$$\Delta p_t - \frac{1}{2}\Delta p_{t-1}^c = E_t \left(\Delta p_{t+1} - \frac{1}{2}\Delta p_{t+1}^c \right) + \gamma(y_t + y_{t-1}) \qquad (6.13)$$

式（6.13）通过迭代可得：

$$\Delta p_t = \frac{1}{2}\Delta p_{t-1}^c + \frac{1}{2}\Delta p_t^c + \gamma \sum_{j=0}^{\infty} x_{t+j} \qquad (6.14)$$

其中，$x_{t+j} = E_t(y_{t+j-1} + y_{t+j})$。

由式（6.7）可得：

$$\Delta p_t^c = (1 - \delta) \Delta p_t + \delta(\Delta e_t + \Delta p_t^*) \qquad (6.15)$$

根据式（6.14）和式（6.15）可得：

$$\Delta p_t^c = \frac{1-\delta}{2+\delta} \Delta p_{t-1}^c + \frac{2\gamma(1-\delta)}{2+\delta} \sum_{j=0}^{\infty} x_{t+j} + \frac{2\delta}{2+\delta}(\Delta e_t + \Delta p_t^*) \quad (6.16)$$

定义通货膨胀为 $\pi_t = \Delta p_t^c = p_t^c - p_{t-1}^c$，则可得：

$$\pi_t = \theta \pi_{t-1} + a \sum_{j=0}^{\infty} x_{t+j} + b(\Delta e_t + \Delta p_t^*) \quad (6.17)$$

其中，$\theta = \dfrac{1-\delta}{2+\delta}$，$a = \dfrac{2\gamma(1-\delta)}{2+\delta}$，$b = \dfrac{2\delta}{2+\delta}$。式（6.17）实际上就是混合的新凯恩斯菲利普斯曲线的一种形式，θ 可以看作通货膨胀内在持续性的代理变量。根据 θ 的定义可得：

$$\frac{\partial \theta}{\partial \delta} = \frac{-3-\delta}{(2+\delta)^2} < 0 \quad (6.18)$$

式（6.18）表明，贸易开放度越高，通货膨胀内在的持续性越低。因此，贸易开放会导致通货膨胀的内在持续性降低。

6.2.2 贸易开放与通货膨胀继承的持续性

通货膨胀继承的持续性指的是由通货膨胀驱动因素的持续性引起的持续性，而通货膨胀驱动因素的持续性又主要受到政府的政策行为的影响。一般来说，政府控制通货膨胀的意愿越强，通货膨胀驱动因素的持续性越低。因为在这种情况下，当经济运行过程中出现通货膨胀驱动因素时，为了避免通货膨胀的发生或者减轻通货膨胀的程度，政府会采取各种措施消除或减弱出现的各种驱动因素。这样，驱动因素的持续性就会显著减弱。相反，如果政府主要关注的是产出的增长，那么政府采取应对措施的速度就会更慢，措施的强度也会较弱，因此，驱动因素就会表现出较高的持续性。政府对通货膨胀的重视程度可以通过损失函数中产出缺口的相对权重体现。产出缺口的相对权重越大，政府对通货膨胀的重视程度越低；反之，产出缺口的相对权重越小，政府对通货膨胀的重视程度越高。因此，我们可以通过分析贸易开放对产出缺口的相对权重大小的影响来间接分析贸易开放对通货膨胀继承的持续性的影响。如果贸易开放导致政府赋予产出缺口的相对权重变小，那么贸易开放就可能导致驱动因素的持续性降低，也就是通货膨胀继承的持续性降低。反之，如果贸易开放导致政府赋予产出缺口的相对权重变大，那么贸易开放就可能导致通货膨胀继承的持续性增强。现有的大多数研究都认为贸易开放会导致通货膨胀的收益降低或成本增加。随着贸易开放度的提高，政府对通货膨胀的重视程度会不断提高，即产出缺口的相对权重会随着贸易开放度的提高而变小。根据这些观点，我们可以认为贸易开放度的提高会导致通货膨胀继承的持续性降低。然而，并非所有的学者都同意贸易开放会导致产出缺口的相对权重变小，因此，贸易开放也可能会产生相反的作用。根据前文的研究，我们已经证明了贸易开放对中国超额货币具有显著的负向影响，这从侧面证实了贸易开放可能导致中国政府更加重视通货膨胀。基于这样的事实，我们可以认为在中国，贸易开放很可能导致产出缺口的相对权重变小，进而导致通货膨胀继承的持续性降低。

记通货膨胀继承的持续性为 ρ_h，贸易开放度为 δ，损失函数中产出缺口的相对权重为 α，那么根据上述的分析，如下的关系式成立。

$$\frac{\partial \alpha}{\partial \delta} < 0, \quad \frac{\partial \rho_h}{\partial \alpha} > 0, \quad \frac{\partial \rho_h}{\partial \delta} = \frac{\partial \rho_h}{\partial \alpha} \frac{\partial \alpha}{\partial \delta} < 0 \tag{6.19}$$

式（6.19）表明，贸易开放度越高，产出缺口的相对权重越低；产出缺口的相对权重越大，通货膨胀继承的持续性越高；贸易开放度越高，通货膨胀继承的持续性越低。

根据式（6.18）和式（6.19）可知，从理论上来看，贸易开放度的提高对通货膨胀内在的持续性和继承的持续性都具有负向的影响。根据式（6.6）、式（6.18）和式（6.19）的结论可知：

$$\frac{\partial \rho_\pi}{\partial \delta} = \frac{\partial \rho_\pi}{\partial \theta} \frac{\partial \theta}{\partial \delta} < 0 \tag{6.20}$$

$$\frac{\partial \rho_\pi}{\partial \delta} = \frac{\partial \rho_\pi}{\partial \alpha} \frac{\partial \alpha}{\partial \delta} < 0 \tag{6.21}$$

式（6.20）表明，贸易开放度的提高会导致通货膨胀内在的持续性降低，进而导致总的通货膨胀持续性降低。式（6.21）表明，贸易开放度的提高会导致产出缺口的相对权重变小，进而导致总的通货膨胀持续性降低。由此可知，贸易开放对总的通货膨胀持续性具有负向的影响。贸易开放既可以通过通货膨胀内在的持续性途径，又可以通过产出缺口的相对权重途径导致通货膨胀持续性降低。那么，中国贸易开放和通货膨胀的经历是否与理论分析的预测一致呢？后文将对此进行实证分析。

6.3 中国通货膨胀持续性的估计

6.3.1 通货膨胀持续性测度方法的回顾

在已有的研究中,测度通货膨胀持续性的方法主要有三种。第一种是利用通货膨胀的(一阶)自相关系数来反映通货膨胀持续性,如 Fuhrer（2006）、Kevin（2009）等。第二种方法是由 Marquez（2004）提出的一种非参数方法。这种方法的思想是:通货膨胀持续性越低,通货膨胀率穿过其长期均衡值(可能是时变均值)的可能性就越大。因此,通货膨胀持续性 ρ 可以表示为 $\rho = 1 - n/T$。其中,n 为通货膨胀穿过其长期均衡值的次数,T 为样本观察数。Babecký 等（2009）使用了这种方法。第三种方法是用通货膨胀动态模型的自回归系数之和度量通货膨胀持续性,如 Taylor（2000）、Willis（2003）、Beechey 和 Österholm（2009）、张成思（2007,2008）、杨碧云等（2009）。Andrews 和 Chen（1994）认为这种方法是测度通货膨胀持续性比较好的方法。

通货膨胀的动态模型可以表示为

$$\pi_t - \pi^* = \sum_{i=1}^{k} \alpha_i (\pi_{t-i} - \pi^*) + \varepsilon_t \tag{6.22}$$

其中,π_t 为实际的通货膨胀率,π^* 为通货膨胀率的长期均衡值,ε_t 为随机扰动项。滞后长度 k 由信息准则决定。令 $\rho = \sum_{i=1}^{k} \alpha_i$,那么 ρ 通常用来测度通货膨胀持续性。$\rho = \sum_{i=1}^{k} \alpha_i$ 能够捕捉通货膨胀持续性的原因是:通货膨胀持续性衡量的是通货膨胀在受到随机冲击后返回均衡状态所需的时间,所以其实质上描绘了在通货膨胀的动态走势中一个单位的随机冲击对通货膨胀率带来的累积效应,即累积脉冲反应函数（CIRF）。

$$\text{CIRF} = \sum_{i=0}^{\infty} \frac{\partial \pi_{t+i}}{\partial \varepsilon_t} = \frac{1}{1-\rho} \tag{6.23}$$

所以,ρ 越接近 1,累积脉冲反应函数的值越高,通货膨胀率受到冲击后的累积效应越强。因此,模型中滞后项系数的和一般被用来衡量通货膨胀的持续性水平。

另外,在动态模型中,滞后项之间可能存在一定的共线性,因此如果直接对模型（6.22）进行回归,可能会造成单个滞后项系数的标准差估计不精确,

进而影响进一步的统计推断。为此，我们将式（6.22）重新系数化为

$$\pi_t - \pi^* = \rho(\pi_{t-1} - \pi^*) + \sum_{i=1}^{k} \varphi_i \Delta\pi_{t-i} + \varepsilon_t \qquad (6.24)$$

其中，$\Delta\pi_{t-i} = \pi_{t-i} - \pi_{t-i-1}$。因此，即使式（6.22）存在多重共线性问题，模型（6.24）的估计也可以得到较为准确的通货膨胀持续性系数的估计值和相应的标准差。

上述的模型假定通货膨胀的长期均衡值是不变的，然而在实际中，由于中央银行政策目标的变化，通货膨胀的长期均衡值可能也会发生变化。现有的研究已经表明了通货膨胀的长期均衡值的变化会对通货膨胀持续性的估计结果产生重大的影响（如 Cogley 和 Sbordone，2008）。因此，在实证分析中，我们还要考虑通货膨胀的长期均衡值是否发生变化。

本书的研究目的是考察贸易开放度的变化对中国通货膨胀持续性的影响，所以需要估计出时变的通货膨胀持续性。Marquez（2004）的非参数方法在估计时变的通货膨胀持续性时存在内在的缺陷，所以不适合本书的研究。自相关系数方法虽然能够估计出时变的通货膨胀持续性，但是用自相关系数来度量通货膨胀持续性过于粗糙，并且其估计结果依赖于计算自相关系数样本长度的选择。考虑到上述两种方法的局限，本书主要采用第三种方法，即利用通货膨胀动态模型的自回归系数之和来估计中国的通货膨胀持续性。

6.3.2　中国通货膨胀持续性的估计

（1）模型。

是否考虑通货膨胀的长期均衡值的变化可能会导致通货膨胀持续性的估计结果出现显著的差异，所以本书同时估计两个模型。一个模型假定通货膨胀的长期均衡值保持不变，另一个模型假定通货膨胀的长期均衡值存在一个结构突变点①。

第一个模型可以表示为

$$\pi_t = \pi^*(1 - \rho_t) + \rho_t\pi_{t-1} + \sum_{i=1}^{k} \varphi_i \Delta\pi_{t-i} + \varepsilon_t$$
$$\rho_t = \alpha_0 + \lambda\rho_{t-1} + v_t \qquad (6.25)$$

其中，π_t 为实际的通货膨胀率，π^* 为通货膨胀率的长期均衡值，ρ_t 为自回归系

---

①　本书只考虑一个结构突变点的理由主要有两点：第一，通货膨胀的长期均衡值不应该经常发生变化；第二，根据中国通货膨胀的变化情况来看，中国的通货膨胀过程经历了一个明显的结构转变。

数之和，ε_t 和 v_t 是均值为 0、序列不相关的随机扰动项。

第二个模型可以表示为

$$\pi_t = (\pi^* + \beta \, \mathrm{dum}_t)(1 - \rho_t) + \rho_t \, \pi_{t-1} + \sum_{i=1}^{k} \varphi_i \Delta \pi_{t-i} + \varepsilon_t$$

$$\rho_t = \alpha_0 + \lambda \, \rho_{t-1} + v_t \tag{6.26}$$

其中，dum_t 为虚拟变量，在结构突变点之前取值为 0，在此之后取值为 1。上述的状态空间模型可以利用 Kalman 滤波方法进行估计。

（2）数据。

本书使用的是由中国月度环比的居民消费价格指数①（CPI）计算而来的通货膨胀率。使用环比数据的原因是：通货膨胀持续性是指通货膨胀率在受到随机扰动因素冲击后返回其均衡值所需的时间，而同比通货膨胀率并不是本期相对于上期的好的衡量指标。居民消费价格指数容易受到季节性因素的影响，所以本书利用 X12 方法对环比的通货膨胀率数据进行了季节性调整，并记调整后的通货膨胀率序列为 π_t。样本区间为 1985 年 1 月到 2021 年 12 月，数据源于《中国统计月报》和中国经济信息网统计数据库。图 6.1 给出了中国季节调整后的通货膨胀率的变化情况。由图 6.1 可知，中国环比（月度）通货膨胀率一直处于不断波动的过程中。从波动幅度来看，1997 年以前的波动幅度相对于 1997 年以后更大；从平均通货膨胀率来看，1997 年以前的平均通货膨胀率相对于 1997 年以后更高。因此，我们可以将 1997 年 1 月看作通货膨胀率长期均衡值的结构突变点。

（3）模型设定检验。

在估计模型之前，我们需要对模型设定的正确性和变量的平稳性进行检验。首先，我们同时利用不带结构突变和具有结构突变的 ADF 检验方法来检验通货膨胀序列的平稳性，检验结果见表 6.1。从检验结果可知，通货膨胀序列在 1% 的显著性水平下是平稳的。

表 6.1　通货膨胀序列平稳性检验结果

变量	是否具有结构突变	检验方式	ADF 统计量（P 值）
π_t	否	有常数项、无趋势项	-5.137 9（0.000 0）
π_t	是	有常数项、无趋势项	-10.769 5（< 0.01）

---

① 1995 年以前，我们只能获得同比的居民消费价格指数，所以本书利用同比的居民消费价格指数推算出 1995 年以前的环比居民消费价格指数。

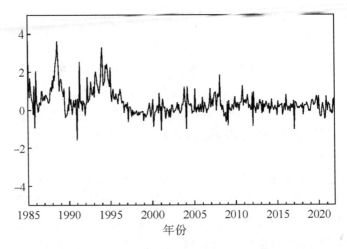

图 6.1　中国环比（月度）通货膨胀率的变化情况

　　其次，我们检验 AR 模型是否能够准确地反映中国的通货膨胀动态过程。这里利用自相关和偏自相关函数来识别通货膨胀模型的结构。通货膨胀率的自相关函数和偏自相关函数如图 6.2 和图 6.3 所示。由自相关函数和偏自相关函数图可知，自相关函数呈现出拖尾衰减的特征，而偏自相关函数呈现出截尾的特征。由此，我们可以认为通货膨胀过程基本上服从 AR 过程，所以利用 AR 模型来刻画通货膨胀过程是合理的。由偏自相关函数图可知，最优的滞后长度可以基本确定为 3、5 或者 6。为了更为准确地确定最优的滞后长度，利用 SC 信息准则确定的最优滞后长度为 3，这与偏自相关函数图的结论是基本一致的。所以模型（6.25）、模型（6.26）的最优滞后长度 $k = 3$。

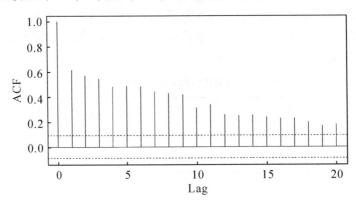

图 6.2　自相关函数图

　中国贸易开放与通货膨胀关系的数量研究

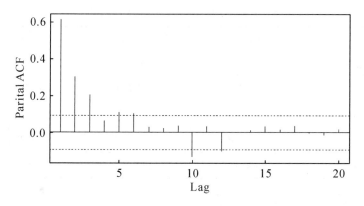

图6.3　偏自相关函数图

最后，为了对中国通货膨胀持续性有一个初步的认识，我们假定通货膨胀持续性是不变的（即 ρ_t 不随时间变化），并且假定通货膨胀的长期均衡值不变，利用数据估计模型的结果见表6.2。从估计结果可知，$\rho = 0.8084$，这说明中国的通货膨胀持续性从总体来看还是很高的。然而，假定中国的通货膨胀持续性不随时间变化可能是不合理的，这可以从通货膨胀率的滚动自相关系数的变化情况中得到证实。图6.4给出了通货膨胀率序列10年期的滚动一阶自相关系数的变化情况。由图6.4可知，中国通货膨胀率的自相关系数是不断变化的，这暗示通货膨胀持续性也是不断变化的。因此，利用变系数自回归模型来估计中国的通货膨胀模型更为合理。

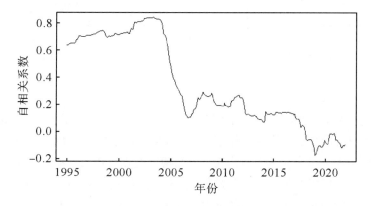

图6.4　通货膨胀率10年期滚动自相关系数

表 6.2　不变通货膨胀持续性估计结果

变量	回归系数	t 统计量	P 值
常数项	0.067 4	2.499 3	0.012 8
π_{t-1}	0.808 4	20.285 4	0.000 0
$\Delta\pi_{t-1}$	−0.444 3	−8.150 0	0.000 0
$\Delta\pi_{t-2}$	−0.210 9	−3.871 9	0.000 1
$\Delta\pi_{t-3}$	−0.057 4	−1.261 9	0.207 7

（4）模型估计。

我们假定通货膨胀率的长期均衡值不变，也就是选择模型（6.25）。利用 Kalman 滤波估计模型（6.25）的估计结果见表 6.3。

表 6.3　模型（6.25）的估计结果

变量	回归系数	z 统计量	P 值
π^{*}	0.182 0	4.174 4	0.000 0
$\Delta\pi_{t-1}$	−0.260 1	−3.873 4	0.000 1
$\Delta\pi_{t-2}$	−0.182 5	−3.638 0	0.000 3
$\Delta\pi_{t-3}$	−0.058 6	−1.580 1	0.114 1
α_0	0.096 2	1.680 2	0.092 9
λ	0.821 6	9.283 3	0.000 0

状态变量 ρ_t 的估计结果如图 6.5 所示。由图 6.5 可知，通货膨胀的持续性处于不断变化的过程中，总体上表现出一定的下降趋势，这与自相关系数反映的情况基本一致。

正如前文中提到的那样，通货膨胀长期均衡值的变化可能会对通货膨胀持续性产生显著的影响。从中国通货膨胀率的变化情况来看，通货膨胀的长期均衡值可能发生了一次显著的结构突变，结构突变点可以大致确定为 1997 年 1 月。为了考察通货膨胀的长期均衡值的变化是否会对通货膨胀持续性的估计结果产生显著的影响，我们利用数据估计模型（6.26）进行检验，估计结果见表 6.4。

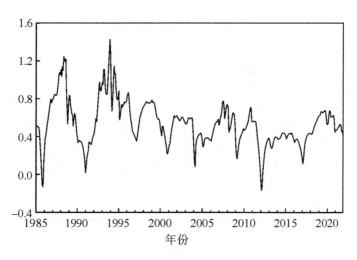

图 6.5 通货膨胀持续性的估计值（模型 6.25）

表 6.4 模型（6.26）的估计结果

变量	回归系数	z 统计量	P
π^*	0.892 5	34.502 5	0.000 0
β	-0.811 1	-19.894 6	0.000 0
$\Delta\pi_{t-1}$	-0.290 1	-4.852 4	0.000 0
$\Delta\pi_{t-2}$	-0.182 6	-3.126 0	0.001 8
$\Delta\pi_{t-3}$	-0.082 1	-1.781 1	0.074 9
α_0	0.480 1	4.722 2	0.000 0
λ	0.239 7	2.141 0	0.032 3

　　状态变量 ρ_t 的估计值如图 6.6 所示。由图 6.6 可知，通货膨胀的持续性处于不断变化的过程中，总体上表现出一定的下降趋势，这与不考虑通货膨胀长期均衡值变化的估计结果是基本一致的。

　　比较模型（6.25）和模型（6.26）的估计结果可以发现：β 的估计值为 -0.811 1，在 1% 的显著性水平下显著为负，这说明中国通货膨胀的长期均衡值确实发生了变化，1997 年以前通货膨胀的长期均衡值要显著大于 1997 年以后的长期均衡值。为了比较两个模型估计的通货膨胀持续性的差异，我们将两个模型估计的通货膨胀持续性绘制到同一张图中（见图 6.7）。由图 6.7 可知，两个模型估计的通货膨胀持续性的变化趋势基本一致，模型（6.25）的估计值（Rho1）稍大于模型（6.26）的估计值（Rho2）。因此，是否考虑通货膨胀的长期均衡值的变化不会对中国通货膨胀持续性的估计值产生太大的影响。

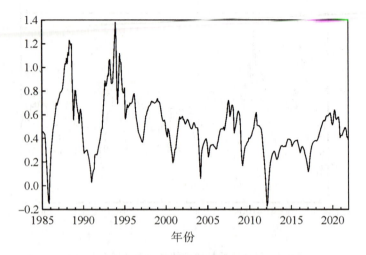

图 6.6　通货膨胀持续性的估计值（模型 6.26）

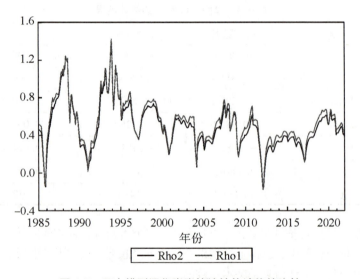

图 6.7　两个模型通货膨胀持续性估计值的比较

6.3.3　中国通货膨胀持续性变化的特征及其原因分析

前文对中国的通货膨胀持续性进行了估计，两个模型的估计结果基本一致，这里使用模型（6.26）的估计结果分析通货膨胀持续性变化的特征。从图 6.6 中可以发现，中国的通货膨胀持续性在不同时期的变化情况是不同的。1995 年以前，通货膨胀持续性的波动幅度很大，最小时小于 0，最大时超过1.2。1995 年以后，波动幅度相对较小，波动范围在 0.2 到 0.8 之间。平均来看，中国的通货膨胀持续性在 1995 年以前要大于 1995 年以后。从通货膨胀持续性变化的整体趋势来看，中国的通货膨胀持续性似乎表现出了不断下降的趋势。

通货膨胀持续性呈现出上述的变化特征的原因是什么呢？通过对比通货膨胀率和通货膨胀持续性的变化情况，我们可以发现两者的变化趋势是基本一致的（见图 6.8）。一般来说，通货膨胀率越高，通货膨胀持续性越高。这种现象可以比较容易地从理论上进行解释。通货膨胀率越高，使通货膨胀率返回长期均衡值的成本就越高，政府不得不在降低通货膨胀的收益和成本之间进行权衡。权衡的结果通常是采取相对保守的政策，政策越保守，通货膨胀率返回长期均衡值所需的时间就越长，进而通货膨胀持续性也会相应地提高。从上述的分析中可知，促使通货膨胀率变化的原因可能也是导致通货膨胀持续性发生变化的原因。因此，我们试图从导致中国通货膨胀率变化的因素角度分析通货膨胀持续性变化的原因。1986—1995 年，中国通货膨胀率大幅波动的主要原因是宏观调控政策摇摆不定。当通货膨胀得到暂时控制后，政府就开始放松对通货膨胀的警惕，进而导致经济发展过热，通货膨胀在短期下调后马上反弹。当意识到通货膨胀过高的危害时，政府又采取严厉的政策来抑制通货膨胀，结果导致通货膨胀在短期内快速下降。当通货膨胀得到一定控制后，政府又开始放松政策，导致通货膨胀快速上升。这样就形成了通货膨胀下降→放松宏观调控→通货膨胀上升→加强宏观调控→通货膨胀下降→放松宏观调控的循环。上述循环发生的原因之一是：中国的市场经济体制还不够完善，政府对市场经济运行规律缺乏准确的认识，导致宏观调控政策缺乏预见性。同时，在当时，中国的货币政策缺乏独立性，没能够发挥货币政策控制通货膨胀的主要职能，货币政策往往跟着财政政策走，结果加剧了通货膨胀的波动。根据 Clarida 等（1999）的研究，通货膨胀持续性与政府对通货膨胀的厌恶程度存在反向的关系，即政府对通货膨胀越反感，通货膨胀持续性就越弱。政府宏观调控政策的变化反映了政府对通货膨胀态度的变化，进而会导致通货膨胀持续性的变化。从中国宏观调控政策的变化和通货膨胀持续性的变化来看，中国的经验与 Clarida 等的观点是一致的。当政府放松宏观调控时，通货膨胀持续性上升；当政府加强宏观调控时，通货膨胀持续性下降。因此，我们可以认为 1986—1995 年中国通货膨胀持续性大幅波动的主要原因可能是宏观调控政策的摇摆不定。而 1995 年以后，随着中央银行货币政策独立性的加强以及市场经济体制的完善，中国宏观政策的稳定性和预见性增强。宏观政策的变化对通货膨胀持续性的影响变小，通货膨胀持续性主要受其他因素的影响，如通货膨胀内在的持续性、各种外生的经济冲击等。由于其他因素波动及其影响相对较小，通货膨胀持续性的波动也相应变小了。另外，中国通货膨胀持续性变小的原因可以理解为政府对通货膨胀的重视程度提高了。

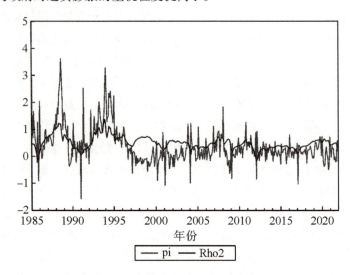

图 6.8　通货膨胀率与通货膨胀持续性

6.4　中国贸易开放与通货膨胀持续性关系的实证检验

从上文的分析中，我们知道了中国的通货膨胀持续性一直处于不断变化当中。其中，宏观政策的变化在其中发挥了非常重要的作用。中国的通货膨胀持续性表现出了下降的趋势，与此同时，中国的贸易开放度不断提高。那么，贸易开放度的提高与通货膨胀持续性的降低之间是否存在联系呢？这一部分就专门对贸易开放度的变化是否对中国的通货膨胀持续性产生了显著的影响进行讨论。

（1）模型。

为了考察贸易开放度与通货膨胀持续性的关系，我们建立以下模型。

$$\rho_t = c + \gamma \pi_t + \delta \, \text{open}_t + \varepsilon_t \tag{6.27}$$

其中，ρ_t、π_t、open_t 分别表示通货膨胀持续性、通货膨胀率和贸易开放度。建立上面的模型的原因是：根据上文的分析，通货膨胀持续性的高低与通货膨胀率的高低有着密切关系，所以需要在模型中引入通货膨胀率。

（2）变量与数据。

本书测度贸易开放度的方法所需的数据只能获得年度数据，所以在这部分分析中我们使用的是年度数据。上文中估计的通货膨胀持续性是月度数据，本书用每一年月度估计值的平均值作为通货膨胀持续性年度估计值的代理变量。同样，本书用月度通货膨胀率的平均值作为年度通货膨胀率的代理变量。这里同时选取三种贸易开放度指标：对外贸易总体开放度（CTI）、货物贸易开放度（CTI1）和服务贸易开放度（CTI2）。样本数据时间范围为 1985—2020 年。

（3）模型估计及结果分析。

我们利用 ADF 检验对变量的平稳性进行检验，检验结果见表 6.5。从平稳性检验的结果可知，在 5% 的显著性水平下，我们可以认为变量 π_t 和 ρ_t 为平稳的，变量 CTI_t、$CTI1_t$ 和 $CTI2_t$ 为一阶单整的。被解释变量和解释变量的单整阶数不相同，所以我们不能用传统的协整分析方法判断模型（6.27）中各变量之间是否存在长期的均衡关系。这里采用基于 ARDL 模型的边界检验法检验变量之间是否存在长期的水平关系。模型（6.27）对应的 ARDL 模型可以表示为

$$\rho_t = c + \sum_{i=1}^{l} \beta_i \rho_{t-i} + \sum_{j=0}^{m} \gamma_i \pi_{t-j} + \sum_{k=0}^{n} \delta_k \, open_{t-k} + \varepsilon_t \qquad (6.28)$$

我们利用 AIC 信息准则确定模型（6.28）的滞后阶数。当选择对外贸易总体综合贸易强度作为贸易开放度的代理变量时，模型设定为 ARDL（2, 1, 2）；当选择综合货物贸易强度作为贸易开放度的代理变量时，模型设定为 ARDL（3, 2, 2）；当选择综合服务贸易强度作为贸易开放度的代理变量时，模型设定为 ARDL（2, 0, 2）。对 ARDL 模型进行边界检验的结果见表 6.6。由表 6.6 可知，通货膨胀持续性、通货膨胀率与各种贸易开放度指标均存在长期水平关系。

表 6.5　模型（6.28）各变量的平稳性检验

检验方式	变量	ADF 统计量	P 值
有常数项、无趋势项	π_t	−3.042 1	0.040 7
有常数项、无趋势项	ρ_t	−3.127 3	0.033 6
有常数项、无趋势项	CTI	−0.647 9	0.846 8
有常数项、无趋势项	Δ CTI	−4.235 4	0.002 1
有常数项、无趋势项	CTI1	−0.604 0	0.857 1
有常数项、无趋势项	Δ CTI1	−4.220 6	0.002 2

表6.5(续)

检验方式	变量	ADF 统计量	P 值
有常数项、无趋势项	CTI2	-1.703 1	0.421 0
有常数项、无趋势项	Δ CTI2	-6.795 9	0.000 0

表6.6 模型（6.28）边界检验结果

模型变量	F 统计量	显著性水平	I（0）	I（1）
（ρ_t, π_t, CTI）	6.106 4	5%	3.538 0	4.428 0
（ρ_t, π_t, CTI1）	6.075 5	5%	3.538 0	4.428 0
（ρ_t, π_t, CTI2）	12.685 1	5%	3.538 0	4.428 0

注：表中给出的是 Pesaran 等（2001）情形 3 的检验统计量的值及其临界值。

　　长期水平关系方程的估计结果见表 6.7。表 6.7 的第（1）列用对外贸易总体综合贸易强度作为贸易开放度的代理变量，第（2）列用综合货物贸易强度作为贸易开放度的代理变量，第（3）列用综合服务贸易强度作为贸易开放度的代理变量。由表 6.7 的第（1）列可知，总体来看，贸易开放与通货膨胀持续性在长期中存在显著的负相关关系，即总体综合贸易强度越高，通货膨胀持续性越低。对比表 6.7 的第（2）列和第（3）列可知，货物贸易开放与服务贸易开放与通货膨胀持续性的关系是相同的。在长期内，综合货物贸易强度与通货膨胀持续性之间存在显著的负相关关系，即综合货物贸易强度越大，通货膨胀持续性越低；综合服务贸易强度与通货膨胀持续性之间也存在显著的负相关关系，即综合服务贸易强度越大，通货膨胀持续性越低。另外，表 6.7 显示，无论用什么指标反映贸易开放度，通货膨胀率与通货膨胀持续性之间都存在长期的正相关关系，即通货膨胀率越高，通货膨胀持续性越高。由此可知，从总体上看，贸易开放与通货膨胀持续性在长期中存在显著的负相关关系是由货物贸易开放和服务贸易开放共同作用的结果。此外，综合服务贸易强度的回归系数明显大于综合货物贸易强度的回归系数，这可能意味着服务贸易开放对通货膨胀持续性的影响要大于货物贸易开放。综合前文关于贸易开放与通货膨胀水平的研究结果可知，贸易开放既可能通过通货膨胀率对通货膨胀持续性产生影响，也可能通过其他途径对通货膨胀持续性产生影响。综合来看，贸易开放对通货膨胀持续性具有负向的影响。货物贸易开放与服务贸易开放对通货膨胀持续性都具有负向的影响。

表6.7 模型（6.28）长期水平关系方程估计结果

变量	（1）	（2）	（3）
常数项	0.521 9*** （7.403 3）	0.516 6*** （7.381 8）	0.566 0 （6.481 4）
π	0.189 4** （2.191 6）	0.194 3** （2.239 1）	0.105 2 （1.337 6）
CTI	−0.002 7** （−2.212 8）		
CTI1		−0.002 2** （−2.156 4）	
CTI2			−0.016 8* （−1.990 0）

注：表中给出的是基于 ARDL 模型估计的长期水平关系；括号内是 t 统计量的值；*、**和***分别表示在10%、5%和1%的水平下显著。

根据前文的分析，通货膨胀持续性的高低主要受到两个方面因素的影响：通货膨胀内在的持续性和产出缺口的相对权重。那么，中国的贸易开放究竟是通过哪个方面对通货膨胀持续性产生影响的呢？本书认为中国的贸易开放对影响通货膨胀持续性的两个方面的因素都产生了影响，并且都产生了负向的影响。

首先，贸易开放使中国经济与世界经济的联系越来越紧密，这导致中国经济的结构发生了显著的变化。在贸易开放的条件下，我们可以比较容易地利用国外的各种资源来应对经济运行中的各种经济冲击，包括通货膨胀冲击。这样，贸易开放就可能导致通货膨胀内在的持续性降低。

其次，贸易开放很可能导致中国货币政策纪律性增强。通货膨胀会对中国出口产品的国际竞争力产生较大的不利影响，而出口在促进中国经济增长和增加就业方面发挥着非常重要的作用，随着贸易开放度和出口贸易部门重要性的提高，中国政府会赋予产出缺口更小的权重，进而导致通货膨胀持续性的降低。

服务贸易开放对通货膨胀持续性的影响大于货物贸易开放的可能原因在于两个方面。一方面，中国对外贸易的比较优势在于货物贸易。在不同的发展阶段，中国发展货物贸易都具有一定的相对优势。中国的货物贸易长期保持顺差状态，持续的顺差增加了货币当局调控货币供应量的困难，通货膨胀的持续性因而会相对较大。中国在服务贸易方面不具有相对优势，长期处于贸易逆差状态。服务贸易的发展可能不会明显影响货币供应量，因此对通货膨胀的持续性也不会产生明显的影响。货物贸易开放可能通过货币供应量途径对通货膨胀持续性产生一定的正向的影响，而服务贸易开放可能并不具有这方面的影响。另一方面，无论是货物贸易开放还是服务贸易开放，都会增强中国政府政策的纪律性，从而有利于降低通货膨胀的持续性。并且，目前还没有证据表明两者对政府政策的纪律性的影响会存在显著的差异。综合上述两个方面可知，与货物贸易开放相比，服务贸易开放对通货膨胀持续性的负向影响可能会相对较大。

6.5　本章小结

关于贸易开放与通货膨胀持续性关系的理论分析表明：贸易开放既可能导致通货膨胀内在的持续性降低，又可能导致通货膨胀继承的持续性降低。因此，根据理论分析的结论可知，贸易开放很可能导致中国总的通货膨胀持续性降低。

本书利用 Kalman 滤波方法估计了中国时变的通货膨胀持续性。估计结果表明：中国的通货膨胀持续性在 1995 年以前的波动程度相对较大；中国的通货膨胀持续性呈现出不断下降的趋势。本书认为政策的不稳定性是造成通货膨胀持续性波动的重要原因，政府对通货膨胀重视程度的提高可能是通货膨胀持续性降低的原因。

贸易开放与通货膨胀持续性关系实证检验的结果表明：综合贸易强度与通货膨胀持续性具有长期、显著的负相关关系。从总体上看，贸易开放确实对中国通货膨胀持续性的降低产生了重要的影响。货物贸易开放与服务贸易开放对通货膨胀持续性都具有负向影响。

因为通货膨胀持续性的高低对于货币政策的选择及其效果具有重要的意义，所以中国贸易开放与通货膨胀持续性之间的关系具有重要的政策含义。本书侧重研究的是贸易开放与通货膨胀持续性的数量关系，至于通货膨胀持续性的高低到底会对中国政策的效果有怎样的影响，则是有待更深入研究的课题。

7 总结

7.1 本书的主要结论和政策建议

本书在回顾中国贸易开放度和通货膨胀变化情况的基础上，考察了贸易开放与通货膨胀水平、通货膨胀不确定性以及通货膨胀持续性的关系。本书深化了对中国贸易开放与通货膨胀关系的认识，主要的结论包括以下七点。

（1）修正的综合贸易强度公式的计算结果表明，中国贸易开放度的变化表现出了明显的阶段性特征。以对外贸易总体综合贸易强度为例，2002年以前，中国对外贸易总体综合贸易强度的上升速度相对较慢，自2002年以来，对外贸易总体综合贸易强度上升的速度明显加快。2008年和2009年由于受到全球金融危机的影响，对外贸易总体综合贸易强度出现暂时性的下降。中国综合货物贸易强度的变化情况与对外贸易总体综合贸易强度类似。综合服务贸易强度的变化情况稍有不同，1992年以前，中国的综合服务贸易强度基本没有明显上升，而1992年以来基本表现出了快速上升的趋势（1995—1998年除外）。中国贸易开放度的变化过程与中国贸易开放的基本进程是一致的，然而利用传统的贸易依存度指标并不能有效地反映中国贸易开放所处的不同阶段。因此，本书的研究方法可能能够更准确地反映中国贸易开放度的变化情况。

（2）改革开放以来，中国的通货膨胀经历了数次比较大的起伏。从总体趋势来看，中国的通货膨胀水平大致经历了一个先上升、后下降、再上升、再下降的过程。通货膨胀的波动性则表现出了前高后低的特征。

（3）贸易开放与通货膨胀水平关系的实证研究结果表明，对外贸易总体综合贸易强度和综合货物贸易强度的提高对通货膨胀水平具有显著的负向影响，而综合服务贸易强度的提高对于通货膨胀水平具有显著的正向影响。这样的结果说明，贸易开放总体来看对中国的通货膨胀水平具有负向的作用。但是，货物贸易开放和服务贸易开放对通货膨胀水平的作用是不相同的。货物贸易开放对通货膨胀水平具有负向的作用，而服务贸易开放对通货膨胀水平具有正向的作用。

（4）贸易开放与超额货币关系的检验结果表明，各种贸易开放度的提高对中国的超额货币均具有显著的负向影响，贸易开放可能导致中国政府对通货膨胀的重视程度提高，进而减小损失函数中产出缺口的相对权重。这一结果有助于解释贸易开放与通货膨胀水平之间的负向关系。关于贸易开放与成本加成率关系的研究结果表明，各种贸易开放度越高，成本加成率越高。这样的结果说明，在成本不变的条件下，贸易开放可能导致通货膨胀水平的上升。不过，贸易开放又可能导致单位生产成本降低，中国贸易开放度与劳动生产率的关系就证实了这一点。贸易开放度与劳动生产率关系的检验结果表明，各种贸易开放度越高，劳动生产率越高。因此，基于上述的结论，贸易开放既可能导致通货膨胀水平上升，又可能导致通货膨胀水平下降。从中国贸易开放与通货膨胀水平的关系来看，货物贸易开放对通货膨胀水平的负向作用可能相对较大，而服务贸易开放对通货膨胀水平的正向作用可能相对较大。结果导致货物贸易开放与通货膨胀水平之间存在负向的关系，而服务贸易开放与通货膨胀水平之间存在正向的关系。

（5）本书利用 Kalman 滤波方法与变系数 AR（3）-GARCH（1，1）模型估计了中国的通货膨胀不确定性，并将总的通货膨胀不确定性分解为通货膨胀过程的不确定性和经济冲击的不确定性。估计结果表明，中国总的通货膨胀不确定性和经济冲击的不确定性表现出了先下降、后上升、再下降的变化趋势，而通货膨胀过程的不确定性则表现出了先下降然后保持基本稳定的变化趋势。

（6）贸易开放度与通货膨胀不确定性的协整关系检验结果表明：对外贸易总体综合贸易强度与总的通货膨胀不确定性、通货膨胀过程的不确定性和经济冲击的不确定性之间均存在负向的关系。这样的结果表明，贸易开放可能导致中国总的通货膨胀不确定性、通货膨胀过程的不确定性和经济冲击的不确定性降低。进一步的检验表明，贸易商品结构的变化可能是决定贸易开放与通货膨胀不确定性关系的重要因素。在控制了贸易开放度影响的条件下，进口贸易商品结构与总的通货膨胀不确定性、经济冲击的不确定性之间存在正向的协整关系，而与通货膨胀不确定性之间存在负向的协整关系。这样的结果表明，初级产品进口比重的上升可能是中国通货膨胀不确定性上升的重要原因之一。贸易开放度和进口贸易商品结构的变化能够较为合理地解释中国通货膨胀不确定性的变化过程。

（7）时变通货膨胀持续性的估计结果表明，中国的通货膨胀持续性表现出了不断下降的趋势。中国贸易开放度的提高对通货膨胀持续性具有显著的负向影响。因此，贸易开放有助于解释中国通货膨胀持续性下降的趋势。

基于研究结论，为了充分利用贸易开放带来的有利因素、避免贸易开放带来的各种风险，本书的主要政策建议包括以下四点。

（1）进一步增强货币政策的独立性、纪律性和透明性。中国贸易开放对通货膨胀水平、通货膨胀不确定性以及通货膨胀持续性具有负向的影响的重要原因是：贸易开放导致通货膨胀的成本增加或收益减少，进而导致政府更加关注通货膨胀。中央银行可以利用贸易开放的这种影响，采取以下各种措施增强货币政策的独立性、纪律性和透明性。第一，重新定位中央银行货币政策的目标，真正将维持物价稳定确定为货币政策的首要目标，增强货币政策的针对性和有效性。第二，用货币政策规则来替代相机抉择的货币政策，解决货币政策的动态不一致性，增强货币政策的可信性和透明性。第三，改变现行的以货币供应量为中介目标的货币政策体系，在推动利率市场化改革的过程中逐步向以利率为中介目标的货币政策体系过渡，提高中介目标与最终目标的关联性，从而使中国的货币政策能够更加有效地达到其政策目标。

（2）调整进出口结构和产业结构，转变经济发展方式。中国的对外贸易要充分体现中国的比较优势。一方面要减少对出口的各种不合理的补贴，使出口价格能够有效反映商品的生产成本，避免国民财富的流失；另一方面要鼓励进口能够显著提高国内劳动生产率的各种商品和服务。产业结构要符合中国的资源结构和优势。首先，要加快服务业的发展，充分利用中国劳动力资源丰富的优势。缩小与国外服务业发展的差距以便能够充分利用服务贸易开放的有利因素。减小服务业与制造业之间发展不平衡的局面，从而减小通货膨胀的结构性压力。其次，要限制高消耗、高污染和资源密集型产业的发展，减弱对进口资源的过度依赖。最后要从根本上转变我国的经济发展方式，减弱经济增长对出口的依赖性，提高国内消费需求对经济增长的贡献率。

（3）采取各种措施减弱初级产品（特别是大宗商品）的国际市场价格波动对国内物价水平和通货膨胀的影响。首先，进一步加大对农业的投入，坚持基本农田保护制度，稳定和提高农产品产量（特别是粮食产量），减少对进口的依赖，减弱国际市场价格波动对我国国内农产品价格的影响。其次，鼓励技术创新，提高资源的利用效率，从而放缓对初级产品需求的增长速度。再次，增加对外投资，将部分对初级产品需求量较大、主要用于出口的产品的生产转移至国外，从而减少对国外初级产品的进口。最后，谋求国际贸易定价权，减小初级产品进口价格的波动程度。

（4）加快构建以国内大循环为主体、国内国际双循环相互促进的新发展格局。要密切关注国内需求的变化，国内生产和对外贸易都要为满足不断变化与日益提高的国内需求服务。要持续推进供给侧结构性改革，不断提高国内供给与国内需求的适配性。要不断加大研发投入、鼓励自主创新，破解各种"卡脖子"技术难题，增强我国产业链、供应链的稳定性与安全性。要进一步提高对外开放的水平，构建更高水平的开放型经济新体制，更为有效和充分地利用国际市场和国际资源促进中国经济高质量发展。要利用《区域全面经济伙伴关系协定》（RCEP）生效、"一带一路"等契机加强与亚太地区国家以及"一带一路"沿线国家的经贸合作，持续推动经贸伙伴的多元化发展。

7.2 本书的创新点

本书可能的创新之处主要表现在以下四点。

（1）本书采用新的方法测度中国的贸易开放度。以往的研究通常采用贸易依存度（进出口总额占 GDP 的比重或进口额占 GDP 的比重）作为测度贸易开放度的指标。本书所测度的贸易开放度能够更准确地反映中国贸易开放的进程。因此，基于本书测度的贸易开放度的研究结论可能更为可信。

（2）本书不仅定量检验了中国贸易开放与通货膨胀水平的关系，而且定量检验了贸易开放作用于通货膨胀的两条途径：政策行为和竞争效应。本书不仅可以使我们对中国贸易开放与通货膨胀水平的关系有总体的认识，而且可以在一定程度上解释贸易开放与通货膨胀水平之间存在这种关系的原因。

（3）本书定量检验了中国贸易开放与通货膨胀不确定性的关系。现有的关于中国贸易开放与通货膨胀不确定性关系的研究都是从定性的角度进行分析，没有对两者的关系进行定量检验。贸易开放既可能增大通货膨胀不确定性，又可能降低通货膨胀不确定性，所以定性分析并不能给出贸易开放与通货膨胀不确定性的具体关系。本书的定量研究，可以确定中国的贸易开放与通货膨胀不确定性的关系。同时，本书将总的通货膨胀不确定性根据其来源分解成了两种不同的不确定性：通货膨胀过程的不确定性和经济冲击的不确定性，并分别讨论了贸易开放与不同来源的通货膨胀不确定性之间的关系。因此，本书还能够揭示贸易开放与不同来源的通货膨胀不确定性之间的关系。

（4）本书从理论和经验两个方面考察了中国贸易开放与通货膨胀持续性

的关系。现有的研究几乎没有涉及中国贸易开放与通货膨胀持续性的关系，因此，本书的研究具有重要的理论与实践价值。

7.3　本书的不足与展望

由于作者的学识、研究能力以及数据资料的限制，本书的研究还存在一些不足，有待进一步的完善。本书的不足之处主要表现在：

（1）受数据的限制，本书的研究大多使用的都是年度数据，样本容量相对较小，这可能会影响研究结论的可靠性。因此，利用更长的时间序列进行相应的研究是未来研究的一个可能方向。

（2）本书的研究目的是反映改革开放以来贸易开放与通货膨胀水平、不确定性和持续性之间的长期平均关系，而贸易开放与通货膨胀的关系在短期内可能具有一定的时变性。因此，要想弄清楚当前贸易开放与通货膨胀水平、不确定性和持续性的关系，我们必须结合当前国际国内经济形势的特点进行具体的分析。本书没有对这方面的问题进行深入的研究，接下来的研究可以在这方面进行相应的拓展。

（3）本书仅仅考察了贸易开放与通货膨胀的整体关系，没有考察贸易开放的具体政策及其后果与通货膨胀的关系。例如，本书没有考察关税变化、贸易顺差、汇率变化、进口价格波动对通货膨胀的影响。对这些问题的研究对于制定有效的政策具有重要的参考价值。因此，贸易开放的具体政策及其后果与通货膨胀的关系是未来研究的一个重要方向。

参考文献

一、中文文献

[1] 艾慧. 中国当代通货膨胀理论研究 [M]. 上海：上海财经大学出版社，2007.

[87] 包群. 贸易开放与经济增长：只是线性关系吗 [J]. 世界经济，2008 (9)：16.

[88] 包群，许和连，赖明勇. 贸易开放度与经济增长：理论及中国的经验研究 [J]. 世界经济，2003 (2)：10-18.

[89] 陈全功，程蹊. 我国对外贸易影响国内通货膨胀水平的路径分析 [J]. 国际金融研究，2004 (2)：6.

[90] 陈太明. 不确定性、通货膨胀与产出增长 [J]. 经济理论与经济管理，2007 (12)：7.

[91] 陈文敬. 中国对外开放三十年 [J]. 红旗文稿，2008 (10)：11-18.

[92] 陈文敬. 中国对外开放三十年回顾与展望（一）[J]. 国际贸易，2008 (2)：9-10.

[93] 陈文敬. 中国对外开放三十年回顾与展望（二）[J]. 国际贸易，2008 (3)：4-12.

[94] 程建胜. 中国真的存在"超额货币"吗？——关于"交易方程式"适用性的质疑 [J]. 金融研究，2004 (6)：55-58.

[95] 池建宇. 中国对外开放度和通货膨胀率关系的实证检验 [J]. 中央财经大学学报，2006 (8)：71-78.

[96] 邓娇娇. 论中国超额货币问题 [J]. 经济研究导刊，2008 (16)：15-18.

[97] 方先明，裴平，张谊浩. 外汇储备增加的通货膨胀效应和冲销政策的有效性——基于中国统计数据的实证检验 [J]. 金融研究，2006 (7)：9.

[98] 方五一，何元庆. 对外开放与劳动生产率增长：基于中国省际面板

数据的实证研究［J］.发展研究，2008（8）：3.

［99］高铁梅.计量经济分析方法与建模：Eviews应用与实例［M］.北京：清华大学出版社，2006.

［100］高小红，周茂荣.一种新的贸易开放度测度方法［J］.中国石油大学学报（自然科学版），2008，32（6）：6.

［101］高小红，周茂荣.贸易开放度测度研究述评［J］.经济评论，2008（6）：7.

［102］郭庆旺，贾俊雪.中国全要素生产率的估算：1979—2004［J］.经济研究，2005（6）：10.

［103］郭友群.开放经济对我国通货膨胀的影响［J］.经济经纬，1996（4）：3.

［104］郭友群.我国对外开放对通货膨胀和汇率的影响［J］.商业经济研究，1998（3）：45-47.

［105］国家发展改革委价格司课题组.通货膨胀问题研究（上）［J］.中国物价，2005（1）：7.

［106］和立道，范修礼.扩张政策下的货币因素分析——基于中国长期超额货币供给视角分析［J］.经济问题探索，2010（2）：75-79.

［107］弗里希.现代通货膨胀理论［M］.蔡重直，译.北京：中国金融出版社，1989.

［108］胡智，邱念坤.中国"超额货币"成因的进一步检验［J］.当代财经，2005（7）：5.

［109］华民.中国经济的对外开放与通货膨胀［J］.科技导报，1995（3）：6.

［110］黄达.金融学［M］.北京：中国人民大学出版社，2003.

［111］黄静波，向铁梅.贸易开放度与行业生产率关系研究——基于中国制造业面板数据的分析［J］.广东社会科学，2010（2）：8.

［112］黄新飞.贸易开放度与通货膨胀：基于社会福利的分析框架［J］.南方经济，2007（2）：11.

［113］贾芳琳.我国超额货币解释的理论综述［J］.人力资源管理（学术版），2010（5）：2.

［114］焦娜.区域对外开放度与通货膨胀动态不一致性——基于动态面板GMM的实证研究［J］.财贸研究，2012，23（6）：16-23.

［115］江春.中国超额货币问题的制度分析 ［J］.贵州财经学院学报,2004（4）：7.

［116］李成,马文涛,王彬.通货膨胀不确定性：模型测度与经济解读 ［J］.经济理论与经济管理,2010（3）：10-18.

［117］李丕东,陈帅.通货膨胀不确定性文献评述 ［J］.上海金融,2008（3）：4.

［118］李心丹,路林,傅浩.中国经济的对外开放度研究 ［J］.财贸经济,1999（8）：8.

［119］李运奇.对通货膨胀若干问题的再认识［J］.金融研究,1987（6）：6.

［120］林建华,任保平.全球化背景下中国通货膨胀特征及化解 ［J］.经济问题,2008（12）：4.

［121］刘进军,王永力.通货膨胀与通货紧缩的比较研究 ［M］.兰州：甘肃人民出版社,2005.

［122］刘骞.对我国超额货币的思考——边际消费倾向说 ［J］.上海财经大学学报,2003（6）：8.

［123］刘似臣.中国贸易开放度的比较分析［J］.统计研究,2005（6）：4.

［124］刘淑娥.开放度和通货膨胀关系研究综述 ［J］.内蒙古金融研究,2008（4）：5.

［125］卢孔标.开放背景下国际因素对我国通货膨胀形成的影响 ［J］.海南金融,2008（1）：4.

［126］鲁晓东.收入分配、有效要素禀赋与贸易开放度——基于中国省际面板数据的研究 ［J］.数量经济技术经济研究,2008（4）：53-64.

［127］马文涛.通货膨胀不确定性及其对宏观经济的影响 ［J］.中南财经政法大学学报,2010（2）：6.

［128］裴平,熊鹏,朱永利.经济开放度对中国货币政策有效性的影响基于1985—2004年交叉数据的分析 ［J］.世界经济,2006（5）：47-50.

［129］彭迈.全球化背景下通货膨胀的传导机制探析 ［J］.中国物价,2008（6）：4.

［130］全林.通货膨胀的预期不确定性 ［J］.上海交通大学学报,1999（10）：4.

［131］饶余庆.现代货币银行学 ［M］.北京：中国社会科学出版社,1983.

［132］任子琳. 浅析中国的国际收支与超额货币［J］. 时代金融, 2008 (9): 5.

［133］萨缪尔森, 诺德豪斯. 经济学［M］. 17版. 萧琛, 译. 北京: 人民邮电出版社, 2004.

［134］石良平. 结构性通货膨胀论［M］. 上海: 上海远东出版社, 1996.

［135］斯蒂格利茨, 沃尔什. 经济学［M］. 3版. 黄险峰, 张帆, 译. 北京: 中国人民大学出版社, 2005.

［136］宋健. 关于超额货币研究现状的评价及其展望［J］. 学术研究, 2009 (5): 9.

［137］宋健. 超额货币、经济增长与通货膨胀——基于1979—2007年中国宏观经济数据的实证研究［J］. 广东金融学院学报, 2010 (2): 18.

［138］苏芳. 通货膨胀不确定性研究综述［J］. 中南财经政法大学学报, 2009 (2): 6.

［139］苏芳, 赵昕东. 中国长期、短期通货膨胀不确定性与通货膨胀的关系［J］. 经济评论, 2009 (5): 7.

［140］苏梽芳. 中国通货膨胀不确定性问题研究［D］. 泉州: 华侨大学, 2008.

［141］苏梽芳. 非对称效应视角下的中国通货膨胀不确定性实证研究［J］. 华侨大学学报 (哲学社会科学版), 2010 (2): 41-48.

［142］苏梽芳, 胡日东. 中国通货膨胀水平与通货膨胀不确定性关系: 分位数回归［J］. 宏观经济研究, 2009 (5): 6.

［143］苏梽芳, 胡日东. 货币增长不确定性与通货膨胀不确定性——"波动溢出"假说与实证检验［J］. 财经研究, 2010 (4): 10.

［144］孙辉煌, 兰宜生. 贸易开放、不完全竞争与成本加成——基于中国制造业数据的实证分析［J］. 财经研究, 2008 (8): 9.

［145］谭影慧. 论对外开放度的度量［J］. 上海大学学报 (社会科学版), 2000, 7 (2): 4.

［146］佟家栋. 开放经济条件下中国通货膨胀原因的探讨［J］. 经济研究, 1996 (1): 18-23.

［147］王凯, 庞震. 货币供应量、通货膨胀不确定性与经济增长——兼论弗里德曼假说在中国的适用性［J］. 山西财经大学学报, 2008 (7): 6.

［148］王凯, 庞震. 贸易开放度、货币供应量与中国通货膨胀关系的实证

检验［J］.西北农林科技大学学报（社会科学版），2009（7）：6.

［149］王进，高乐咏.我国贸易开放度测评［J］.开放导报，2009（1）：6.

［150］王同春，赵东.中国超额货币的成因及影响研究——一个新模型的提出及应用［J］.国际金融研究，2000（8）：5.

［151］王昭祥，高永伟."超额货币"现象的实证分析——基于对交易方程式重新表述［J］.贵州商业高等专科学校学报，2006（2）：15-18.

［152］王兆旭.我国的通胀形成机制：成因述评及全球化的分析框架［J］.区域金融研究，2010（4）：5.

［153］王兆旭.我国通货膨胀的形成机制——基于全球化逻辑框架的一个实证［J］.金融理论与实践，2010（4）：5.

［154］魏杰.改革开放三十年来中国对外开放战略的变革［J］.中国金融，2008（6）：3.

［155］魏下海.贸易开放、人力资本与全要素生产率的动态关系——基于非参数 Malmquist 指数与 VAR 方法［J］.世界经济研究，2009（3）：11-17，89.

［156］魏下海.贸易开放、人力资本与中国全要素生产率——基于分位数回归方法的经验研究［J］.数量经济技术经济研究，2009（7）：12.

［157］吴崇，万兴，胡汉辉.制造业技术进步中的贸易开放和竞争——基于江苏制造业面板数据的经验研究［J］.中国科技论坛，2010（3）：7.

［158］吴昊明.进出口贸易对通货膨胀的影响分析［J］.合作经济与科技，2008（16）：2.

［159］伍志文."中国之谜"：理论及基于中国的经验分析［J］.财经研究，2003（1）：8.

［160］辛琪.试论我国外汇储备与货币政策和通货膨胀间关系［J］.广东金融，1996（6）：15-17.

［161］许和连，元朋，祝树金.贸易开放度、人力资本与全要素生产率：基于中国省际面板数据的经验分析［J］.世界经济，2006（12）：8.

［162］许经勇.对外开放与通货膨胀的关系［J］.福建金融，1996（1）：7.

［163］许宪春.改革开放以来我国经济增长与通货膨胀周期的简要分析［J］.宏观经济研究，2009（4）：4.

［164］许志宏，赵昕东.中国通货膨胀不确定性的实证研究［M］.工业技术经济，2008（7）：4.

［165］杨碧云，易行健，周义.中国通货膨胀持续性估计及其货币政策启

示［J］. 经济经纬, 2009 (5)：4.

[166] 杨召举, 张振国. 对费雪交易方程式的修正——从"超额货币"现象说起［J］. 财经论坛, 2006 (11)：135-136.

[167] 易纲. 中国的货币需求与通货膨胀［J］. 经济研究, 1995 (5)：8.

[168] 余长林, 王瑞芳. 论财政分权对中国通货膨胀的影响［J］. 当代经济研究, 2008 (10)：4.

[169] 余珊萍. 论开放经济下通货膨胀的国际传导［J］. 东南大学学报 (哲学社会科学版), 2002 (5)：3.

[170] 张成思. 中国 36 个城市通货膨胀持久性研究［J］. 中国人民大学学报, 2008 (6)：14-20.

[171] 张成思. 通货膨胀动态机制与货币政策现实选择［M］. 北京：中国人民大学出版社, 2009.

[172] 张成思, 刘志刚. 中国通货膨胀率持久性变化研究及政策含义分析［J］. 数量经济技术经济研究, 2007 (3)：11.

[173] 张军, 吴桂英, 张吉鹏. 中国省际物质资本存量估算：1952—2000［J］. 经济研究, 2004 (10)：10.

[174] 张明玉. 我国对外开放、通货膨胀与经济增长相关关系的模型检测［J］. 经济科学, 1998 (3)：4.

[175] 张屹山, 张代强. 我国通货膨胀率波动路径的非线性状态转换——基于通货膨胀持久性视角的实证检验［J］. 管理世界, 2008 (12)：8.

[176] 张儒平. 通货膨胀的外汇因素影响及对策［J］. 财经理论与实践, 1995 (4)：11-15.

[177] 章祥荪, 贵斌威. 中国全要素生产率分析：Malmquist 指数法评述与应用［J］. 数量经济技术经济研究, 2008 (6)：12.

[178] 赵东. 超额货币成因及影响研究［J］. 财经研究, 2000 (5)：49-52.

[179] 赵进文, 丁林涛. 贸易开放度、外部冲击与通货膨胀：基于非线性 STR 模型的分析［J］. 世界经济, 2012 (9)：61-83.

[180] 赵留彦, 王一鸣, 蔡婧. 中国通胀水平与通胀不确定性：马尔柯夫域变分析［J］. 经济研究, 2005 (8)：13.

[181] 赵振全, 刘柏. 我国国际收支对通货膨胀传导机制的经济计量检验［J］. 数量经济技术经济研究, 2006 (5)：8.

[182] 郑云. 对外开放对全要素生产率的作用渠道研究——基于珠江三角

洲的实证分析 [J]. 经济问题, 2009 (9): 5.

[183] 周茂荣, 张子杰. 对外开放度测度研究述评 [J]. 国际贸易问题, 2009 (8): 8.

二、英文文献

[1] ALFARO. Inflation, openness and exchange-rate regimes: the quest for short-term commitment [J]. Journal of Development Economics, 2005 (77): 229 -249.

[2] ALI S., SYED S. Does greater economic openness grasp the elements of inflation 'surprise'? new evidence using panel data techniques [J]. International Economics, 2012 (130): 33-58.

[3] ANDREWS, CHEN. Approximately median-unbiased estimation of autoregressive models [J]. Journal of Business and Economic Statistics, 1994, 12 (2): 187-204.

[4] ANDREW, WILLIAMS. Robust monetary policy with competing reference models [J]. Journal of Monetary Economics, 2003, 50 (5): 945-975.

[5] ARON, MUELLBAUER. Inflation dynamics and trade openness: With an application to South Africa [J]. CSAE WPS, 2007 (11): 58-60.

[6] BADINGER. Globalization, the output-inflation tradeoff and inflation [J]. European Economic Review, 2007, 53 (8): 888-907.

[7] BALL. Why does high inflation raise inflation uncertainty [J]. Journal of Monetary Economics, 1992 (29): 371-388.

[8] BALL. Near-rationality and inflation in two monetary regimes [J]. NBER Working, 2000.

[9] BEECHEY, OSTERHOLM. Time-varying inflation persistence in the Euro area [J]. Economic Modelling, 2009, 26 (2): 532-535.

[10] BLANCHARD, KATZ. Wage dynamics: Reconciling theory and evidence [J]. NBER Working Paper, 1999: 55-58.

[11] BOLLERSLEV. Generalized autoregressive conditional heteroskedasticity [J]. Journal of Econometrics, 1986, 31 (3): 307-327.

[12] BOWDLER. Openness, exchange rate regimes and the Phillips curve [J]. Journal of International Money and Finance, 2009, 28 (1): 148-160.

[13] BOWDLER, MALIK. Openness and inflation volatility: Cross – country evidence [J]. Working Paper, 2005: 8.

[14] BOWDLER, MALIK. Openness and inflation volatility: Panel data evidence [J]. Economics papers, 2005.

[15] CAVELAARSX. Does globalisation discipline monetary policymakers? [J]. Journal of International Money and Finance, 2009, 28 (3): 392-405.

[16] CHRISTIANO, EICHENBAUM, EVANS. Nominal rigidities and the dynamics effects of a shock to monetary policy [J]. Journal of Political Economy, 2005, 113 (1): 1-45.

[17] CLARIDA, GALI, GERTLER. The science of monetary policy: A new keynesian perspective [J]. Journal of Economic Literature, 1999, 37 (4): 1661-1707.

[18] COGLEY, SARGENT. Drifts and volatilities: Monetary policies and outcomes in the post World War II U. S. [J]. Review of Economic Dynamics, 2005, 8 (2): 262-302.

[19] COGLEY, SBORDONE. Trend inflation, indexation, and inflation persistence in the New Keynesian Phillips Curve [J]. The American Economic Review, 2008, 98 (5): 2101-2126.

[20] CUKIERMAN, MELTZER. A theory of ambiguity, credibility, and inflation under discretion and asymmetric information [J]. Econometrica, 1986 (54): 1099-1128.

[21] CUKIERMAN, WACHTEL. Differential inflationary expectations and the variability of the rate of inflation: Theory and Evidence [J]. The American Economic Review, 1979, 69 (4): 595-609.

[22] DAAL, NAKA, SANCHEZ. Reexamining inflation and inflation uncertainty in developed and emerging countries [J]. Economics Letters, 2005, 89 (2): 180-186.

[23] DANIELS, VANHOOSE. Openness, the sacrifice ratio, and inflation: Is there a puzzle? [J]. Journal of International Money and Finance, 2006, 25 (8): 1336-1347.

[24] DANIELS, VANHOOSE. Openness, income-taxprogressivity, and inflation [J]. Journal of Macroeconomics, 2009 (31): 485-491.

[25] DOLLAS. Outward – oriented developing economic really do grow more rapidly: Evidence from 95 LDCs, 1976—1985 [J]. Economic Development and Cultural Change, 1992 (40): 523–544.

[26] DOTSEY, SARTE. Inflation uncertainty and growth in a cash – in – advance economy [J]. Journal of Monetary Economics, 2000, 45 (3): 631–655.

[27] EDWARDS. Openness, Productivity and growth: What do we really know? [J]. Journal of Development Economics, 1998, 108 (447): 383–398.

[28] EIJFFINGER, SCHALING. The ultimate determinants of central bank independence, central bank independence: Criteria and indices [J]. Research Memorandum, 1995: 548.

[29] ENGLE. Estimates of the variance of U. S. inflation based upon the ARCH model [J]. Journal of Money, Credit and Banking, 1983, 15 (3): 286–301.

[30] ERCEG, LEVIN. Imperfect credibility and inflation persistence [J]. Journal of Monetary Economics, 2003, 50 (4): 915–944.

[31] EVANS. Discovering the link between inflation rates and inflation uncertainty [J]. Journal of Money, Credit and Banking, 1991, 23 (2): 169–184.

[32] EVANS AND WACHTEL. Inflation regimes and the sources of inflation uncertainty [J]. Journal of Money, Credit and Banking, 1993, 25 (3): 475–511.

[33] FOUNTAS, IOANNIDIS, KARANASOS. Inflation, inflation uncertainty and a common european monetary policy [J]. The Manchester School, 2004, 72 (2): 221–242.

[34] FUHRER. Intrinsic and inherited inflation persistence [J]. International Journal of Central Banking September, 2006, 2 (3): 49–86.

[35] FUHRER, MOORE. Inflation persistence [J]. The Quarterly Journal of Economics, 1995, 110 (1): 127–159.

[36] GALI, GERTLER. Inflation dynamics: Astructural econometric analysis [J]. Journal of Monetary Economics, 1999, 44 (2): 195–222.

[37] GAMBER, HUNG. Has the rise in globalization reduced U. S. inflation in the 1990s? [J]. Economic Inquiry, 2001, 39 (1): 58–73.

[38] GLATZER, GNAN, VALDERRAMA. Globalization, import prices and

producer prices in Austria [J]. Monetary Policy & the Economy, 2006 (3): 28-30.

[39] GNAN, VALDERRAMA. Globalization, inflation and monetary policy [J]. Monetary Policy & the Economy, 2006 (4): 101-108.

[40] GRIER. On the real effects of inflation and inflation uncertainty in Mexico [J]. Journal of Development Economics, 2004, 80 (2): 478-500.

[41] GRUBEN, MCLEOD. The openness-inflation puzzle revisited [J]. Applied Economics Letters, 2004, 11 (8): 465-468.

[42] HARRISON. Productivity, imperfect competition and trade reform [J]. Journal of International Economics, 1994 (36): 53-73.

[43] HAYFORD. Inflation uncertainty, unemployment uncertainty and economic activity [J]. Journal of Macroeconomics, 2000, 22 (2): 315-329.

[44] LIN. Openness and inflation revisited, international research [J]. Journal of Finance and Economics, 2010 (37): 100-102.

[45] JAN, FABRIZIO, ROMAN. Assessing inflation persistence: Micro evidence on an inflation targeting economy [J]. CEPR Discussion Paper, 2009.

[46] JANG. Can openness be an engine of sustained high growth rates and inflation? Evidence from Japan and Korea [J]. International Review of Economics and Finance, 2006 (15): 228-240.

[47] JORDA, OSCAR, SALYER. The response of term rates to monetary policy uncertainty [J]. Review of Economic Dynamics, 2003, 6 (4): 941-962.

[48] KEVIN. Time-varying U. S. inflation dynamics and the New Keynesian Phillips curve [J]. Review of Economic Dynamics, 2009, 12 (2): 304-326.

[49] KIM, NELSON. State-space models with regime switching: Classical and Gibbs-Sampling approaches with applications [M]. The MIT Press, 1999: 139-167.

[50] KIM, BELADI. Is free trade deflationary? [J]. Economics Letters, 2005, 89 (3): 343-349.

[51] KLEIN. The social costs of recent inflation: The mirage of steady anticipated inflation [M]. North Holland: Carnegie-Rochester Conference Series on Public Policy, 1977.

[52] LANE. Inflation in open economies [J]. Journal of International Economica, 1997 (42): 327-347.

[53] LEAMER. Measuring of openness, trade policy and empirical analysis [M]. Chicago: University of Chicago Press, 1988.

[54] LEVINSOHN. Testing the imports-as-market-discipline hypothesis [J]. Journal of International Economics, 1993 (35): 1-22.

[55] LIN MEI, WANG, YAO. Romer was right on openness and inflation: evidence from sub-saharan Africa [J]. Journal of Applied Economics, 2017, 20 (1): 121-140.

[56] LO, WONG, GRANATO. Openness and aggressive monetary policy: A study of inflation volatility and persistence [EB/OL]. (2003-05-11) [2021-10-19]. http://ssrn. com/abstract=384562.

[57] LOGUE, WILLETT. A note on the relation between the rate and variability of inflation [J]. Economica, 1976, 43 (170): 151-158.

[58] MILANI. Adaptive learning and inflation persistence [J]. Working Paper, 2005.

[59] NASSER, SACHSIDA, MENDONÇA. The openness-inflation puzzle: Panel data evidence. international research [J]. Journal of Finance and Economics, 2009 (28): 103-108.

[60] NARAYAN, NARAYAN, MISHRA. Do remittances induce inflation? Fresh evidence from developing countries [J]. Southern Economic Journal, 2011, 77 (4): 914-933.

[61] OKUN. The mirage of steady inflation [J]. Brookings Papers on Economic Activity, 1971 (2): 485-498.

[62] RAZIN, BINYAMINI. Flattening the short-run trade-off between inflation and domestic activity: The analytics of the effects of globalization. Unpublished Manuscript.

[63] RAZIN, LOUNGANI. Globalization and equilibrium output-inflation tradeoffs [J]. International Seminar on Macroeconomics, 2007.

[64] ROBERTS. Inflation expectations and the transmission of monetary policy [J]. Federal Reserve Board FEDS Paper, 1998: 98-43.

[65] ROMER. Openness and inflation: Theory and evidence [J]. The Quarterly Journal of Economics, 1993, 108 (4): 869-903.

[66] ROMER. A new assessment of openness and inflation: Reply [J]. The

Quarterly Journal of Economics, 1998, 113 (2): 649-652.

[67] RUDEBUSCH. Assessing nominal income rules for monetary policy with model and data uncertainty [J]. The Economic Journal, 2002, 112 (479): 402-432.

[68] SACHSIDA, CARNEIRO, LOUREIRO. Does greater trade openness reduce inflation? Further evidence using panel data techniques [J]. Economics Letters, 2003, 81 (3): 315-319.

[69] SAHU, SHARMA. Impact of trade openness on inflation in India: An autoregressive distributed lag (ARDL) approach (January 20, 2018) [J]. The Empirical Economics Letters, 2018, 17 (1): 21-32.

[70] SHEEDY. Intrinsic inflation persistence [J]. Journal of Monetary Economics, 2010, 57 (8): 1049-1061.

[71] SQUALLI, WILSON. A new approach to measuring trade openness [J]. Economic & Policy Research Unit Working Paper, 2006: 6-7.

[72] STEVEN, TANG, VILASUSO. A time series analysis of the relationship between inflation uncertainty and unemployment [J]. Journal of Macroeconomics, 1997, 19 (4): 731-751.

[73] STEWART. Institutional quality and its effect on trade: An empirical analysis [J]. UBC Economic Honors Thesis, 1999.

[74] STOCK, WATSON. Why has U. S. inflation become harder to forecast? [J]. Journal of Money, Credit, and Banking, 2007 (39): 3-34.

[75] TAYLOR. Low inflation, pass-through and the pricing power of firms [J]. European Economic Review, 2000, 44 (7): 1389-1408.

[76] TEMPLE. Openness, inflation, and the phillips curve: A puzzle [J]. Journal of Money, Credit and Banking, 2002, 34 (2): 450-468.

[77] TERRA. Openness and inflation: A new assessment [J]. Quarterly Journal of Economics, 1998, 113 (2): 641-648.

[78] Triffin, Grubel. The adjustment mechanism to differential rates of monetary expansion among the countries of the european economic community [J]. The Review of Economics and Statistics, 1962, 44 (4): 486-491.

[79] WALSH. Speed limit policies: The output gap and optimal monetary policy [J]. American Economic Review, 2003, 93 (1): 265-278.

[80] WESTELIUS. Discretionary monetary policy and inflation persistence [J]. Journal of Monetary Economics, 2005 (52): 477-496.

[81] WILLIS. Implications of structural changes in the US economy for pricing behavior and inflation dynamics [J]. Economic Review, 2003 (1): 5-271.

[82] WILSON. The links between inflation, inflation uncertainty and output growth: New time series evidence from Japan [J]. Journal of Macroeconomics, 2006, 28 (3): 609-620.

[83] WU, CHEN, LEE. Sources of inflation uncertainty and real economic activity [J]. Journal of Macroeconomics, 2003, 25 (3): 397-409.

[84] WYNNE, KERSTIN. Openness and inflation [J]. Staff PAPERS Federal Reserve Bank of Dallas, 2007: 2.

[85] ZAKOIAN. Threshold heteroskedastic models [J]. Journal of Economic Dynamics and Control, 1994, 18 (5): 931-955.